金融支持、规模经营与黑龙江省农民增收

张德华 著

中国财富出版社

图书在版编目（CIP）数据

金融支持、规模经营与黑龙江省农民增收／张德华著．—北京：中国财富出版社，2016.5

ISBN 978－7－5047－6196－5

Ⅰ.①金…　Ⅱ.①张…　Ⅲ.①金融支持－影响－农民收入－收入增长－研究－黑龙江省②规模化经营－影响－农民收入－收入增长－研究－黑龙江省　Ⅳ.①F323.8

中国版本图书馆CIP数据核字（2016）第145885号

策划编辑	谷秀莉	**责任编辑**	谷秀莉		
责任印制	方朋远	**责任校对**	杨小静	**责任发行**	敬　东

出版发行	中国财富出版社		
社　　址	北京市丰台区南四环西路188号5区20楼	**邮政编码**	100070
电　　话	010－52227568（发行部）		010－52227588转307（总编室）
	010－68589540（读者服务部）		010－52227588转305（质检部）
网　　址	http://www.cfpress.com.cn		
经　　销	新华书店		
印　　刷	北京九州迅驰传媒文化有限公司		
书　　号	ISBN 978－7－5047－6196－5/F·2615		
开　　本	710mm×1000mm　1/16	**版　　次**	2016年5月第1版
印　　张	14.75	**印　　次**	2016年5月第1次印刷
字　　数	265千字	**定　　价**	58.00元

前　言

农民增收是解决“三农”问题的根本出发点和落脚点。在“十二五”规划中，国家明确指出要提高农民增收能力，多渠道促进农民增收。党的“十八大”提出，截至2020年要实现全面建成小康社会的宏伟目标，强调实现国民生产总值和城乡居民人均收入比2010年翻一番的目标。2013年中央农村工作会议强调，要保障国家粮食安全和主要农产品的供给，要在“收入倍增中”着力促进农民增收。这说明国家高度重视粮食安全和农民增收问题，农民增收问题已经上升到了国家战略层面。黑龙江省作为全国第一产粮和商品粮大省，为保障国家粮食安全做出了卓越的贡献，但是，黑龙江省农民收入水平却大幅低于粮食主销区农民的收入水平。黑龙江省现有耕地面积2.06亿亩，占全国耕地面积的11.4%，农村人均耕地面积12.1亩，位列全国第一；在全国粮食产量“九连增”（2003—2012年）的过程中，黑龙江省起到了主要拉动作用。黑龙江省粮食增产贡献率在2009年曾高达60.61%，为全国粮食“九连增”打上了明显的“黑龙江印记”。并且，黑龙江省于2008年提出了“千亿斤粮食工程”，并于2010年以5013万吨的年粮食产量实现了这一宏伟目标；2011年黑龙江省粮食产量更是史无前例地达到了1114.1亿斤，取代河南省成为全国第一，黑龙江省粮食产量占全国粮食总产量的10%，商品粮率高达80%，位居13个粮食主产省之首。即使获得如此辉煌的粮食生产成果，黑龙江省依旧没有摆脱财政穷省和农民低收入的命运。2000—2011年，黑龙江省农民人均收入始终在全国平均水平上下波动。2006年黑龙江省农民人均收入为3552元，比全国农民人均收入3587元低35元，2007年黑龙江省农民人均收入为4132元，比全国农民人均收入水平低8元，直至2011年，黑龙江省农民人均收入还不到北京市和上海市农民人均收入的50%。黑龙江省粮食增产不增收或者增收效果不明显的问题仍十分明显。因此，以黑龙江省农民收入增长为研究对象，有较高的现实和理论意义。研究黑龙江省农民收入增长问题，对促进黑龙江省农民收入可持续增长、保障国家粮食安全、搞活黑龙江省农村经济、维护社会稳定和开拓农村消费市场有着重要的现实意义，同时，对其他粮食主产区农民收入增长也有着示范和借鉴意义。

第一，针对黑龙江省收入现状进行分析。此部分先对黑龙江省农民收入水平、收入结构、城乡收入差距进行动态分析，找出黑龙江省农民收入的变化规律，然后将黑龙江省农民收入同其他地区的农民收入进行比较，找出黑龙江省农民收入的特点，并对黑龙江省农民收入协调性进行测度。利用因子得分分析模型，尝试将农民收入和粮食生产有效结合，验证黑龙江省农民贡献和收入是否协调。最后，同全面小康标准进行比较，明确黑龙江省农民收入同小康标准的差距，明确达到小康收入标准的时间。

第二，针对黑龙江省农民收入影响因素进行分析。首先，界定影响因素分析框架，按照实证要素和行为因素进行分析，并对涉及因素的现状和存在的问题进行分析。其次，利用多元线性回归方法对调研数据进行分析，以此来研究影响黑龙江省农民收入的主要因素。

第三，归纳全文的结论，并有针对性地提出黑龙江省农民收入增长的对策建议。

研究表明：

（1）黑龙江省农民收入整体呈现出上涨态势，其农民收入主要来源为家庭经营收入，工资性收入成为农民收入的第二来源，但是工资性收入占比要明显低于其他地区。

（2）黑龙江省农民收入水平处于极不合理状态，其粮食生产贡献没有得到合理的补偿。

（3）黑龙江省农民收入的主要影响因素存在一定问题，这直接或间接制约了其农民收入增长：①水资源承载力不断下降；②土地质量下降较快，水土流失严重；③农户自身文化素质偏低；④补贴金额有限，粮食生产外部性补偿机制缺失；⑤农资价格上涨过快，利润空间逐渐压缩；⑥“重迎茬”问题突出；⑦金融支持尚无法满足农户需求；⑧技术需求未满足，技术应用不到位；⑨局部地区土地细碎化明显；⑩局部地区机械化水平仍旧不高；⑪合作社覆盖范围有限，实际作用有待加强；⑫水利设施相对不足；⑬网络覆盖范围较为有限；⑭乡镇企业发展滞后；⑮坑农害农现象依旧存在。

（4）黑龙江省农民收入的主要影响变量为播种面积、家庭主要种植品种、年劳动力人均工作天数、家庭劳动力数量、非健康人数、农机平均动力、土地是否深翻、低产田面积占比、单块土地规模、劳动力平均学历、劳动力平均年龄、是否获得贷款和是否加入合作社。其中，除了非健康人数、低产田面积占比和劳动力平均年龄的回归系数为负以外，其他变量均为正。在连续变量中，家庭主要种植品种、播种面积、家庭劳动力数量和劳动力平均学历对黑龙江省农民收入的影响系数较大。在虚拟变量中，是否获得贷款和是否加入合作社对黑龙江省农民收入的影响系数最大。

根据上述结论，本书提出以下对策：

（1）大力发展农民合作组织并不断提高农民素质。

（2）建立黑龙江省农民利益补偿机制并争取更多的国家优惠政策。

（3）积极推进适度规模经营，以实现规模效益。

（4）完善农业基础设施，夯实农业发展物质基础。

（5）通过积极发挥科技作用，实现科技富农。

（6）依托自身优势发展乡镇企业并积极推进跨国农业生产。

（7）严打坑农害农行为并稳定农资价格。

（8）开拓多主体资金供给模式，解决农民资金需求。

（9）实施自然生态保护政策，促进农业可持续发展。

作 者

2016 年 1 月

目　录

1 引　言

1.1 研究的背景

“三农”问题是我国社会主义现代化时期要解决的重要问题。中共中央在1982—1986年连续5年发布以农业、农村和农民为主题的“中央一号文件”，对农村改革和农业发展做出具体部署。自2004年2月《中共中央、国务院关于促进农民增加收入若干政策的意见》发布以来，连续7年“中央一号文件”一直锁定“三农”问题，这强调了“三农”问题在中国社会主义现代化时期“重中之重”的地位。2012年“中央一号文件”再次锁定“三农”问题，强调以科技创新增强农产品供给保障能力。由此可以看出，“三农”的发展是我国现阶段最为紧要的问题，它关系到社会的稳定、经济的发展以及小康社会的实现。解决“三农”问题的根本出发点和落脚点是不断促进农民增收。

“十二五”规划中明确指出要提高农民增收能力，多渠道促进农民增收。党的十八大报告提出，2020年全面建成小康社会的宏伟目标，强调实现国民生产总值和城乡居民人均收入比2010年翻一番。2013年中央农村工作会议强调，要保障国家粮食安全和主要农产品的供给，要在“收入倍增中”着力促进农民增收。这说明国家高度重视农民收入增长问题，农民增收问题已经上升到了国家战略层面。中国促进农民增收有两大动因。

一个动因是现今国际经济形势并不明朗，中国急需开启内需引擎。2008年金融危机的阴影并未褪去，欧洲债务危机和美国经济增长乏力都促使中国经济转型。中国经济不能够再高度依赖外贸拉动增长，因为在这种全球经济低迷的情况下，依赖外贸拉动经济增长只会带来贸易摩擦和矛盾转嫁。中国经济增长需要稳定的驱动力，中国需要开启新的增长引擎，那么开启内需就是必然的选择。中国内需开启的重点要放在8亿农民的消费市场上，但是，开启农村消费市场的前提是农民收入有效提高。只有农民收入提高了，才能促进农民消费，拉动国内消费需求，我国经济发展才能步入良性发展轨道。

另一个动因是国家粮食安全急需保障。中国要以世界7%的耕地养活占世界22%的人口，这对任何国家来说都是一道永恒的难题。未来中国将面临供、需两方面的巨大压力。一方面，中国人口正以每年1000万人的速度递增，2011年年末中国城镇化率已达51.27%，加之生物能源崛起以及饮食结构升级，不可避免地对粮食需求加码。另一方面，中国的耕地面积到2009年减少到了18.26亿亩，已逼近18亿亩红线，耕地质量也处于下降阶段，此外，中国已被列为全世界13个最为缺水的国家之一，人均淡水占有量只有世界平均水平的25%，2000年以来中国年均受灾面积高达4615.66万公顷，加之世界粮食市场频繁波动，这都不断给中国粮食供给施加了压力。未来中国粮食安全必须依赖于产粮大省，只有促使产粮大省农民持续增收，才能充分调动农民的主观能动性，农民才能多种粮、种好粮、多打粮，以此进一步保障国家粮食安全。如若农民种粮收入过低，农民必然会放弃种粮另谋出路，即使仍旧种粮，对粮食生产也会产生负面影响，最终导致粮食单产和总产下降。所以，中国必须采取措施促进农民增收，稳定粮食供给。

黑龙江省作为全国第一产粮大省和商品粮大省，从理论上讲，黑龙江省农民收入应该首先得到保障，其收入水平应该处于全国较高水平。但是事实却恰恰相反，黑龙江省虽然为保障国家粮食安全做出了卓越的贡献，但是，黑龙江省却陷入了资源陷阱的怪圈，出现了产粮大省同财政穷省并存的窘境；黑龙江省农民收入水平大幅低于粮食主销区农民收入水平。黑龙江省现有耕地面积2.06亿亩，占全国耕地面积的11.4%，农村人均耕地面积12.1亩，位列全国第一；在全国粮食产量“九连增”的过程中，黑龙江省起到了主要拉动作用。黑龙江省粮食增产贡献率在2009年曾高达60.61%，为全国粮食“九连增”（2003—2012年）打上了明显的“黑龙江印记”。并且，黑龙江省于2008年提出了“千亿斤粮食工程”，并于2010年以5013万吨的年粮食产量实现了这一宏伟目标；2011年黑龙江省粮食产量更是史无前例地达到了1114.1亿斤，取代河南省成为全国第一，黑龙江省粮食产量占全国粮食总产量的10%，商品粮率高达80%，位居13个粮食主产省之首。即使获得如此辉煌的粮食生产成果，黑龙江省依旧没有摆脱财政穷省和农民低收入的命运。2000—2011年，黑龙江省农民人均收入始终在全国人均收入水平上下波动。2006年黑龙江省农民人均收入为3552元，比全国农民人均收入水平的3587元低35元，2007年黑龙江省农民人均收入为4132元，比全国农民人均收入水平低8元，直至2011年黑龙江省农民人均收入还不到北京市和上海市农民人均收入的50%。粮食增产不增收或者增收效果不明显的问题仍旧十分突出，因此，推进黑龙江省农民持续稳定增收，构建黑龙江省农民增收模式就成了当务之急。

从以上可以看出，未来中国的发展将紧密围绕着“三农”问题展开。中国的内需和粮食安全均不能抛开农民收入问题单独讨论，尤其是像黑龙江省这样的产粮大省，农民收入更是急需保障。只有将解决问题的出发点和落脚点集中在农民增收上，才可以找到一条促进我国经济良性、可持续发展的道路。

基于国际背景下的中国粮食安全形势、经济发展趋势以及黑龙江省农民收入现状，选定“金融支持、规模经营与黑龙江省农民增收”为研究题目。本书旨在评价黑龙江省农民收入—贡献的合理性，探寻影响黑龙江省农民收入增长的主要因素，对黑龙江省农民增收行为的内外因进行分析，明确黑龙江省农民增收面临的主要障碍，并分析农户生产经营行为和主体博弈关系，并加以解释，最终，提出以粮食安全为前提的农民系统增收的相关对策建议。

1.2 研究目的及意义

1.2.1 研究目的

本书的研究目的在于解决黑龙江省农民粮食生产贡献大同收入水平过低并存的问题，在粮食安全约束下提出黑龙江省农民系统增收的对策建议。

1.2.2 研究意义

1. 理论意义

以往的研究多针对全国居民收入、全国农民收入增长或者单个省份农民收入增长进行研究，对黑龙江省农民收入增长问题的研究极为少见。本书以黑龙江省农民收入为研究对象，具有极强的针对性，是对以往收入研究理论的一大补充。另外，本书试图验证黑龙江省农民收入的合理性，利用改进型投入—产出模型探寻影响黑龙江省农民收入增长的主要因素，合理分析黑龙江省农民增收存在的问题以及潜在的增收优势，并最终在保障粮食安全的前提下制定出黑龙江省农民系统可持续增收模式，为今后类似研究提供可参考的研究框架。

2. 实践意义

本书的研究实践意义主要表现在保障国家粮食安全、搞活农村经济、维护社会稳定和开拓农村消费市场方面，其具体意义如下。

（1）保障国家粮食安全

本研究注重黑龙江省农民增收，争取最大限度保护农民的利益，维护黑龙江省种粮农民收入的公平性，保护种粮农民的种植热情，消除种粮农民的心理顾虑，增加农民收入，稳定粮食产量。这对同类产粮大省农民收入增长问题也具有借鉴意义。

（2）搞活农村经济

农民生来以种粮为己任，但是种粮自古以来就是收益较低的行业。本研究注重解决粮食生产行业低收入问题，以本地区资源和环境优势为基础，提出有序发展策略，目的是搞活黑龙江省农村经济。

（3）维护社会稳定

现如今，经济的高速发展致使非合理性收入差距扩大，这在一定程度上引发了农民的消极情绪。近些年来城乡收入差距受到国家的重视，国家开始大力推进“工业反哺农业”“城市支持农村”的政策，这种现象是可喜的。但是另一种现象我们也要充分重视起来，这种现象就是同样都是农民，有的地区收入很高，可是有的地区收入却很低。尤其是产粮大省农民收入水平的提高，必须纳入政府的工作日程。只有产粮大省农民收入得到合理的提高，和谐社会的目标才能真正实现。本书即针对这一问题，对黑龙江省农民收入和粮食生产的合理性进行讨论，促使黑龙江省农民收入同其他地区农民收入的差距合理化，为黑龙江省农民的粮食生产贡献寻求合理补偿，为黑龙江省粮食产量和农民收入双提高提出相应的对策模式，保障社会的和谐、稳定。

（4）开拓农村消费市场

中国农村人口众多，八亿农民成为了一个庞大的购买群体。如果合理开启农村市场的购买力，困扰中国的内需问题将得到根本性的解决。本书的研究着眼于提高黑龙江省农民收入水平，提振黑龙江省农民的消费热情。黑龙江省农民消费的增加，必将为黑龙江省和全国经济的健康持续发展提供有效动力。

1.3 国内外研究动态

1.3.1 国外研究动态

农民增收问题是一个世界性议题，国外学者在应对农民增收问题上做了广泛的研究，形成了几大鲜明论调，其具体内容如下。

1. 技术增收论

卡特（D. L. Carter）和伯格（R. D. Berg）（1991）研究表明，通过作物种植序列的改进，可以使土壤流失率降低25% ~100%，通过此种种植技术的应用，可以使农民每公顷土地增收125美元。阿德希纳（Akinwumi A. Adesina）等（2000）分析表明，在喀麦隆的森林地带的许多地方，燃料木材短缺的农民采用在胡同里耕作的方法，而在适应性的休耕期引入政策会对胡同农业产生极好的影响，农民也可以通过此种耕作技术获得更多的收入。伍利（Dr. Jonathan Woolley）等（2008）研究表明，盐水入侵会对旱季利用河水灌溉水稻的沿海地区产生不利影响。因此，我们可以利用新型储水灌溉技术，解决水稻的灌溉问题，也可以种植耐寒和耐旱的品种，从而降低水稻对温度和湿度的需求。这两项技术的使用，可以保障水稻的正常生长，为当地农民增收起到推动作用。格拉汉姆·布鲁克斯（Graham Brookes）和皮特·巴福特（Peter Barfoot）（2008）研究表明，生物技术下的全球转基因方法对于四大主要种植作物产量的增加发挥了巨大的作用，也会给种植户带来较高的经济效益。Yasuyuki Todo和Ryo Takahashi（2011）研究表明，通过建立农民田间学校，使用新的耕作技术、新品种等，使得农户增收了60 ~160美元并超过了平均增收水平。

2. 种植结构增收论

Ole Mertz等（2005）分析表明，农村人民对于全球变化过程中所带来的内部和外部压力会给予积极回应，通过自给农业和经济作物的相互作用以及调整种植结构，提高农民的收入水平。M. Marrit Van den Berg等（2007）研究表明，中国在农业经济增长方面已经落后于工业和服务业，农民可以通过种植利润高的经济作物增加收入。

3. 市场增收论

Robert J. Haupt Originally（2004）研究表明，超过50%的农民总的生产收入来自农业，农民收入的提高很大程度上仍取决于农业产品的产量和市场价格。Concepción González – Concepción等（2008）分析表明，保证作物生产的产量，对农民的预期收入有重要影响。Sachiko Miyata等（2009）研究表明，企业愿意投资较大的市场，但实行合同农业可以帮助小农场提高农民收入。Elizaphan J. O. Rao和Matin Qaim（2010）研究表明，发展中国家的市场膨胀给参与现代供应链的农民提供了越来越多的机会，如果更多的农民被支持而获得克服固有的内在入口壁垒问题，市场的膨胀很可能会给他们带来丰厚的福利效应。

4. 非农增收论

张林秀等（2001）通过分析农村劳动力不断转移来适应中国的经济繁荣和萧条时期的情况，指出农业部门在国家的发展中扮演着越来越重要的作用。Klaus Deininger 和 Pedro Olinto（2001）研究表明，非农业生产雇佣对农民家庭收入的贡献率大约为45%，而农业部门和非农业部门在发展方面二者之间并无冲突，如果要使得农民家庭获得的非农业收入最大化，相应的政策需要被制定。Leonardo Corral 和 Thomas Reardon（2001）研究表明，农村非农收入占农村家庭收入的 41%，远比农业劳工收入发挥出的作用大。Stein Holden，Bekele Shiferaw 和 John Pender（2004）分析表明，农民从事非农业生产对农民家庭的收入有很大的积极影响。Chul－Woo Kwon 等（2006）研究表明，非农劳动会促进农民收入的增长。Raphael O. Babatunde 和 Matin Qaim（2010）研究表明，在农业资源日益稀少的情况下，非农收入多样化在发展中国家的农村家庭中已经是一个广泛的现象。如果有明确的政策策略以有利于收入较低者的方式支持这一进程，结果可能会对社会产生很好的影响。

5. 素质增收论

Leonardo Corral 和 Thomas Reardon（2001）研究表明，对农民进行职业技能培训，可以提高农民的专业技术水平和素质，提高农民素质和技能，对提高农民收入有着积极作用。Mark Vallianatos 等（2004）分析表明，加强对当地农民的素质培养，鼓励农民采用可持续发展的做法而减少蔓延发展，以此来保护耕地，可以促使农民不断增加收入，而不再完全依赖粮食系统。

6. 政策增收论

Jeffrey E. Teich 等（1995）分析指出，通过使用政府调解制度来协商农业收入政策，不仅能够保证政府的利益，也会使农民收入问题得以妥善解决。Klaus Deininger 和 Pedro Olinto（2001）研究表明，政府需要制定合理的非农政策，以促进农民家庭非农业收入最大化，进而促使农民收入水平不断提高。T. S. Jayne 等（2003）研究表明，在非洲东部和南部地区，随着农场规模的缩小，大约 1/4 的农户几乎没有土地，政府应该出台合理的土地政策，以保证农民利益，促使农民增收。Stein Holden 等（2004）分析表明，政府应该出台相应的政策，以保证农民收入提高，确保土地保护和粮食生产的合理化。Boris E. Bravo－Ureta 等（2006）分析表明，在投资自然资源管理项目时，政府应该密切关注输出多样化、土地使用权及人力资本形成的有效手段，出台相应保护政策，增加补贴收入，保证农民的收入得以增加。

7. 资源增收论

Sanzidur Rahman（2003）分析表明，现代水稻种植23%的利润丢失是由现代水稻生产技术和资源配置效率低下造成的，如果资源合理有效配置问题得以合理解决，农民收入水平将得到极大的提高。Werner Hediger（2003）研究表明，土地和水资源对农民和农业会产生重大影响。处理好水土流失的问题，既符合尊重环境可持续发展的目标，又能促进农民收入水平的提高。M. Ruiz Perez. Belcher 等（2004）分析表明，林业经济对农民来说有良好的收益。如果能发挥地方资源优势，提高林业产品功能和特色，如竹子产业，将能为农民增收提供极好的机会。Jinxia Wang 等（2006）研究表明，通过合理的水资源利用，农民可以节本增收，并可获得水资源利用的可持续性。Kimberly Jensen 等（2006）研究表明，柳枝可以作为能源生产的物质资料，农业生产者可以发挥地方资源优势种植这种作物，以此提高他们的收入。

1.3.2 国内研究动态

现阶段，农民收入问题越来越成为人们关注的焦点。关于农民收入，国内专家学者通过深入调查、透彻分析和研究，出版了很多具有理论意义和实际价值的专著、论文，对认识我国农民收入相关问题，分析收入影响因素及制定相关政策做出了巨大贡献。

1. 农民收入趋势研究

吴方卫（2003）通过分析得出1980—2000年农民收入增长了350.11%，1995—2000年的年均递增率达3.93%，比1990—1995年和1985—1990年的3.55%和2.96%都高，但却比1980—2000年的6.13%要低很多。李娜（2006）将我国1978—2004年的农民收入增长划分成5个阶段，高速增长阶段（1978—1984年）、波动中缓慢增长阶段（1985—1990年）、反弹回升阶段（1991—1996年）、增幅下降阶段（1997—2000年）和恢复性增长阶段（2001—2004年）。宋莉莉等人（2010）分析指出改革开放30余年，我国农民人均纯收入由1978年的133.6元增长到2009年的5153.2元，名义增长近39倍，年均名义增长12.8%，年均实际增长7.3%。

2. 收入差距研究

（1）城乡收入差距不断拉大

城乡收入差距历来受到众多学者的关注。柯炳生（2005）指出自1978年以来，我国城乡收入差距有 16 年是扩大的，只有 9 年是城乡收入差距缩小的年份。李宁辉（2006）指出，1990—2003 年我国城镇居民可支配收入都要高于农民纯收入，并且二者之间的收入差距还在逐年拉大，这种趋势非常明显。与此同时，在大部分时段中城镇居民的收入增长速度要大于农村居民收入的增长速度，这样一来，无论是在绝对数上还是在相对数上，城镇居民收入都要远远高于农村居民收入。王承宗（2012）研究指出，农村和城镇居民的收入差距呈现出不断扩大的趋势。

（2）地域收入差距呈现扩大趋势

地域因素是影响该地区农民收入的一个重要影响因素，由于地域差异，农民收入差距变得十分明显。张车伟和王德文（2004）研究指出，我国农民收入存在着严重的不平衡，并且这种严重的不平衡现象并没有得到有效的遏制，相反还有着不断恶化的趋势。柯炳生（2005）在《关于我国农民收入问题的若干思考》中指出，我国农民收入呈现出东高西低的整体态势，东部沿海地区的农民收入较高，西部内陆地区农民收入相对较低，东部发达地区的农民收入甚至是西部地区的 3 ~4 倍。李宁辉等（2006）在《产粮大省农民收入动态检测》一文中指出，我国产粮大省农民收入差距明显，在 13 个粮食主产省中江苏省农民收入最高，河南省农民收入最低。聂海和陆迁（2007）研究指出，东部、中部、西部三大经济地带农村居民收入差距在逐年扩大，基尼系数由 1987 年的 0. 2013 上升到 2002 年的 0. 2958，泰尔指数由 1987 年的 0. 0628 上升到 2002 年的 0. 1387。与此同时，这两个指数都显示出 1991—1994 年以及 1998 年以来的农民收入差距出现了明显的扩大趋势，并且这一趋势将在近期继续保持下去。

（3）内部收入差距不断拉大

王永平和刘远坤（2004）研究指出，贵州省内部的农民收入差距也在逐年扩大，最高收入和最低收入的差距明显。在收入最高的云岩区，其农民收入达到了 3632 元，而最低收入的三度水族自治县，农民收入只有 1150 元，云岩区的农民收入是三度水族自治县农民收入的 3. 16 倍。包宗顺和金高峰（2007）研究指出，江苏省内部农民收入差距明显缩小。按五等分方法，收入最低的 20% 人口的收入份额得到了明显提高，收入最高的 20% 人口收入份额呈现出了下降趋势。低收入群体的收入增加额虽然低于高收入群体的收入增加额，但是在收入增长率方面，低收入组农民要远远高于高收入组农民。

3. 农民收入增长影响因素研究

关于农民收入影响因素的研究有很多，多集中在政策、规模、劳动力素质、结构因素、资金因素、农村非农产业因素和价格因素等方面。

（1）财政投入因素

杜玉红等人（2008）认为不同的财政投资方向会产生不同的经济绩效。农村财政资金的数量与结构是农民收入增长的制约因素，是农民收入增加的可靠保障。史贤华（2008）指出，农民收入过低是由于政策落实不到位，财政对农业投入的多少对农民收入的增加有着直接影响。杨林娟和戴亨钊（2008）利用格兰杰因果检验方法对财政支出对农民收入的影响进行检验，最终得出甘肃省农民收入同农业财政支出有着极强的正相关性的结论，每增加1%的农业财政投入，农民收入就会增加148.8元；农业财政支出对农民收入贡献的顺序依次为支援农业生产支出、农林水利气象部门事业费、农业基本建设支出和农业科技三项费用。宋莉莉等人（2010）指出政府加大对农业的投入，扩大农资补贴的覆盖面，提高种粮直补、良种补贴、农资综合补贴等各项补贴的标准，使农民能够从各项政策性补贴中真正得到实惠，这不仅能增强农民农业生产投资的能力，也能充分发挥农民种粮的积极性。方俊雄（2012）研究指出财政资金对农民收入的影响系数为0.36，说明财政投入对农民收入增长有着明显的正向拉动作用。陈银娥等（2012）研究指出，农业基础设施、能源基础设施和交通基础设施投资对农民收入具有一定的正向拉动作用。

（2）规模因素

柯炳生（2005）指出，制约我国农民收入增长的因素之一是农户经营规模结构不合理，我国平均每个农户的经营面积仅有0.5公顷左右，仅相当于欧盟的1/40、美国的1/400、日本和韩国的1/3，这不利于新技术的应用和劳动生产率的提高。唐敏和吴本银（2007）认为，耕地面积对农民增收有显著贡献，但投入相对短缺。徐辉和黎东升（2011）指出，土地细碎化制约了农民收入的增加。

（3）价格成本因素

唐敏和吴本银（2006）通过模型分析得出，我国农民增收隐性成本提高，农民收入本应处于规模报酬递增阶段，但实际却呈现递减趋势，原因在于农民增收成本提高、农业生产效率下降。张文礼和刘海兵（2008）指出农产品价格是农民收入的主要影响因素之一，另外，农资价格的上涨也对农民收入产生了直接影响。史贤华（2008）指出粮食价格的持续低迷和农资价格的上涨直接影响到了农民的收入水平。姚滢（2008）研究指出，由于成本上涨，农民的收益率在不断下降，从而制约了农民收入的增长。宋莉莉等人（2010）分析指出，持续上涨的农资价格不仅“抹杀”了农资综合补贴的效果，而且增加了农业生产的成本。刘耀森（2012）研究指出，农产品价格的上涨对农民收入增长并没有显著作用，农产品生产资料价格的上涨对农民收入有微弱的负向作用。

（4）农村劳动力素质因素

柯炳生（2005）指出，我国农民平均受教育年限仅为7年，这成为农民了解和掌握新技术、外出务工的瓶颈。李大胜和李琴（2007）研究指出，农业技术进步通过要素需求变化、产品价格变化、就业分布变化以及人力资本途径等方面来不断影响农户之间的收入差距。新农业技术的不断推广和应用一定会带来农户收入格局的新变化，其对农户收入的影响必将是长远的、不可替代的。史贤华（2008）指出农民自身素质制约了农民收入的增加。曾建中（2009）研究指出，农民整体素质偏低是海南省农民收入低的主要原因之一，整个海南省初中文化及以下的农民数量占到了农民总数的50%以上，这严重阻碍了海南省的农村劳动力转移，也不符合激烈的市场竞争需要。徐辉，黎东升（2011）指出，教育性人力资本与农民收入具有正相关性，其相关系数为0.59，与农民纯收入的相关系数为0.65。王承宗（2011）研究指出，影响农民收入的最主要因素为农民的受教育程度。阳欢和李峰（2011）研究指出，农民受教育年限对农民收入水平和收入结构变动都有积极的影响。

（5）农村非农产业因素

矫江（2008）研究指出，影响黑龙江省农民增收的主要原因是农村工业的缺失。宋莉莉等人（2010）分析指出，以乡镇企业为主的农村非农产业的发展情况决定了非农就业岗位的数量，从而决定了农民从事非农就业机会的大小。而乡镇企业自身规模偏小、资金短缺而生产成本又在不断上升，企业利润空间在不断缩减，致使我国乡镇企业发展速度明显回落，关停企业数量增多，提供非农就业岗位的数量下降。农村剩余劳动力从事非农就业的机会减少，对农民收入稳步增长造成了一定的影响。郭燕枝和刘旭（2011）研究表明，非农产业劳动力对农民收入增长有正向作用，非农产业的发展可以提供更多的就业机会，有利于农村劳动力的转移。

（6）收入结构因素

张车伟和王德文（2004）研究表明，我国家庭经营收入是无法成为农民增收的可持续源泉的。进入2000年，工资性收入的增长贡献率大幅提高，农民的增收几乎完全依赖于工资性收入的增加。工资性收入增长和家庭经营收入增长在农民收入增长贡献率当中的地位已经产生了明显变化，家庭经营收入增长已无法提供任何明显的收入增长贡献。盛来运（2005）指出，自 1978 年以来，农民收入增长贡献比重有了质的变化，农业收入贡献率急剧下降，非农收入贡献率急剧上升。自 1997 年以来，非农收入成为了增加农民收入的主要推动力，改变了收入结构，增加非农收入将成为影响农民收入增长的主要因素。1997—2003 年，非农收入是农民收入增加的主要动力，而外出务工收入则是非农收入增长的主要动力源泉。李宁辉等（2006）研究指出，家庭经营收入占纯收入的比重虽有所下降，但其仍旧是农村居民纯收入当中的重要组成部分。在家庭收入的构成上，第二、第三产业收入比重在快速提高，粮食收入仍旧是粮食主产区农民的主要收入来源，然而工资性收入越来越成为农村居民收入的重要组成部分。我国农村居民收入的 1/3 来自工资性收入，工资性收入对我国农民收入增长的贡献率达到 80% 以上。收入结构调整成为我国农民增收的主要影响因素之一。王玥和许文娟（2009）研究指出，合理的收入结构对农民收入增长有明显的促进作用。杨春红和李梦星（2012）研究表明，工资性收入的增长，尤其是本地企业工资性收入的增长对农民收入增长的贡献最为明显。

4. 农民增收的对策建议

关于农民增收的对策，各研究都提出了相关的解决方案，其主要集中在制度、政策、培育农村工业、提高劳动力素质和建立土地流转制度等方面。

（1）增加财政支农投入

唐敏和吴本银（2007）研究指出，应该增加国债用于农业投资的比例，调整农业投资方向，主要投资农村公共基础设施建设和农产品质量安全体系建设，并做好农作物疫病防控和农业科技投入等。曾建（2009）指出，财政支出要向农业倾斜，提高地方政府土地出让金用于农村建设的比例。杜玉红（2006）则提出，合理调整农业财政投入结构，适当增加农业生产、农村科技、农村救济的比重，能直接受益于农民，增加农民收入。面对农资价格不断上涨的现状，需切实加大对农业的投入，扩大农资补贴的覆盖面，提高种粮直补、良种补贴、农资综合补贴等各项补贴的标准，使农民能够从各项政策性补贴中真正得到实惠（宋莉莉，2010；方俊雄，2011；钱良泽，2012）。

（2）提高农民综合素质

柯炳生（2005）指出，要提高农村人口受教育水平，加强农村基础教育，增加经费投入。盛来运（2005）提出，应重视农村教育事业，培育新型农民。

钟甫宁，何军（2007）和史贤华（2008）亦指出，应增加农村公共教育支出，提高农民非农就业能力。此外，政府应加大对农民教育的投入，鼓励优秀教师支援农村教育事业；增加专项资金，加强对农民职业技能的培训，提高农民的综合素质，拓宽农民的就业渠道，为农民增收奠定基础（曾建中，2009；宋莉莉，2010；阳欢，李峰，2011；刘万霞，2011）。

（3）建立完善的农村土地使用权流转机制

建立和完善农村土地使用权流转机制是实现土地规模化经营的现实要求。各级政府应该建立和完善农村社会保障体系，为农民尤其是丧失劳动力的农民解决土地流转的后顾之忧（宋莉莉，2010）。积极推进土地使用权依法、自愿、有偿流转（万宝瑞，2004；徐辉，黎东升，2011）。农户应当获得土地流转的市场价值，要推进土地市场的健康发育，完善土地市场的检测和保障机制（王春超，2011）。

（4）鼓励农村非农产业发展，转移农村剩余劳动力

以提升农产品价格来增加农民收入的空间和预期效果已经不大，实现大量农村剩余劳动力向非农产业的转移，是解决“三农”问题的中心环节；农业不再是农民增收的主要来源，结构调整不能从根本上提高农业增收潜力，只有发展非农产业，加快农村人口转移，才是今后一个时期农民收入增长的方向（吴敬琏，2005）。国家应加大对农村非农产业发展的投入力度，增加农村非农贷款，在减免农业税的同时，实行对农村非农产业发展的税收优惠政策，为非农产业发展创造条件（盛来运，2005；杨春红，李梦星，2012）。政府应实行多项优惠政策，鼓励和扶持乡镇企业等农村非农产业的发展，增强乡镇企业等农村非农产业提供非农就业岗位的能力，从而促进农村剩余劳动力的转移就业，提高农民的工资性收入（曾建中，2009；宋莉莉，2010；徐辉，黎东升，2011）。同时，政府应该鼓励农民自主创业，提供便利的创业条件和优异的外部经济环境，从而为更多的农民提供就业机会，促进农民增收（古家军，谢凤华，2012）。

（5）提高农村金融服务水平

曾建中（2009）提出，应积极探寻农民担保形式，为农户贷款寻找便利的贷款环境，促使金融机构在放宽条件的前提下为农民服务。唐礼智（2009）则具体指出，充分利用非正规金融的信贷弥补作用，出台相应的法律文件加以约束，建立正规金融和非正规金融的联系，合理增加非正规金融的资金供给。此外，还有观点提出，利用小微金融机构，多渠道解决农民资金来源，

通过直接和间接作用提高农民收入水平（丁志国等，2011；孙健，胡金焱，2011；陈银娥，王毓槐，2012）。

1.3.3 研究趋势及存在的问题

1. 研究趋势

现有的国内外研究由以往的定性研究向定量研究转变，在对农民收入增长影响因素的定量分析过程中，模型化趋势极为明显，国外的模型化趋势要早于国内。对收入增长影响因素的研究由单一因素研究向多重因素研究转变，由简单的个别因素分析向复杂的多种因素相关分析转变。在研究数据的获取上，由以往的宏观数据查询向微观实地调研转变。总体概括起来就是，逐渐形成由定性向定量、由宏观向微观、由单一向全面的研究发展的趋势。

2. 研究存在的问题

综上所述，对以上研究进行梳理，可以发现当今研究的一些局限性，其主要问题如下。

（1）现有农民收入水平研究多是直接进行收入水平比较分析，然后直接得出农民收入过低和农民贡献很大的结论，整体上缺乏更为直观的指标表述，将收入和贡献整合到一个指标进行形象表述的研究极少。

（2）对农民收入增长影响因素的研究多针对个别因素论证，较全面分析的研究非常少见；全面分析农民收入影响因素时，缺乏对各影响因素的短期和长期效应论证。

（3）现有研究多利用宏观数据分析农民增收问题，结合农户视角微观数据进行的分析较少见。

（4）现有研究对农民增收提出的建议多为就事论事，甚至有些对策并没有考虑中国的特殊国情，使得提出的对策缺乏系统性和大局观。

（5）以往研究多针对全国居民收入、全国农民收入或者某个省份农民收入增长，直接针对黑龙江省农民收入增长的研究极少。

1.4 研究的思路、方法和技术路线

1.4.1 研究思路

本书的研究思路是提出验证问题、分析问题、解决问题。其具体思路分为三步展开。

1. 提出验证问题

对以往关于农民收入的研究进行归纳总结，梳理提出问题；在前人研究的基础上，继续深入挖掘农民收入和贡献（主要是粮食生产贡献）的深层次规律和特点，构建生产—收入的评价指标体系，利用因子得分方法对比分析黑龙江省农民生产—收入协调性，验证黑龙江省农民粮食生产贡献大同收入较低并存的问题。

2. 分析问题

先从宏观角度出发，利用定性分析深入梳理影响黑龙江省农民收入的主要因素，并寻找出直接或间接制约黑龙江省农民收入的各因素存在的主要问题。再从微观角度出发，利用定量分析和实证分析的方法，对调研数据进行深入挖掘，对定性分析结果进行验证，得出黑龙江省农民收入的主要影响因素。建立博弈模型，对农户同其他主体在市场当中的博弈关系进行分析，找出有利于农户利益的解决策略。

3. 解决问题

在分析问题的基础上，以大局观和可持续发展理论为基础，在资源和粮食安全约束条件下，提出相应的对策建议。

1.4.2 研究方法

本书的研究方法主要集中在文献综述法（研究现状综述）、动态分析法（分析农民收入的阶段性特征）、静态分析法（对截面数据的分析）、比较分析法（黑龙江省农民收入水平、粮食生产）、定性分析法（农民收入主要影响因素定性分析）、定量分析法（农民收入影响因素定量分析）、宏观分析法（基于黑龙江省农民收入增长的分析）、微观分析法（对基于农户视角的调研数据的分析）和实证分析方法（关于截面数据农民收入影响因素的分析）几方面。这些方法的具体应用如下。

1. 文献综述方法

本书的第一章引言部分运用到了文献综述方法，通过对该方法的应用，对国内外农民收入的研究动态进行了梳理，对以往研究的重点、难点、研究现状、趋势及存在的问题有了一些了解，为本研究的展开和创新点的选取起到了积极的指导意义。

2. 动态与静态分析方法

本研究的动态和静态分析方法在第三章和第四章有较好的体现。在研究的过程中，利用动态分析法对黑龙江省农民收入进行了分析，并对黑龙江省农民收入趋势进行了描述。利用动态和横向静态分析方法，对黑龙江省农民收入增长影响因素进行了翔实的分析，从纵向和横向两个方向对主要影响因素进行了研究。

3. 比较分析方法

比较分析方法几乎贯穿全文的始终，其主要应用在黑龙江省农民收入同其他粮食主产区及主销区农民收入的比较当中，在对黑龙江省农民收入合理性的对比上也有应用。在对黑龙江省调研数据进行整理时，利用对比方法对黑龙江省农民收入增长影响因素进行了分析。

4. 定性与定量分析方法

定性与定量分析方法在第五章和第六章中应用得较为普遍。这两种方法多为配合使用，在对黑龙江省农民收入影响因素的研究当中，先利用定性分析方法分析农民收入增长的主要影响因素，并提出合理的假设，然后再利用定量分析方法构建模型，引入数据进行验证。

5. 实证分析方法

实证分析方法主要应用在第六章，在对农户行为的研究中大量引用了调研数据，采取实证分析方法寻找问题、分析问题、解决问题。在本研究当中，实证分析往往会产生时效性，可使现有问题及时地被了解到。

1.4.3 技术路线

黑龙江省农民收入影响因素及对策研究具体分为4个部分展开研究，这4部分包括了黑龙江省农民收入现状及对比分析、黑龙江省农民收入主要影响因素、相关经营主体博弈关系分析、黑龙江省农民增收对策。整体研究是按照提出问题、分析问题、解决问题的思路展开的。具体技术路线参见图1－1。

1.5 研究的内容和拟解决的关键问题

1.5.1 研究的内容

本书主要分为8个部分，主要包括引言、相关概念及理论基础、黑龙江省农民收入动态变动及现状分析、黑龙江省农民收入及生产—收入协调性比较分析、黑龙江省农民收入影响因素分析、黑龙江省农民收入影响因

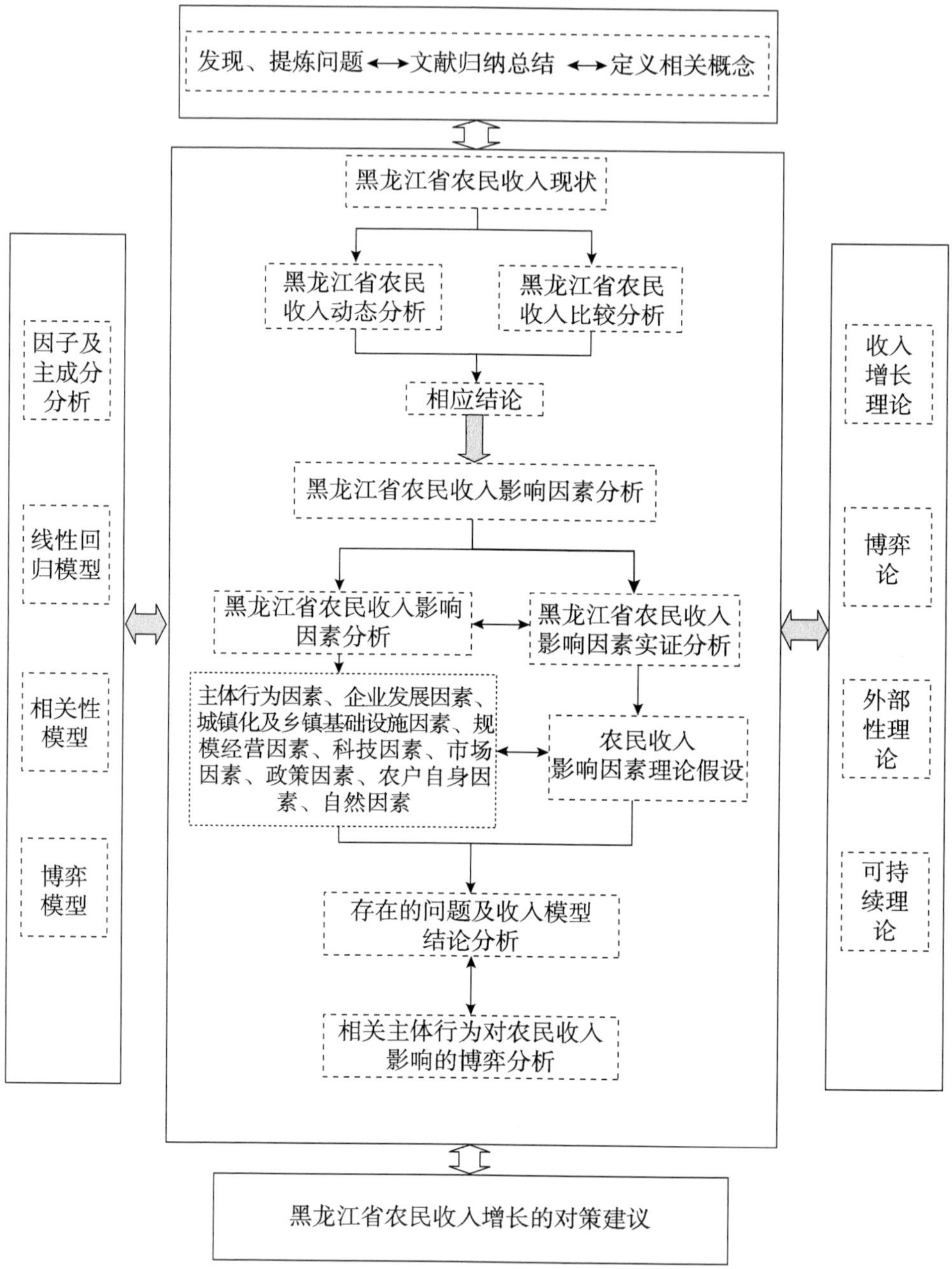

图1-1　技术路线图

素实证分析、提高黑龙江省农民收入的对策、结论。各部分的具体内容如下。

1. 引言

这一部分对本研究的背景、目的以及意义进行阐述，对国内外研究动态进行梳理，分析研究的趋势和存在的问题，为本研究提供可能的创新方向，并简要介绍本研究的思路、方法和研究内容等。

2. 相关概念及理论基础

此部分是对本研究涉及的概念进行梳理和界定，阐述本研究的概念界定情况。对本研究涉及的理论基础进行介绍，在理论方面寻找可能的创新或补充。

3. 黑龙江省农民收入动态变动及现状分析

此部分对黑龙江省农民收入水平、收入结构、城乡收入差距进行动态分析，找出黑龙江省农民收入的变化规律。

4. 黑龙江省农民收入及生产—收入协调性比较分析

此部分利用对比分析方法，分析黑龙江省同其他地区的收入比较情况，找出黑龙江省农民收入的特点；同时，对黑龙江省农民粮食生产贡献大但农民收入水平低问题的验证提出过程。利用因子得分分析模型尝试将收入和粮食生产有效结合，验证黑龙江省农民贡献大但收入低的问题。最后，对黑龙江省的农民收入小康标准进行测度，明确黑龙江省农民收入在小康目标下的完成进度。

5. 黑龙江省农民收入影响因素分析

此部分构建了影响分析框架，确定从实证因素和行为因素两方面对黑龙江省农民收入影响因素进行分析，并在此部分对各影响因素的现状和存在的问题进行探讨。

6. 黑龙江省农民收入影响因素实证分析

此部分研究主要是对黑龙江省 5 市 10 县的调研数据进行分析，以此来研究影响黑龙江省农民收入的主要因素。在方法的选用上，本部分选取了多元线性回归方法。

7. 相关主体行为对农民收入影响的博弈分析

在研究了黑龙江省农民收入增长的主要影响因素之后，本部分针对行为因素进行分析，对农户和其他经营主体博弈关系分别进行了探讨。研究农户在市场当中所产生的博弈关系，选择最优的解决方案，促使政府采取措施控制风险，让利于民。寻找优化农民、企业和政府行为，明确促进农民利益最大化的路径。

8. 提高黑龙江省农民收入的对策

通过以上的分析，可以得出一些农民收入增长的相关结论，在这些结论的基础上，给出合理的对策建议是本部分的主要内容。

9. 结论

此部分主要是对本研究的一些主要结论进行归类和阐述。

1.5.2 拟解决的关键问题

本书针对黑龙江省农民收入增长问题进行探讨，通过积极收集资料和相关数据对该问题进行探讨，有针对性地解释该问题的由来并提出了对应的增收策略。在此问题的研究过程中，再演化出需要解决的几个关键问题。本书拟解决的关键问题如下。

1. 探讨并验证黑龙江省农民收入的协调性

黑龙江省农民收入同贡献有差距是需要进行验证的，并不是利用简单的对比就可以充分说明该问题。长期以来，研究只是简单地采取数据对比方式，并没有构建出统一的、有针对性的指标进行讨论。本研究需要对黑龙江省农民面临的收入和贡献失衡问题进行讨论，利用数据和模型客观地、真实地反映出黑龙江省农民所处的困境，这对解决黑龙江省农民增收问题具有定性意义。要想解决黑龙江省农民收入过低问题，首先要算清楚黑龙江省农民自身收入和贡献账，为黑龙江省农民增收探明方向。所以，探讨并验证黑龙江省农民收入和贡献的协调性便成为了本研究要解决的一个关键问题。

2. 确定黑龙江省农民收入的主要影响因素

想要制定有效的增收策略，首先要了解影响黑龙江省农民收入的主要因素。了解到影响黑龙江省农民收入的主要因素，就可以进一步分析这些因素是否对农民增收具有价值。黑龙江省农民收入增长需要有一个合理的解释过程，这是对以往规律的总结；对黑龙江省农民收入影响因素的分析，恰恰可以获得这样的内在规律。所以，本研究必然会将确定黑龙江省农民收入的主要影响因素作为主要问题加以解决。

3. 探寻黑龙江省农民增收存在的主要障碍

提出促进黑龙江省农民收入增长的具体对策，需要了解黑龙江省农民增收的主要障碍。黑龙江省农民增收存在着一些难以解决的问题，这些障碍既有全国范围的共性障碍，也有黑龙江省特有的自身障碍。所以，探寻并分析这些障碍，便对黑龙江省农民增收具有重要的现实意义。

4. 确定黑龙江省农户博弈利益最大化的具体方案

对黑龙江省农民增收问题的分析，既要有宏观分析，也要有微观分析。黑龙江省农户博弈利益最大化问题就是从农户的微观视角出发，该问题的提出对政府增收政策的制定有着一定的指导意义。小农户大市场问题是长期困扰农民增收的一大弊端，但是在这种背景下农户是否毫无胜算尚待研究。往往微观视角研究会为宏观政策的制定带来启发，所以黑龙江省农民收入增长需要多方视角分析的支撑。确定黑龙江省农户博弈利益最大化的具体方案，也就成为本研究的另一大重点。

5. 提出保障粮食生产的黑龙江省农民增收对策

以往的研究重视对策的提出，但并没有重视对策是否会影响到粮食安全。制定出既符合黑龙江省发展定位又要保证粮食安全的对策，是本文研究的一大问题。

1.6 研究的创新与不足

1.6.1 研究的创新

1. 理论创新

本书以黑龙江省农民收入为研究对象，对黑龙江省农民收入变动、收入结构、城乡收入差距进行了详尽的描述，并引入多省份进行比较分析，对以往同类学术著作做了补充，并为今后此类研究提供了可供参考的研究框架。

2. 模型及方法创新

本书利用因子分析法对农民收入协调性进行测度，具有一定的创新意义。同时，本文构建博弈模型对经营主体博弈关系加以分析和解释，具有一定的创新性。

1.6.2 研究的不足

（1）农民收入的影响因素非常庞杂，本书也只能根据以往的研究资料和本研究的需求设计变量，因此本研究具有一定的局限性。

（2）调研当中涉及敏感的收入问题，农户在调查问卷的填写上具有保留行为，因此会存在一定的误差。

（3）由于数据统计口径的变化，一些数据的连续性和计算方式存在差异。

2 相关概念及理论基础

2.1 相关概念

2.1.1 农民

农民的概念是很丰富的，国内外对“农民”这一概念的界定有所不同，因而产生了许多对农民概念的解读和定义，下面将对国外和国内学者所持的农民概念的不同观点进行梳理和总结。

1. 国外对农民的界定

国外对农民的概念也没有一个十分统一的界定，其普遍认为对农民的界定，要参考居住地点、对土地的依赖程度、经济行为能力以及政治地位等。随着经济的不断发展，国外对农民的认识可以按照国家发达程度将农民划分为发达国家的农民和发展中国家的农民。

（1）发达国家的农民

发达国家的农民主要指农场主或农民企业家。这些农民已经将农业生产作为自己的职业，并且这种农民所占有的土地普遍较多，例如，美国农场主等。这类农民的生产主要以赢利和实现市场交易为目的，同时此类农民还具有较高的组织性，其对其国家政策制定和政府选举具有一定的影响力，并具有一定的政治话语权，如美国、欧盟及日本农民。总结一下发达国家农民的概念，可以定义为在发达国家从事农业生产，以利益最大化为目的，组织化程度极高，并拥有相当政治影响力的农场主或农业企业家。

（2）发展中国家的农民

发展中国家的农民是指传统意义上的普通小农。传统意义的小农对土地的依赖性极大，此类农民的农业生产只是一部分以赢利为目的，另一部分是以生存糊口为目的。这类农民的土地规模有限，并且在组织化程度上也要远远低于发达国家农民，在政治地位上往往处于被动地位。那么，可将发展中国家农民定义为，在发展中国家从事农业生产，以自身生存及赢利为目的，组织化程度较低，政治影响力较小的农业生产者。

总之，发达国家农民和发展中国家农民存在着极大的差别，同时也具有一定的共性，发展中国家农民也正逐渐向发达国家农民转变。但是，这一过程的长短要看各国经济社会发展及政策的制定情况。

2. 国内对农民的界定

国内对农民的界定也没有统一的概念，对农民概念的分歧主要集中在界定指标的选取上，具体来说就是是按照居住地区、户籍性质还是按照劳动特征来界定农民概念。

（1）观点一

观点一认为，从事农业生产，居住在农村，并且具有农业户口就可以称为农民；但是，如果不满足从事农业生产这一要求，就不能称之为农民。由此，农民具体包括如下人员：①农村从事农业生产的人，包括农村干部和农民技术员；②农民供养的丧失劳动能力后在农村居住的老人；③具有农村户口的农林牧场从业人员。

（2）观点二

观点二认为，对农民的界定应该以户籍为标准。只要拥有农业户口，不论其是否从事农业生产，其都应该被称为农民。按照这种户籍划分法，可以将农民划分为纯农户、兼业农户和非农户。所谓纯农户，是指农业收入占总收入的比重在 95% 以上的农户；兼业农户是指农业收入占总收入的比重在 5% ~95% 的农户；非农户是指农业收入占总收入 5% 以下的农户。

（3）观点三

观点三认为，农民应该被称为“农业居民”，而不是“农村居民”。这一定义主要是将进城打工的农民工划分在农民之外，研究农民工收入问题的侧重点同研究农业居民收入的侧重点有所不同，前者主要是获得平等待遇问题，后者是要解决农业生产收入低的问题。农民工大多已脱离了农业生产，正在融入城市的过程当中，他们可以被称为农民到市民的过渡期农民；而农业居民却仍旧从事着土地耕作，农业生产的低收益和高风险性致使其收入较低，这部分“农业居民”才应该被称为农民。

（4）观点四

观点四认为，农民的概念应该超出户籍的范畴，不论在何种体制下，只要从事农业（农、林、牧、渔）生产，并且农业收入占收入的大部分，其就应该被称为农民。这类农民主要包括：①农村集体经济承包户，其具有农村户口；②国有林场、农场、渔场、牧场的经营者和工作人员；③承包农村集体经济组织的土地，从事农业生产经营的城镇干部和职工。

由于所利用的统计数据的限制，本书使用了户籍标准的农民定义。

2.1.2 农民收入

根据国家统计局在《中国统计年鉴》当中的定义，按照计算方法划分，可以将农民收入划分为总收入和纯收入；按照收入来源又可将其分为家庭经营收入、工资性收入、财产性收入和转移支付收入。其具体定义如下。

1. 总收入

总收入是指调查期内农村住户和住户成员从各种来源渠道得到的收入总和。

2. 农村居民家庭纯收入

农村居民家庭纯收入是指农村住户当年从各个来源得到的总收入相应地扣除所发生的费用后的收入总和，按收入的性质可划分为工资性收入、家庭经营收入、财产性收入和转移支付收入。计算方法：

农村居民家庭纯收入 = 总收入 − 家庭经营费用支出 − 税费支出 − 生产性固定资产折旧 − 赠送农村内部亲友

3. 工资性收入

工资性收入是指农村住户成员受雇于单位或个人，靠出卖劳动而获得的收入。

4. 家庭经营收入

家庭经营收入是指农村住户以家庭为生产经营单位进行生产筹划和管理而获得的收入。农村住户家庭经营活动按行业可划分为农业、林业、牧业、渔业、工业、建筑业、交通运输业、邮电业、批发和零售贸易餐饮业、社会服务业、文教卫生业和其他家庭经营活动。

5. 财产性收入

财产性收入是指金融资产或有形非生产性资产的所有者向其他机构单位提供资金或将有形非生产性资产供其支配，作为回报而从中获得的收入。

6. 转移支付收入

转移支付收入是指农村住户和住户成员无须付出任何对应物而获得的货物、服务、资金或资产所有权等，不包括无偿提供的用于固定资本形成的资金。一般情况下，指农村住户在二次分配中的所有收入。

本书当中，在没有特殊提及的前提下，农民收入就是指农村居民人均纯收入。

2.2 理论基础

2.2.1 收入增长理论

1. 投入—产出理论

西方国家投入—产出分析的理论基础是全部均衡理论，该理论认为各种错综复杂的经济活动之间的关系都可以表现为数量关系，而这种数量关系是相互依存、相互影响的，在一定条件下会达到均衡。例如，对于一种产品，其在供给、需求和价格方面都不是独立的，而是相互作用的，如果这种商品的供给和需求相等，那么整个价格体系就会形成全部均衡。因此，当我们要确定某些经济变量的值时，需要把它们之间的关系表现为函数关系，同时用方程组求得它们的解，而不是采用因果方法去求得每个经济变量的唯一决定因素。全部均衡理论不仅包括交换的均衡，还包括生产的均衡，投入—产出分析主要考察生产的均衡。

社会主义国家投入—产出理论的基础是马克思主义的再生产理论，该理论认为整个社会生产包括生产资料的生产（第Ⅰ部类）和消费资料的生产（第Ⅱ部类）；从经济用途角度来看，社会总产品包括不变资本（C）、可变资本（V）和剩余价值（M）。在社会主义条件下，C 是指生产资料的转移价值；V 是指必要劳动创造的价值，其形成生产劳动者的报酬；M 是指剩余产品价值，其最终可以形成社会纯收入。因此，马克思利用 3 个平衡公式来体现简单再生产的实现条件：

$$\text{Ⅰ}(V+M)=\text{Ⅱ}C$$
$$\text{Ⅰ}(C+V+M)=\text{Ⅰ}C+\text{Ⅱ}C$$
$$\text{Ⅱ}(C+V+M)=\text{Ⅰ}(V+M)+\text{Ⅱ}(V+M)$$

在资本主义条件下，ΔC、ΔV、$\frac{M}{X}$ 分别是指追加的不变资本、追加的可变资本和资本家消费的部分；而在社会主义条件下，其分别是指生产资料积累、生活资料积累和非生产人员的消费。因此，马克思利用 3 个平衡公式来体现扩大再生产的实现条件：

$$\text{I}\left(V+\Delta V+\frac{M}{X}\right)=\text{II}\left(C+\Delta C\right)$$

$$\text{I}\left(C+V+M\right)=\text{I}\left(C+\Delta C\right)+\text{II}\left(C+\Delta C\right)$$

$$\text{II}\left(C+V+M\right)=\text{I}\left(V+\Delta V+\frac{M}{X}\right)+\text{II}\left(V+\Delta V+\frac{M}{X}\right)$$

2. 人力资本理论

（1）早期人力资本思想

古希腊思想家柏拉图在他的著作《理想国》中最早提出了人力资本思想，并论述了教育和训练的经济价值；亚里士多德也阐述了教育的经济作用并认识到国家维持教育对公共福利的重要性，但他们认为教育是消费品，其对经济产生的作用是间接的。重农主义的代表人物魁克认为，人是构成财富的第一要素；英国古典经济学家威廉·配第提出并论证了劳动决定价值的思想，同时还提出“土地是财富之母，劳动是财富之父”的观点，奠定了劳动价值论的基础。他认为，人的素质是不同的，所以其劳动能力也有所不同。配第的劳动价值论只是处于萌芽阶段，第一个将人力视为资本的经济学鼻祖是亚当·斯密，他在肯定劳动创造价值、劳动在各种资源中拥有特殊地位的基础上，明确指出人的劳动能力与水平必然要受到劳动技巧的熟练程度和判断能力强弱的制约，而要提高劳动技巧的熟练水平需要经过教育培训，同样，教育培训是需要花费时间和付出学费的，这被看作人力资本投资的萌芽思想。李嘉图继承并发展了斯密的劳动价值学说，认为商品价值量决定于劳动时间。他明确指出人的劳动才是价值的唯一源泉，并将其分为直接劳动和间接劳动，前者是指直接生产过程中投入的劳动所创造的商品价值。后者是指间接投在生产资料中的物化劳动，它会将原有价值转移到商品中去，但并不创造价值。穆勒也继承了斯密的一些思想，认为技能与知识都会对劳动生产率产生重要影响。同时，他也指出从传统经济增长与资源配置的生产性取向角度来看，教育支出会带来更多的国民财富。法国经济学家萨伊，作为提出人力资本思想萌芽的经济学家，他认为教育费用与培训费用的总和是“积累资本”，因此，受到教育培训的人的工作报酬应该包括劳动的工资和培训时所付出的资本的利息。他曾提出“科学知识是生产力的一部分”，这是划时代的理论贡献。英国古典经济学的集大成者马歇尔指出知识和组织是一个独立的生产要素，教育投资在经济增长中发挥着重要的作用。马克思并未专门研究人力资本理论，但他的劳动价值理论却是人力资本理论的重要思想基础。他指出，劳动是创造社会财富的主要源泉。人类的具体劳动创造商品的使用价值，而抽象劳动创造商品的价值。

（2）人力资本概念的提出

1906 年，费雪在《资本的性质与收入》中首次提出了人力资本的概念，并将其纳入经济分析的理论框架中。人力资本，又称“非物力资本”，是指劳动者受到培训、教育、实践经验、迁移、保健等方面的投资从而获得知识与技能的积累，这种知识与技能将为劳动拥有者带来工资等收益。

（3）人力资本理论的创立及发展

20 世纪 60 年代，美国经济学家舒尔茨创立了人力资本理论，他被称为“人力资本之父”。该理论认为，蕴含在人身上的各种生产知识及劳动与管理的技能是人力资本的表现，而人力资本是经济增长和社会进步的决定性因素。该理论还认为，人力资本的积累是投资的结果，而不是免费的。人力资本投资的主要部分是教育投资，其经济收益会远远高于物质资本投资的经济收益。贝克尔、丹尼森、明赛尔等也从不同角度阐述了人力资本理论。舒尔茨只分析了教育对经济增长的宏观作用，贝克尔弥补了这一缺陷，并进行了微观分析，同时还研究了人力资本与个人收入分配之间的关系。贝克尔的学术研究特点是将经济学和表面上与经济学无关的现象联系在一起，并运用经济数学方法分析它们；丹尼森修正了舒尔茨论证的教育对美国经济增长的贡献率问题，他把经济增长的余数划分为规模经济效应、资源配置和组织管理改善，知识应用上的延时效应及资本和劳动力质量本身的提高等，进而论证了 1929—1957 年美国经济增长中的教育贡献率为 23%，而不是舒尔茨所说的 33%。明赛尔最早将人力资本投资和收入分配联系在一起，同时给出完整的人力资本收益模型，开创了人力资本研究的另一分支，并研究了在职培训对人力资本形成的贡献。

人力资本理论作为经济学的一个重要分支，已经形成并发展起来。该理论摆脱了传统理论中所讲的“资本只是物质资本”的束缚，提出了人力资本。其核心是提高人口质量，而教育是其提高的主要手段，因此我们可以把人力投资看作教育投资问题。在经济增长中，人力资本作用大于物质资本。因为人力资本投资与国民收入成正比，其增长速度比物质资源快。我国如果能将庞大的人力资源要素转化为人力资本，并全面强化人力资本投资，提高人民的素质和能力，将会使我国从人口大国迈向人力资源强国。

3. 规模经济理论

真正意义上的规模经济理论起源于美国，它阐述的是大批量生产的经济性规模。其中，典型的代表人物有阿尔弗雷德·马歇尔、张伯伦、罗宾逊和贝恩等。马歇尔曾在他的《经济学原理》中提到“大规模生产的利益在工业生产上会表现得最为明显，专门机构的使用与改革、采购与销售、专门技术和经营管理工作的进一步划分会给大工厂带来利益”。马歇尔还阐述了形成规模经济的两种途径：内部规模经济和外部规模经济。前者的形成依赖于个别企业对资源的充分利用、组织和经营效率的提高；后者的形成依赖于多个企业之间分工与联合的合理、地区布局的合理等。同时，他还研究了规模经济报酬的变化规律，即当生产规模不断扩大时，规模报酬会依次经过3个阶段：规模报酬递增、规模报酬不变和规模报酬递减。另外，马歇尔还指出大规模会带来垄断问题并阐述了垄断对市场价格机制的破坏作用，它们之间的冲突就是著名的“马歇尔冲突”，该冲突表明如果企业规模无节制地扩大，则其所形成的垄断组织会使市场失去“完全竞争”的活力。此后，美国经济学家张伯伦和英国经济学家罗宾逊在“马歇尔冲突”的基础上，提出了垄断竞争的理论主张，使传统的规模经济理论得到了补充。

马克思的规模经济理论是传统规模经济理论的另一个分支。他在《资本论》中提出了“大规模的生产与协作是社会劳动生产力发展的前提”的主张。同时，他还指出，作为提高劳动生产率有效途径的大规模生产，是近代工业发展的必由之路。以此为前提，才能组织劳动的分工与结合，才能节约由于大规模积聚而得到的生产资料，才能产生适于共同使用的劳动资料，才能使自然力为生产服务，才能使生产过程成为科学在工艺上的应用。马克思指出，生产规模的扩大，其主要目的是实现产、供、销的联合与资本的扩张和降低生产成本。显然，他的理论与马歇尔阐述的内部规模经济和外部规模经济有异曲同工之效。

从经济学角度来看，亚当·斯密是规模经济理论的创始人，他在《国富论》中指出：劳动生产上获得的最大增进与劳动时所表现出来的更大的熟练、技巧和判断力，似乎是分工的结果。以制针工厂为例，制针工序细化能提高生产率是因为劳动分工使每个工人的劳动技巧和熟练程度都得以提高，节约了由于更换工作而浪费的时间，这有利于机器的发明与应用。而劳动分工的基础是保证一定规模的批量生产，从这个层面来看，亚当·斯密的理论是对规模经济的一种古典解释。

美国第一个诺贝尔经济学奖的获得者萨缪尔森在《经济学》中指出，生产在企业里进行是因为效率通常要求大规模的生产、筹集巨额资金并对正在进行的活动实行细致的管理与监督，而大规模生产的经济性是在企业里组织生产的最强有力的因素。从传统成本理论角度来看，如果企业规模不断扩大，伴随着大规模经济规律的作用，企业生产成本会不断降低直到实现适度规模生产，如果继续扩大规模，则企业会因为管理上的不经济而增加成本。美国哈佛大学教授哈维·莱宾斯坦对上述问题做了深入分析，进而提出了效率理论。哈维认为，大企业尤其是垄断性大企业，面临着许多问题，例如，外部市场竞争压力小、内部组织层次多、机构庞大、关系复杂、企业制度安排存在内在弊端等，这种“大企业病”是企业发展规模经济的内在制约因素。

美国学者科斯从市场交易成本的角度出发，对企业规模经济进行了深入分析。他在《企业的性质》中指出：企业产生的根本原因是交易费用的存在，市场价格机制的替代物是企业最显著的特征。市场以价格机制为导向，组织的每一笔交易都会花费一些费用，即交易成本，如获取市场信息的成本、谈判和签约的成本以及合同风险的成本等，如果企业将各种生产要素集中生产，就会减少这些交易成本，如减少交易数目、交易次数和交易摩擦等。由此来看，企业变成了市场的替代物。在组织交易时，如果企业内部的管理费用等于其所节约的市场交易成本，则企业的规模扩张就会停止。同时，科斯运用交易成本理论进一步解释了企业的一体化问题。他认为，如果一个企业来组织两个或更多企业组织的交易时，就会产生一体化，这一过程就是交易活动内部化的过程。换言之，企业之间关系结构的变化都与规模经济息息相关。可见，交易成本理论不仅是现代企业理论的核心，而且是规模经济理论的重要发展。

微观经济学认为，规模经济又称规模节约，是指企业因为生产规模扩大，企业收益递增，成本递减，从而实现了节约，增加了利润。相反，规模不经济是指当生产扩大到一定规模后，如果继续扩大生产，产量增加的倍数就会小于成本增加的倍数，即随着产量的增加，平均成本不断上升。由此可见，企业生产规模过大或过小，都会使单位产品的成本增加、利润减少，甚至会出现亏损局面，这就要求企业经营规模要适度，也就是我们所说的适度规模经营，其目的是追求规模经济，即生产规模适度扩大，生产要素会得到更合理的利用，平均成本会降低，进而获得更大的经济效益。

2.2.2 外部性理论

1. 马歇尔理论

马歇尔，作为新古典经济学派的代表，他并未明确提出外部性的概念，但其来源于他在1890年发表的《经济学原理》中提到的“外部经济”这一概念。马歇尔把因任何一种货物的生产规模的扩大而发生的经济分为两类：一是内部经济；二是外部经济。前者是指由企业内部的各种因素所导致的生产费用的节约，其中影响因素包括劳动者工作技能的提高、先进设备的采用、管理水平的提升以及管理费用的减少等；后者是指由企业外部的各种因素所导致的生产费用的减少，其中影响因素包括市场容量的大小、企业和原材料供应地和产品销售地的远近、交通的便利程度以及其他相关企业的发展水平等。马歇尔对企业发展的分析方法为以后的经济学家提供了很多想象空间。

2. 庇古理论

作为“福利经济学之父”的庇古，通过分析边际私人净产值与边际社会净产值的背离来研究外部性问题。尽管庇古从马歇尔那里借用了“外部经济”并引申了“外部不经济”，但他们所赋予的概念的意义是不同的。马歇尔强调企业活动从外部受到影响，而庇古注重企业活动对外部的影响。庇古提出当存在外部经济效应时，政府对边际私人收益小于边际社会收益的部门实行奖励和津贴；当存在外部不经济效应时，政府对边际私人收益小于边际社会收益的部门实行征税。这就是在经济活动中被广泛运用的“庇古税”。例如，基础设施建设领域采用的“谁收益，谁投资”的政策，环境保护领域采用的“谁污染，谁治理”的政策，都应用了庇古税的理论。由此可见，庇古将马歇尔的外部性理论向前推进了一步，但其理论也存在一定的局限性。例如，庇古理论的前提是存在“社会福利函数”，而作为公共决策的天然代表者的政府需要对外部性的经济活动进行干预，而事实上，公共决策在一定程度上存在很大的局限性；庇古税得以运用的前提是政府需要知道引起外部性和受到其影响的相关资源的所有信息，但现实生活中的政府并不是万能的，而且政府干预本身也需要花费一定的成本。

3. 科斯理论

科斯，1991年获得诺贝尔经济学奖，是新制度经济学的奠基人。他在获奖论文《社会成本问题》中多次提到庇古税问题，他的理论是在批判庇古理论的过程中形成的。科斯认为，外部效应中产生的伤害问题并不是单向的，而是具有相互性的；当交易费用为零时，庇古税没有任何意义，因为这时交易双方可以通过市场交易并自愿协商达到资源的优化配置；当交易费用不为零时，外部效应的内部化问题的解决需要权衡所使用的各种政策的成本和收益，也就是说，庇古税要么是有效的制度安排，要么是低效的制度安排。科斯理论不仅将庇古理论融入自己的理论框架中，而且进一步巩固了经济自由主义的根基，可以说，科斯理论是对庇古理论的一种扬弃。他的理论被广泛应用于实际生活中，例如，环境保护领域的排污权交易制度就充分体现了科斯理论的实用性。但他的理论也存在一定的局限性。例如，在发展中国家的市场化程度不高，与真正的市场经济存在很大差距，这样科斯理论就不能发挥作用；自愿协商的前提是要有明确界定的产权，而我们很难界定类似环境资源的这样的公共物品产权，从而失去了自愿协商的前提；自愿协商时，我们还需考虑双方交易费用问题，如果交易费用大于社会净收益，则自愿协商就失去意义了，如果所在地的经济社会法制不健全、诚信率低，则交易费用会相对较多，这样就会降低自愿协商方式的应用范围。没有一种理论是完美无缺的，科斯理论也不例外，但其理论的实践意义是不仅研究了外部性问题，而且为以后的经济学研究开辟了更为广阔的发展空间。

外部性概念，是经济学文献中很难捉摸的概念之一，不同的经济学家给其赋予了不同的定义。萨缪尔森和诺德豪斯认为，"外部性是指那些生产或消费对其他团体强征了不可补偿的成本或给予了无须补偿的收益的情形"；兰德尔认为，"外部性是指当一个行动的某些效益或成本不在决策者的考虑范围内的时候所产生的一些低效率现象，即某些效益被给予，或某些成本被强加给没有参加这一决策的人"。上述两种定义的差别是考察角度不同，前者是从外部性的产生主体角度来定义，而后者是从外部性的接受主体来定义，大多数经济学文献是依据萨缪尔森所定义的外部性来理解的。根据外部性表现形式的不同，我们可以从以下几个角度来分析外部性理论。

（1）外部性产生的前提条件

鲍莫尔不仅分析了竞争条件下的外部性，而且对垄断条件下的外部性进行了详细分析，他认为竞争条件下产生的外部经济问题与垄断条件下产生的外部经济问题是不一样的。例如，如果一家厂商扩大其工厂规模，这种行为会提高工业中所有厂商的运输效率时，因为这种扩大是由一家厂商单独完成的可能不会产生利益，但如果此工业为一个人占有，那么就会获得利益。换言之，竞争性部门中的个别厂商的外部经济或外部不经济，不一定会成为垄断者的外部经济或外部不经济。大部分的外部性理论都是在完全竞争的假设下进行分析的，在鲍莫尔对竞争条件下和垄断条件下的外部性问题进行系统分析后，米德在 1962 年发表了《竞争状态下的外部经济与不经济》一文，文中全面分析了在竞争条件下的生产上的外部经济与外部不经济问题。

（2）外部性不同的产生领域

外部性包括外部经济（又称正外部性、正外部经济效应）和外部不经济（负外部性、负外部经济效应）。前者是指某些人的生产或消费活动使其他人获益却无法向这些人收费的现象，如过路人能享受私人花园的美景，却不用付费；后者是指某些人的生产或消费活动使其他人受损却无法弥补这些人的现象，如个人的睡眠质量被邻居过大的音响噪声所影响。经济学家们最先关注的是生产领域的外部性问题，20 世纪 70 年代以后，对于消费领域的外部性问题的研究越来越多。生产的外部性指由生产活动所产生的外部性；而消费的外部性是指由消费行为所产生的外部性。如果将其细分，外部性可以分为生产的外部经济性、消费的外部经济性、生产的外部不经济性和消费的外部不经济性。而生产领域和消费领域又存在生产者和消费者，进而外部性问题又可以划分为下述 8 种类型：①生产者对生产者的外部经济，像果园园主和蜜蜂养殖场场主的关系；②生产者对消费者的外部经济，如花园式工厂对周围居民的影响；③消费者对生产者的外部经济，如居住环境的改善会增加生产性投资；④消费者对消费者的外部经济，如私家花园对过路人的积极影响；⑤生产者对生产者的外部不经济，如上游的化工厂对下游养殖场的污染；⑥生产者对消费者的外部不经济，如建筑施工对居民休息的影响；⑦消费者对生产者的外部不经济，如洗衣机的噪声对隔壁医生的看病带来的影响；⑧消费者对消费者的外部不经济，如邻居高声歌唱影响自己的睡眠。从可持续发展的理念来分析外部性，可以分为代内外部性问题和代际外部性问题。前者是指考虑当前时期资源配置是否合理；后者是指要解决人类代际间活动的相互影响，特别是要处理好前代人对后代人、当代人对后代人的不利影响。随着经济发展的日趋全球化，外部性问题已不再局限于同一国家或地区的企业与企业、企业与居民之间了，而是扩展为国际之间、区际之间的大问题了，如环境污染、资源匮乏现象等，这些问题将会严重威胁我们子孙后代的生存与发展。

（3）稳定的外部性与不稳定的外部性

稳定的外部性是指人们可以掌握的外部性，即通过各种协调方式，使这种外部性内部化。格林伍德与英吉纳在《不稳定的外部影响、责任规则与资源配置》一文中详细分析了不稳定的外部性。他们认为，如果一个厂商对另一个厂商的影响是任意的，则厂商可能会遇到风险，当厂商在考虑最大化问题时，会把外部性的负担和自己的风险也考虑在内。不稳定的外部性还表现为科技成果的不确定性。例如，DDT（双对氯苯基三氯乙烷）的发明与使用。瑞士化学家米勒合成了DDT，发现它具有普遍且高效的杀虫能力并于1942年大量生产并应用于实践中，米勒因此获得了1948年的诺贝尔生理学和医学奖，这时DDT所带来的是极大的外部经济效应。长期使用DDT我们发现，它是一种难以降解的有毒化合物，会残留于农产品、家畜体内和人体组织内部及生态环境中，造成巨大的外部不经济效应。由此可见，科学技术的不确定性及其副作用的暴露需要一定的潜伏期，如果处理不好往往会导致严重的生态环境问题。

（4）单向的外部性与交互的外部性

我们将一方给另一方所带来的外部经济或外部不经济称为单向的外部性。大部分外部性属于单向外部性，如上游化工厂排放污水导致下游养殖场损失增加，但下游的养殖场却并未给上游的化工厂产生外部经济效应，也未产生外部不经济效应，此时我们称化工厂给渔场带来的是单向的外部性。交互的外部性是指双方都有权利接近某一资源并可以给彼此施加成本（常发生于公有财产权下的资源上）。例如，所有国家或地区都对生态环境造成了破坏，它们彼此之间都会产生外部不经济效应，这就属于交互的外部性的范畴。而双向外部性是交互的外部性的一个特例。简言之，双向外部性是指经济主体双方都存在外部性，主要包括3种形式：一是甲方与乙方相互间的外部经济，如养蜂人与果园园主之间的关系，蜜蜂要酿蜜需要花粉，也就是说果园园主对养蜂人具有外部经济效应，相反，果园果树开花后要结果就需要蜜蜂传授花粉，也就是说养蜂人对果园园主具有外部经济效应，然而养蜂人与果园园主给对方所带来的外部经济效应结果未必相同，如果恰好相同，则表明他们之间的外部经济效应可以抵消，如果不相同，则表明一方从中占了便宜，另一方从中吃亏了；二是甲方与乙方相互间的外部不经济；三是甲方对乙方存在外部经济效应而乙方对甲方存在外部不经济效应，或者甲方对乙方存在外部不经济效应而乙方对甲方存在外部经济效应。

（5）制度外部性与科技外部性

制度外部性把外部性、产权与制度的变迁有机结合起来，进而把外部性引入制度分析之中。制度外部性包含三方面的含义：一是作为公共产品的制度本身极易产生外部性；二是在一种制度下存在、在另一种制度下无法获得的利益（或反之），这就是制度变迁所带来的外部经济或外部不经济效应；三是在一定的制度安排下，禁止自愿谈判或自愿谈判的成本很高，经济个体获得的收益与其付出的成本不一致，进而产生了外部收益或外部成本。从实质上来说，外部性体现了社会责任与权利的不对称，如“搭便车现象”，其为改革默默奉献的人却不能获得相应的全部报酬，这将导致改革缺乏动力；“牺牲者的产生”，他们在改革中承担了别人应该承担的成本，这将导致改革阻力的增加。科技外部性虽未被广泛应用，却普遍存在于我们的现实生活中，其包括两方面的含义：作为外部性很强的公共物品的科技成果，如果缺乏有效的激励机制，则会造成这种产品的供给不足；科技成果的推广与应用应该能为其他成果的研究、开发和应用开辟道路。

2.2.3 可持续发展理论

可持续发展理论，作为一门新兴的学科，其形成经历了相当长的历史时期并引起了国内外社会的关注。不同的流派对可持续发展定义的说法不尽相同，从全球范围来看，具有影响力的说法有以下几类。

1. 从可持续发展定义的自然属性来看

生态学家们最先提出了生态持续性的概念。1991 年，国际生态学协会与国际生物科学联合会在关于可持续发展问题的专题研讨会中发展并深化了可持续发展定义的自然属性，即可持续发展是“寻求一种最佳的生态系统以支持生态的完整性和人类愿望的实现，使人类的生存环境得以持续”。

2. 从可持续发展定义的社会属性来看

1991 年，世界自然保护同盟（INCN）、联合国环境规划署（UNEP）和世界野生生物基金会（WWF）共同发表了《保护地球——可持续生存战略》，该战略将可持续发展定义为“在生存于不超出维持生态系统涵容能力的情况下，提高人类的生活质量”，同时提出了 9 条有关可持续生存的基本原则。《保护地球——可持续生存战略》认为，各国可以依据本国国情制订相应的发展目标，但真正的“发展”需要包括提高人类健康水平，改善人类生活质量，为人类平等、自由创造良好的环境这些目标。

3. 从可持续发展的经济属性来看

从经济属性来表达可持续发展定义的方式有很多，但它们都有着共同之处，即经济发展是可持续发展的核心。Edward B. Barbier（巴比尔）在《经济、自然资源、不足和发展》中将可持续发展定义为“在保持自然资源的质量和其所提供服务的前提下，使经济发展的净利益增加到最大限度”。换言之，经济发展不是传统的以牺牲资源和环境为代价的发展，而是在不降低环境质量和不破坏世界自然资源基础上的发展。

4. 从可持续发展的科技属性来看

众所周知，科技进步在可持续发展中扮演着重大的作用。因此，很多学者从科技发展的角度来定义可持续发展。有人认为，可持续发展是“转向更清洁、更有效的技术，尽可能接近‘零排放’或‘密闭式’工艺方法，尽可能减少能源和其他自然资源的消耗”；还有人认为可持续发展是“建立极少产生废料和污染物的工艺或技术系统”。

5. 国际社会普遍认可的可持续发展

20 世纪中叶，美国海洋生物学家莱切尔·卡逊（Rachel Carson）发表的环境科普著作《寂静的春天》，使得人们逐渐认识到经济和社会发展与生态环境密切相关。基于环境问题的加剧和能源危机的频频出现，1987 年，布伦特兰夫人主持的世界环境和发展委员会在《我们共同的未来》中，正式提出了“可持续发展”的概念与模式。简言之，“可持续发展”是指“既满足当代人的需要，又对后代人满足其需要的能力不构成危害的发展”。详言之，“可持续发展”是指人类在谋求经济增长的同时，学会适应并满足生态环境的承载能力，促使人口、环境、资源和生态与社会的进步协调发展。

可持续发展理论，作为指导人类走向 21 世纪的发展理论，其将环境与经济发展问题紧密地结合起来，经过几十年的发展，形成了自己的研究内容、丰富内涵和基本原则。在研究内容方面，可持续发展注重可持续经济、可持续生态和可持续社会三个方面的协调统一，要求人类在发展中讲究经济效益、关注生态和谐与追求社会公平，最终达到人的全面发展。

（1）经济的可持续发展

经济可持续发展不仅重视经济增长的数量，而且更加追求经济发展的质量。可持续发展改变了传统的以“高投入、高消耗、高污染”为特征的生产与消费模式，实行清洁生产与文明消费，提高了经济效益、节约了资源并减少了废物。

（2）生态的可持续发展

生态可持续发展强调保护环境，即通过转变发展模式，从根本上解决环境问题，进而保证经济建设和社会发展与自然资源和环境成本的承载能力相协调。

（3）社会的可持续发展

在人类可持续发展系统中，经济可持续是基础，生态可持续是条件，社会可持续才是目的。尽管国内外可持续发展的发展阶段与具体目标不一样，但发展的本质都有相似之处，即改善人类生活质量，提高人类健康水平，共同追求并创造一个以人为本的，能够保障人们平等、自由、教育、人权和免受暴力的持续、稳定、健康发展的社会环境。

从国际社会普遍认可的定义中，我们总结了可持续发展理论的五个方面的丰富内涵。

（1）共同发展

每个国家和地区都是相互依存和相互联系的个体，其中一个个体产生问题，都会直接或间接地影响到其他个体的发展，因此，可持续发展注重的是整体发展与协调发展，即共同发展。

（2）协调发展

协调发展是可持续发展的前提，其不仅需要经济、社会与环境之间的相互协调，还需要世界各国与各地区之间的相互协调以及同一国家或地区经济发展与人口、资源、环境和社会之间的相互协调。

（3）公平发展

各国的经济发展水平存在着差异，当这种差异的层次性因不公平或不平等而加剧时，将影响到整个世界的可持续发展。因此，可持续发展的公平发展包括两个方面：一是时间上的公平，即当代人的发展不能以损害后代人的发展能力为代价；二是空间上的公平，即每个国家或地区的发展不能以损害其他国家或地区的发展能力为代价。

（4）高效发展

作为可持续发展前提的高效，不仅包含经济意义上的效率，还包含着自然资源和环境受损的成分，人口、经济、社会、资源和环境等协调下的高效率发展才是真正的可持续发展的高效发展。

（5）多维发展

作为一个全球性概念，可持续发展其本身就包含了多样性、多模式和多维度的发展内涵，再加上不同国家和地区发展水平、文化、体制以及地理环境的不同，各国与各地区应在可持续发展的总体目标下，依据本国国情或区情，走符合本国或本区实际的、多样的、多模式的可持续发展道路。

可持续发展不仅要应用到以资源利用和环境保护为主的环境领域，而且需要适用于以经济和社会发展为源头的生活领域。为了更好地贯彻可持续发展战略，我们必须遵循以下基本原则。

（1）公平性原则

可持续发展追求两方面的公平。一是本代人之间的公平。当今世界一部分人富足，1/5 的人口处于贫困状态，这种贫富悬殊、两极分化的现象不可能实现可持续发展提出的“要满足全体人民的基本需求和给全体人民机会以满足他们要求较好生活愿望”的目标，因此，各国需要有公平的分配和公平的发展权。二是代与代之间的公平。人类赖以生存的自然资源是有限的，我们不能为自己的发展而损害后代人所需求的自然资源和环境，世世代代都有公平利用自然资源的权利和保护资源的义务。

（2）持续性原则

持续性原则认为经济建设和社会发展应控制在自然资源与生态环境的承载范围之内。换言之，即人类在发展时既不要过度生产也不要过度消费，而是在不损害自然资源的基础上，调整自己的活动方式。

（3）共同性原则

尽管各国、各地区发展水平、文化及政策实施方面有所不同，但是我们应该共同遵循可持续发展的公平性原则和持续性原则。为了实现可持续发展的目标，世界各国应认识到彼此之间的相互依赖性并联合起来，共同促进人类之间以及人类与自然之间的和谐发展，进而真正实现可持续发展。

农业可持续发展是指农村经济和社会经济全方位的持续发展。实现农业可持续发展不是单纯追求数量上的增加，而是要实现农民生活水平的日益提高、农业社会的全面进步，保证农村的人口、资源环境、经济和社会相互协调、共同发展。中国，作为发展中国家，其农业可持续发展的前提就是发展，只有发展才能满足人们日益增长的农产品需求，这种需求不仅仅指农产品数量增加上的满足，更应指其质量提高上的满足。

2.2.4 比较优势理论

比较优势理论是对国际贸易中不同国家之间进行贸易的一种解释。英国古典经济学家亚当·斯密最早创立了绝对成本这一学说，他以劳动产品财富论为基础观点，进而得出一个国家要想增加劳动产品的总量就必须走上分工道路的结论。后来他又创立了绝对优势理论学说，认为在国际贸易中，各国都生产和出口绝对成本低的产品，交换回来绝对成本高的产品。如果这样，各国具有绝对优势的产品产量会有所增加，同时该产品的销售量也会增加，最终达到双赢的效果。但是该理论是有缺陷的，亚当·斯密是将各个国家同种商品的成本进行直接的比较，哪个国家的成本低，那么这个国家就生产这种产品。这就是说，在成本上有优势的国家才能进行贸易，但是有的国家如果根本不具备成本优势就无法参加国际贸易。

该局限性最终被大卫·李嘉图所解决。大卫·李嘉图提出了比较优势理论，以相对成本代替了绝对成本。所谓的相对成本是指，本国各种不同产品的成本比率和外国各种同类产品在其国内的成本比率进行比较，只要有成本比率的差异存在就一定会有贸易。李嘉图认为即使一个国家相对于另一个国家在所有产品的生产上都没有生产成本上的绝对优势，该国家依然可以参加互利贸易。这也就是说两害相权取其轻，虽然该国相对于其他国家来说生产成本都是劣势，但是有的成本劣势较小，有的成本劣势较大，该国可以出口劣势较小的产品，进口劣势较大的产品。在李嘉图的比较优势理论中，贸易的产生是由于各国拥有着不同的生产效率。他把这种不同归因于各国气候或环境的不同，所以各国会有各自偏好的产业。然而，李嘉图的贸易模型却存在着许多的错误。第一，该模型中预测会出现极端化的专业分工，但是在现实生活中根本不存在这样的情况。第二，李嘉图认为以国为单位是始终能够在国际贸易中获得利益的，但是他忽略了国际贸易认为国内分配的影响。第三，李嘉图只认为劳动是生产要素，他忽略了其他的生产要素。

英国古典经济学家穆勒认为国际贸易中贸易条件会对贸易利益分配产生影响。他经过深入的分析和调查，认为在一些特定的条件下，贸易的利益有可能会被一国独占而另一个国家会无法得到任何利益。

无论是李嘉图、亚当·斯密还是穆勒，都是以劳动作为单一生产要素来进行分析的，这就注定了他们理论的局限性。赫克歇尔和俄林在李嘉图比较优势理论的基础上提出了生产要素禀赋理论（简称 H－O 理论）。该理论认为，在各国技术水平相等的条件下，生产活动中不只存在劳动这一种生产要素，还同时存在着资本、土地等同样重要的生产要素。各国的产品成本存在着差异，是由于各国在资源禀赋上存在着差异，进而使得要素价格有所差异。各个国家应该生产使用本国相对丰富的生产要素进行生产的产品，最终在国际贸易中获得利益。这也就是说，各国要尽可能生产自己国家丰富生产要素集中的产品，进口那些对于本国来说相对稀缺生产要素集中的产品。这样看来，该理论其实和大卫·李嘉图的理论是相似的，是在大卫·李嘉图理论的基础上发展起来的。李嘉图的理论是利用劳动生产率的差异来解释比较优势的形成，而要素禀赋理论是从多种要素禀赋差异来说明比较优势理论的。

理论的发展往往要与实际相结合，第二次世界大战后国际贸易中出现了越来越多传统贸易所无法解释的现象。按照 H－O 理论的说法，每个国家都应该出售和生产利用本国资源丰富生产要素生产的产品。比如，中国是发展中国家而且人力资源非常丰富，那就是说中国应该出口那些劳动力密集型的产品，进口那些资本密集型的产品。美国是发达国家，资本雄厚，就应该出口那些资本密集型的产品，进口一些劳动力密集型的产品。而且，按照H－O理论的说法，这种国与国之间的交易应该在资源禀赋差异很大的国家之间进行，如发展中国家和发达国家之间。但是事与愿违，事实却不是这样，发达国家之间的贸易占了第二次世界大战后贸易份额的大部分。直到“里昂惕夫之谜”的出现，经济学家们开始了新的探索，于是各种各样的学说应运而生，其中有人力资本说、技术差距论、产品周期论、偏好说等。

3 黑龙江省农民收入动态变动及现状分析

黑龙江省作为一个粮食生产大省，始终将农民收入增长作为解决三农问题的根本出发点和落脚点。2012 年黑龙江省取得了粮食产量“九连增”，同时，黑龙江省农民收入也取得了较快增长，基本达到了粮食增产、农民增收的既定目标。本章将针对 1985 年以来黑龙江省农民收入水平、收入增长速度、收入结构、收入差距进行动态纵向分析，按阶段对黑龙江省农民收入的变动特点进行归纳总结，力图探寻出现象内部的现实规律，为后面的研究明确方向并打下基础。

3.1 黑龙江省农民收入增长阶段性分析

黑龙江省农民收入水平总体表现为波动上升态势，黑龙江省农民人均年收入由 1985 年的 398 元上升到 2011 年的 7591 元，名义增长了 18.07 倍，年均名义增长率高达 12.66%，实际增长率为 6.46%（见表 3-1）。按照黑龙江省农民名义收入变动态势可以将黑龙江省农民收入分为 5 个阶段，即均衡波动阶段（1986—1989 年）、快速增长阶段（1990—1997 年）、缓慢下降阶段（1998—2000 年）、匀速增长阶段（2001—2003 年）和高速增长阶段（2004—2011 年）（见图 3-1）。

表 3-1　　黑龙江省农村居民收入水平变动趋势

年份	农村居民人均纯收入（元）	名义增长量（元）	名义增长率（%）	实际增长量（元）	实际增长率（%）	增量差（名义-实际）（元）
1986	476	78.00	19.60	44.79	11.25	33.21
1987	475	-1.00	-0.21	-30.43	-6.39	29.43
1988	553	78.00	16.42	1.14	0.24	76.86
1989	535	-18.00	-3.25	-86.06	-15.56	68.06
1990	760	225.00	42.06	179.99	33.64	45.01

续 表

年份	农村居民人均纯收入（元）	名义增长量（元）	名义增长率（%）	实际增长量（元）	实际增长率（%）	增量差（名义－实际）（元）
1991	735	－25.00	－3.29	－62.03	－8.16	37.03
1992	949	214.00	29.12	160.99	21.90	53.01
1993	1028	79.00	8.32	－45.00	－4.74	124.00
1994	1394	366.00	35.60	121.18	11.79	244.82
1995	1766	372.00	26.69	125.81	9.02	246.19
1996	2182	416.00	23.56	296.44	16.79	119.56
1997	2308	126.00	5.77	41.16	1.89	84.84
1998	2253	－55.00	－2.38	－47.90	－2.08	－7.10
1999	2166	－87.00	－3.86	－2.60	－0.12	－84.40
2000	2148	－18.00	－0.83	44.24	2.04	－62.24
2001	2280	132.00	6.15	122.82	5.72	9.18
2002	2405	125.00	5.48	137.17	6.02	－12.17
2003	2509	104.00	4.32	73.90	3.07	30.10
2004	3005	496.00	19.77	347.51	13.85	148.49
2005	3221	216.00	7.19	144.18	4.80	71.82
2006	3552	331.00	10.28	248.27	7.71	82.73
2007	4132	580.00	16.33	367.77	10.35	212.23
2008	4856	724.00	17.52	397.75	9.63	326.25
2009	5207	351.00	7.23	289.03	5.95	61.97
2010	6211	1004.00	19.28	714.28	13.72	289.72
2011	7591	1380.00	22.22	963.91	15.52	416.09

数据来源：根据历年《黑龙江省统计年鉴》数据计算所得。

注：实际增长量由名义收入去除居民消费价格指数计算而得（上一年＝100）。

3.1.1 均衡波动阶段（1986—1989 年）

在此阶段中，黑龙江省农民收入处于均衡波动阶段。1986 年黑龙江省农民收入为 476 元，到 1989 年黑龙江省农民收入达到 535 元，共增加了 59

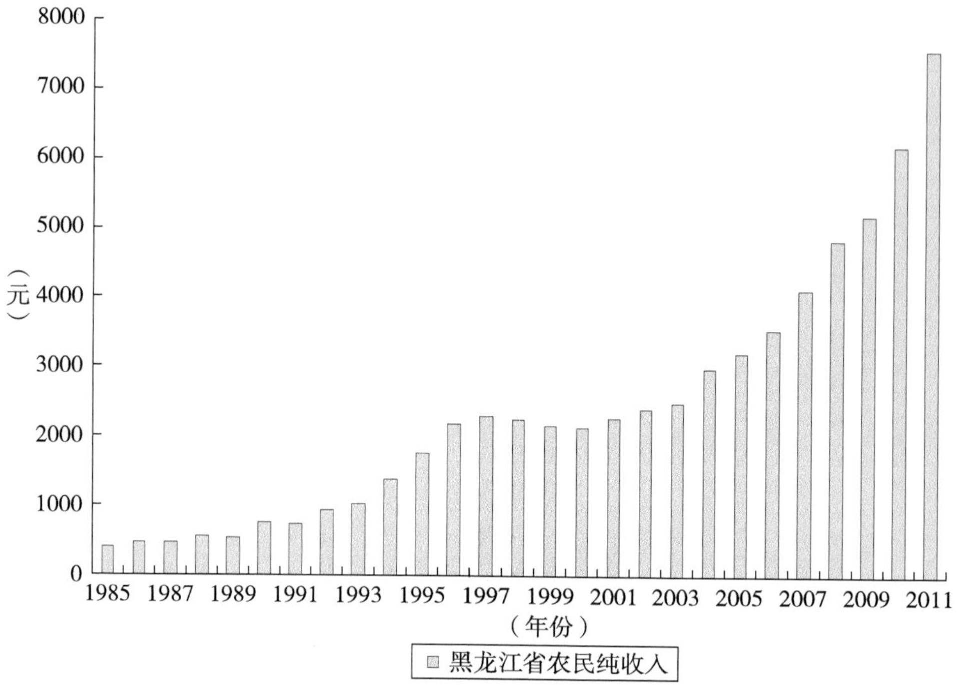

图 3－1　黑龙江省农民纯收入变动

元，平均每年增加 19.67 元，年平均名义增长率为 8.14%，年平均实际增长率仅为－2.62%。也就是说，黑龙江省农民收入虽然名义增长率为 8.14%，但是黑龙江省农民实际收入不但没有增长，反而以每年 2.62% 的速度在下降。1986 年黑龙江省农民名义纯收入增长了 78 元，1987 年农民收入名义增长量为－1 元，1988 年农民收入名义增长量为 78 元，1989 年农民收入名义增长量为－18 元（见表3－1、图 3－2），这一阶段黑龙江省农民收入呈现出极为频繁的波动态势，这说明这一阶段黑龙江省农民收入的稳定性较差，并且黑龙江省实际农民收入表现出了震荡下降态势。黑龙江省农民收入名义增长量和实际增长量相差较多，1987 年黑龙江省农民收入名义增长量为－1 元，而实际增长量为－30.43 元，相差了 29.43 元；1988 年黑龙江省农民收入名义增长量为 78 元，而实际增长量仅为 1.14 元，相差了 76.86 元；1989 年黑龙江省农民收入名义增长量为－18 元，实际增长量为－86.06 元，相差了 68.06 元（见表 3－1）。物价指数影响导致了名义增长量和实际增长量相差较多，虽然名义上黑龙江省农民 1985—1989 年收入增加了 137 元，但是实际却减少了 70.56 元。

3.1.2 快速增长阶段（1990—1997 年）

在此阶段中，除个别年份以外，黑龙江省农民收入处于快速上升阶段。1990 年黑龙江省农民人均纯收入为 760 元，到 1997 年黑龙江省农民人均纯收入为 2308 元，共增加了 1548 元，增长了 2.04 倍，平均每年增长 221.1 元，这一阶段的年均名义增长率为 20.98%，年均实际增长率为 10.27%（见图 3－3）。在此阶段中，农民的名义与实际收入差额在 1990—1995 年呈现上升趋势，到 1995 年时达到最高峰，之后又出现了下降趋势。其中，1993 年、1994 年、1995 年的名义收入与实际收入差额均高于 120 元。1993 年黑龙江省农民收入名义增长量为 79 元，而实际增长量为－45 元，相差了 124 元；1994 年黑龙江省农民收入名义增长量为 366 元，而实际增长量为 121.18 元，相差了 244.82 元；1995 年黑龙江省农民收入名义增长量为 372 元，而实际增长量仅为 125.81 元，相差了 246.19 元（见表 3－1、图 3－1）。在此阶段，黑龙江省农民纯收入实际增长率多数年份为正，但是实际增长量同名义增长量之间仍有较大差距，并且该差距要比上一阶段更为明显。

3.1.3 缓慢下降阶段（1998—2000 年）

在此阶段中，黑龙江省农民人均纯收入处于缓慢下降阶段。1998 年黑龙江省农民人均纯收入为 2253 元，到 2000 年黑龙江省农民人均纯收入为 2148 元，共减少了 105 元，相对于 1998 年降低了 4.66%，平均每年下降 52.5 元，这一阶段的年均名义增长率为－2.36%，年均实际增长率为－0.05%。1998 年黑龙江省农民收入名义增长量为－55 元，而实际增长量为－47.9 元，相差了－7.1 元；1999 年黑龙江省农民收入名义增长量为－87 元，而实际增长量仅为－2.6 元，相差了－84.4 元；2000 年黑龙江省农民收入名义增长量为－18元，实际增长量为 44.24 元，相差了－62.24 元（见表 3－1、图 3－1）。该阶段中，1998 年、1999 年和 2000 年的实际增长量要大于名义增长量，并且 2000 年虽然名义增长量为负，但是其实际增长量却为正，这说明在此阶段，物价指数开始降低。这一阶段的特点在于黑龙江省农民人均纯收入进入了低速下降阶段，但是名义增长量与实际增长量差却较低（见图 3－2、图 3－3）。

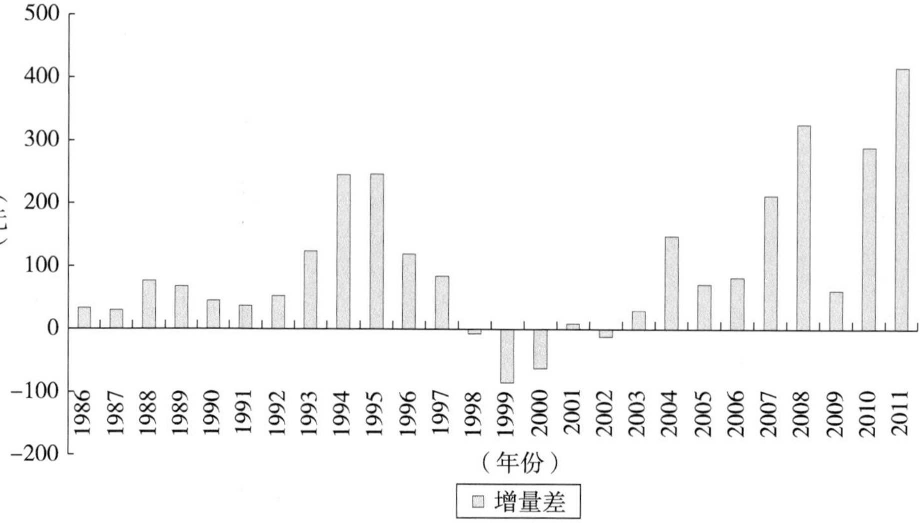

图 3-2　黑龙江省农民名义与实际收入增量差

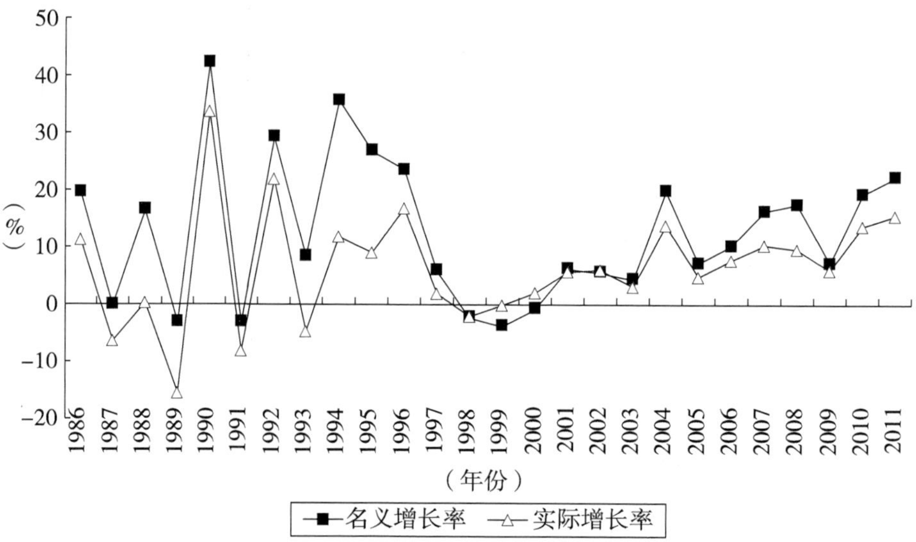

图 3-3　黑龙江省农民收入增长率变动

3.1.4　匀速增长阶段（2001—2003 年）

在此阶段，黑龙江省农民人均纯收入处于匀速增长阶段。2001 年黑龙江省农民人均纯收入为 2280 元，到 2003 年黑龙江省农民人均纯收入为

2509 元，共增加了 229 元，相对于 2001 年增加了 10.04%，平均每年增长 114.5 元，这一阶段的年均名义增长率为 5.32%，年均实际增长率为 4.94%（见表 3－1、图 3－3）。2001 年黑龙江省农民收入名义增长量为 132 元，而实际增长量为 122.82 元，相差了 9.18 元；2002 年黑龙江省农民收入名义增长量为 125 元，而实际增长量仅为 137.17 元，相差了 －12.17元；2003 年黑龙江省农民收入名义增长量为 104 元，而实际增长量为 73.9 元，相差了 30.1 元（见表 3－1、图 3－1）。在此阶段中，黑龙江省农民收入增长较为均衡，名义增长率与实际增长率较为接近。虽然名义增长量与实际增长量差额在 100 元以内，但是仍有一定的差距。

3.1.5 高速增长阶段（2004—2011 年）

在此阶段，黑龙江省农民人均纯收入处于高速增长阶段。2004 年黑龙江省农民人均纯收入为 3005 元，到 2011 年黑龙江省农民人均纯收入为 7591 元，共增加了 4586 元，相较于 2004 年增加了 1.53 倍，平均每年增长了 655.14 元。这一阶段的年均名义增长率为 14.98%，年均实际增长率为 10.19%。整个阶段黑龙江省农民人均纯收入除了 2005 年、2006 年、2008 年及 2009 年的实际增长率低于 10% 以外，其他年份的实际增长率均高于 10%，其中 2004 年、2010 年和 2011 年的实际增长率均在 13% 以上，其各自的增长率分别为 13.85%、13.72% 和 15.52%。但是，此阶段的增量差在波动中急速扩大，尤其是 2007 年、2008 年、2010 年及 2011 年，增量差分别高达 212.23 元、326.25 元、289.72 元和 416.09 元（见表 3－1、图 3－2）。此阶段的特点在于，黑龙江省农民人均纯收入高速增长，同时物价指数也进入快速增长阶段，农民收入增量差在不断拉大。

3.2 黑龙江省农民各级收入结构分析

下面针对黑龙江省农民收入结构来进行分析，此部分将收入结构按照递进关系分为 3 个级别：①一级收入结构，指工资性收入、家庭经营收入、财产性收入以及转移支付收入占比情况；②二级收入结构，指家庭经营收入当中的第一产业收入、第二产业收入和第三产业收入占比情况；③三级收入结构，指第一产业收入当中的农业收入占比情况。

3.2.1 一级收入结构分析

黑龙江省农民收入结构在1993—2011年18年间发生了极大的改变，家庭经营收入份额在不断减少，工资性收入、财产性收入和转移支付收入的比重呈波动增加趋势（见图3－4）。18年间，黑龙江省农民家庭经营收入占比下降了28.67%，平均每年下降1.59%；工资性收入份额上升了13.44%，平均每年上升0.75%；财产性收入份额增长了6.8%，平均每年增长0.38%；转移支付收入份额增长了8.43%，平均每年增长0.47%。黑龙江省农民收入中家庭经营收入的主导地位虽未被改变，但是未来多元化收入来源趋势已经较为明朗。工资性收入已经成为农民收入的一大组成部分，且今后其所占比重也将不断增长。相对来讲，转移支付收入在逐渐成为新的收入增长动力，其未来将成为农民收入的一大稳定来源。财产性收入占比的波动性仍旧较大，这说明财产性收入尚未成为一个稳定的收入来源，但未来仍具有较大的发展空间。

18年间各收入来源份额变化较大，黑龙江省农民收入正由单一收入来源向多元收入来源转变，未来黑龙江省农民收入的增长点也会有更多的选择。其具体情况如下。

1. 工资收入份额不断上升，已成为农民收入的重要来源

（1）从工资性收入金额变动来看

黑龙江省农民工资性收入在1993年仅为64.5元，到2011年黑龙江省农民工资性收入已经达到1496.5元，18年间共增长了1432元，平均每年增长79.56元，较1993年增长了22.2倍（见表3－2）。黑龙江省农民工资性收入在18年间，除2001年较2000年小幅下滑4.6元以外，其他年份均保持上升态势，并且历年上涨的额度也在不断扩大。按照工资性收入的上涨态势，可以将其划分为2个阶段，第1阶段为匀速增长阶段（1993—2005年），在此阶段黑龙江省农民工资性收入12年间由1993年的64.5元上涨到2005年的464.3元，共上涨了399.8元，平均每年上涨33.32元，其仅相当于整体上涨的27.92%，相当于整体年均上涨的41.88%，该阶段的特点在于工资性收入的匀速和稳定增长。第2阶段为高速增长阶段（2006—2011年），在此阶段黑龙江省农民工资性收入6年间由2005年的464.3元上涨到2011年的1496.5元，共上涨1032.2元，平均每年上涨172.03元，其相当于整体上涨的72.08%，相当于整体年均上涨的2.16倍，该阶段的特点在于工资性收入的高速增长。

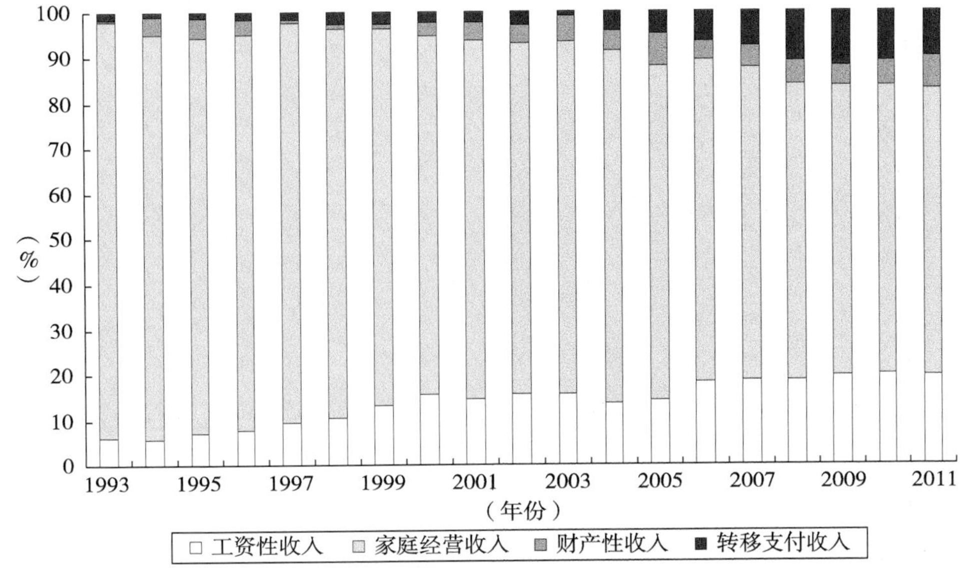

图 3－4　黑龙江省农民收入结构变动

（2）从黑龙江省农民工资性收入份额情况来看

黑龙江省农民工资性收入占比由 1993 年的 6.27% 上升到 2011 年的 19.71%，18 年间黑龙江省农民工资性收入占比上升了 13.44%，平均每年上升 0.75%（见表 3－2）。除 1994 年、2001 年、2004 年以外，黑龙江省农民工资性收入占比在其他年份均处于上涨趋势（见图 3－5、图 3－6）。按照黑龙江省农民工资性收入占比变化趋势，可以将其划分为 3 个阶段，第 1 阶段为快速上涨阶段（1993—2000 年），在该阶段，黑龙江省农民工资性收入占比由 1993 年的 6.27% 上升到 15.73%，7 年间共上升了 9.46%，平均每年增长 1.35%，相当于整体增速的 1.8 倍。第 2 阶段为震荡停滞阶段（2001—2005 年），此阶段黑龙江省农民工资性收入占比由 2000 年的 15.73% 下降到 2001 年的 14.62%，然后 2001—2005 年工资性收入占比有所震荡，到 2005 年工资性收入占比为 14.41%，比 2001 年仅低 0.21%，基本与 2001 年持平。第 3 阶段为平稳阶段（2006—2011 年），此阶段黑龙江省农民工资性收入占比先由 2005 年的 14.41% 跃升到 2006 年的 18.43%，一年间跃升了 4.02%；然后，2006—2011 年黑龙江省农民工资性收入占比基本保持在 19% 左右，较为平稳，5 年间其收入占比仅上升了 1.28%，并且此阶段的工资性收入占比最高值为 2010 年的 19.99%，最小值为 2006 年的 18.43%，二者仅相差 1.56%，波动幅度较小。

综上所述，黑龙江省农民的工资性收入虽然在不断上涨，但是截至 2011

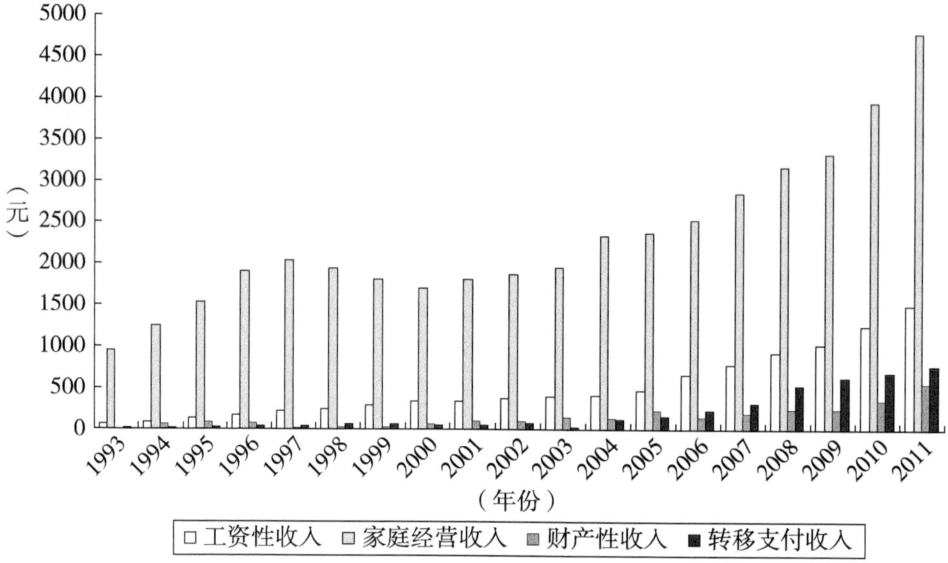

图 3－5　黑龙江省农民各收入来源比较

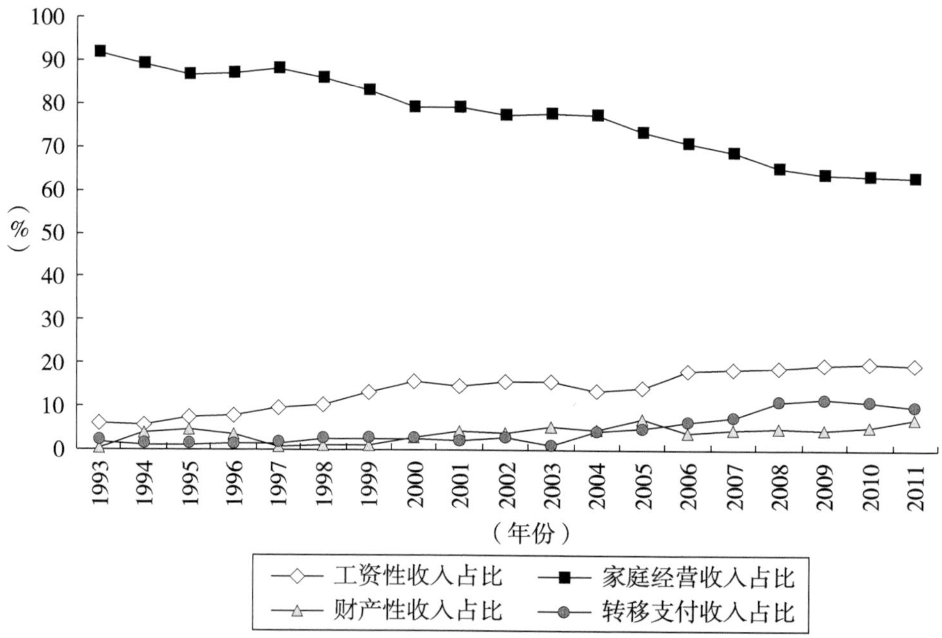

图 3－6　黑龙江省农民各收入来源占比变动

年，其工资性收入占比仅为 19. 71%，低于家庭经营收入 43. 32%。黑龙江省农民工资性收入仍旧远远低于家庭经营收入，位列收入来源第 2 位。

表 3-2 黑龙江省农民收入结构变动趋势

年份	工资性收入		家庭经营收入		财产性收入		转移支付收入	
	金额（元）	占比（%）	金额（元）	占比（%）	金额（元）	占比（%）	金额（元）	占比（%）
1993	64.50	6.27	943.00	91.70	3.90	0.38	17.00	1.65
1994	82.10	5.90	1242.60	89.10	55.40	3.97	14.50	1.03
1995	130.30	7.38	1534.10	86.85	80.50	4.56	21.40	1.21
1996	171.40	7.85	1904.10	87.27	75.40	3.45	31.10	1.43
1997	219.80	9.52	2033.80	88.11	17.60	0.76	37.10	1.61
1998	235.40	10.45	1937.20	85.98	22.70	1.01	57.90	2.57
1999	285.30	13.17	1803.20	83.26	20.20	0.93	57.20	2.64
2000	338.00	15.73	1699.40	79.11	60.60	2.82	50.10	2.33
2001	333.40	14.62	1802.70	79.06	96.90	4.25	47.40	2.08
2002	376.60	15.66	1861.10	77.38	95.60	3.97	72.00	2.99
2003	394.20	15.71	1950.20	77.73	139.10	5.54	25.50	1.02
2004	413.10	13.75	2329.40	77.51	137.00	4.56	125.60	4.18
2005	464.30	14.41	2363.90	73.39	230.60	7.16	162.40	5.04
2006	654.90	18.43	2521.50	70.98	145.70	4.10	230.40	6.49
2007	773.90	18.74	2848.90	68.94	191.60	4.64	313.40	7.58
2008	916.80	18.88	3163.70	65.16	243.60	5.02	531.60	10.94
2009	1019.60	19.58	3326.70	63.89	241.00	4.63	619.40	11.90
2010	1241.60	19.99	3941.60	63.47	344.10	5.54	683.40	11.00
2011	1496.50	19.71	4784.10	63.03	545.20	7.18	764.90	10.08

数据来源：根据历年《黑龙江省统计年鉴》数据计算所得。

2. 家庭经营收入份额不断下降，其仍是农民收入的主要来源

（1）对家庭经营收入金额变动进行分析

黑龙江省农民家庭经营收入在1993年仅为943元，到2011年黑龙江省农民工资性收入已经达到4784.1元，18年间共增长了3841.1元，平均每年增长213.39元，较1993年增长了4.07倍（见表3-2）。黑龙江省农民家庭经营收入在18年间，除1998—2000年有所下滑以外，其他年份均保持上升态势，并且近些年上涨趋势十分明显（见图3-4）。按照家庭经营收入的上涨态势，可以将其划分为 3 个阶段，第 1 阶段为快速增长阶段（1993—1997 年），此阶段黑龙江省农民家庭经营收入由 1993 年的 943 元上升到 1997 年的 2033. 8 元，4 年间共上涨了 1090. 8 元，平均每年上涨 272. 7 元，相当于整体上涨的 28. 4%，整体年均上涨的 1. 28 倍。第 2 阶段为匀速下降阶段（1998—2000 年），此阶段黑龙江省农民家庭经营收入先由 1997 年的 2033. 8 元下降到 1998 年的 1937. 2 元，后又连续 3 年匀速下滑，下降到 2000 年的 1699. 4 元，平均每年下降 100 多元。第 3 阶段为恢复性增长阶段（2001—2005 年），此阶段先扭转了家庭经营收入下滑的趋势，2001 年的家庭经营收入为 1802. 7 元，比 2000 年的 1699. 4 元上涨了 103. 3 元，2001—2005 年黑龙江省农民家庭经营收入开始逐渐恢复性上涨，截至 2005 年，黑龙江省农民家庭经营收入 2363. 9 元，要比家庭经营收入下降之前 1997 年最高值的 2033. 8 元高出 330. 1 元，彻底扭转了家庭经营收入的下降趋势，并取得了较好的上升势头。第 4 阶段为高速增长阶段（2006—2011 年），此阶段的家庭经营收入由 2006 年的 2521. 5 元上涨到 2011 年的 4784. 1 元，5 年间共上涨了 2262 元，每年平均上涨 452. 52 元，相当于 18 年整体增长的 58. 91%，整体年平均增长的 2. 12 倍。

（2）从黑龙江省农民家庭经营收入占比情况来看

黑龙江省家庭经营收入占比由 1993 年的 91. 7% 下降到 2011 年的 63. 03%，18 年间黑龙江省农民家庭经营收入占比下降了 28. 67%，平均每年下降 1. 59%（见表 3 - 2）。黑龙江省农民家庭经营收入除 1996 年、1997 年和 2003 年以外，其他年份均呈现出下降态势，占比变化趋势表现为下降与平稳交替出现（见图 3 - 5、图 3 - 6）。按照家庭经营收入占比变化趋势，可以将其划分为 2 个阶段，第 1 阶段为波动下降阶段（1993—2004 年），此阶段的家庭收入占比由 1993 年的 91. 70% 下降到 2004 年的 77. 51%，共下降了 14. 19%，平均每年下降 1. 29%；此阶段的 1996 年、1997 年和 2003 年的家庭经营收入占比分别比前年上涨了 0. 42%、0. 84% 和 0. 35%；最终此阶段家庭经营收入占比表现为波动下降态势。第 2 阶段为减速下降阶段（2005—2011 年），此阶段黑龙江省农民家庭收入占比由 2005 年的 73. 39% 下降到 2011 年的 63. 03%，共下降 10. 36%，在下降过程中，2005—2008 年其下降幅度较大，共下降 8. 23%，2008—2011 年仅下降 2. 13%，年均下降 0. 71%，此阶段的特点在于下降的速度先快后慢，整体趋势仍表现为下降态势。

综上所述，黑龙江省家庭经营收入金额在不断增加，收入份额却在不断下降。从整体来看，黑龙江省的家庭经营收入仍旧是其主要收入来源。

3. 财产性收入份额稳定上涨，仍不是农民收入的主要来源

（1）从财产性收入金额变动来看

黑龙江省农民财产性收入在1993年仅为3.9元，到2011年黑龙江省农民财产性收入已经达到545.2元，18年间共增长了541.3元，平均每年增长30.07元，较1993年增长了138.79倍（见表3-2）。黑龙江省农民财产性收入在18年间，总体呈现出波动上升趋势，并且2009—2011年上涨趋势更为明显（见图3-4）。按照财产性收入的上涨态势可以将其划分为2个阶段，第1阶段为波动增长阶段（1993—2005年），在此阶段，黑龙江省财产性收入波动频繁，在1997—1999年出现平稳波谷期，这3年间黑龙江省财产性收入稳定在20元上下；从2000年开始黑龙江省财产性收入逐渐恢复增长态势，这期间除2002年和2004年有小幅下降以外，其他年份均保持上升势头，截至2005年黑龙江省农民财产性收入已达230.6元。第2阶段为稳定上升阶段（2006—2011年），在此阶段，黑龙江省农民财产性收入由2006年的145.7元上升到2011年的545.2元，除2009年小幅下降以外，其他年份均保持平稳上升态势，2006—2008年均保持每年50元左右的增速，进入2010—2011年，增速开始加速上涨，2010年增长了103.1元，2011年增长了201.1元。

（2）从财产性收入占比变动来看

黑龙江省农民财产性收入占比在1993年仅为0.38%，到2011年黑龙江省农民财产性收入占比已经达到7.18%，18年间共增长了6.8%，平均每年增长0.38%，较1993年增长了17.89倍（见表3-2）。黑龙江省农民财产性收入占比在18年间总体呈现出波动上升趋势（见图3-5）。按照财产性收入的上涨态势，可以将其划分为2个阶段，第1阶段为波动上涨阶段（1993—2005年），在此阶段黑龙江省农民财产性收入占比在波动中上升，1993—1995年是一个快速上涨时期，1995—1997年又进入一个快速下降时期，使得之前的上涨额度基本消失；1997—1999年该阶段保持了平稳态势，3年间财产性收入占比维持在1%左右，1999—2005年开始恢复性增长，截至2005年，黑龙江省农民财产性收入占比已经高达7.16%，这一占比是18年间第2高。第2阶段是恢复增长阶段（2006—2011年），在进入该阶段之前，黑龙江省农民财产性收入占比由2005年的7.16%骤降到2006年的4.10%，之后，2006—2011年黑龙江省农民财产性收入占比开始恢复性增长，截至2011年，黑龙江省农民财产性收入占比已达7.18%。

综上所述，财产性收入额度和占比在不断增加，财产性收入的重要性也在不断增强，但是财产性收入份额却较为有限，其仍不是黑龙江省农民收入的主要来源。

4. 转移支付收入地位稳定上升，已成为农民收入的稳定来源

（1）从转移支付收入金额变动来看

黑龙江省农民转移支付收入在1993年为17元，到2011年黑龙江省农民转移支付收入已经达到764.9元，18年间共增长了747.9元，平均每年增长41.55元，较1993年增长了43.99倍（见表3－2）。黑龙江省农民转移支付收入在18年间，总体呈现出波动上升趋势，并且2009—2011年上涨趋势更为明显（见图3－4）。按照黑龙江省农民转移支付收入的变动态势，可以将其划分为2个阶段，第1阶段为频繁波动阶段（1993—2003年），该阶段转移支付收入频繁波动，最终转移支付额度并未有大幅变化，在1993年，转移支付收入为17元，经过1994—1998年上升阶段后，1999—2003年又出现了波动下降阶段，截至2003年转移支付收入仅为25.5元，10年间仅增长了8.5元。第2阶段为快速增长阶段（2004—2011年），转移支付收入由2004年的125.6元上升到2011年的764.9元，7年间共增长了639.3元，平均每年增长91.33元，相当于整体增长的85.48%、整体年均增长的2.2倍。

（2）从转移支付收入占比变动来看

黑龙江省农民转移支付收入占比在1993年仅为1.65%，到2011年黑龙江省农民转移支付收入占比已经达到10.08%，18年间共增长了8.43%，平均每年增长0.47%，较1993年增长了5.11倍；转移支付收入占比最低为2003年的1.02%，最高为2009年的11.9%，二者相差10.88%（见表3－2）。黑龙江省农民转移支付收入占比在18年间总体呈现出波动上升趋势（见图3－5、图3－6）。按照黑龙江省农民转移支付收入占比的变动态势，可以将其划分为3个阶段，第1阶段为低额波动阶段（1993—2003年），此阶段的特点在于转移支付占比在1到3之间波动，虽然波动频繁，但幅度不大，1993年转移支付收入占比为1.65%，到2003年转移支付收入占比为1.02%，下降了0.63%。第2阶段为平稳上升期（2004—2009年），在进入该阶段之前，黑龙江省农民转移支付收入占比由2003年的1.02%骤升到2004年的4.18%，之后2004—2011年黑龙江省农民转移支付收入占比开始平稳增长，截至2009年其转移支付收入占比已达11.90%。第3阶段为平稳下降阶段（2010—2011年），此阶段中2010年转移支付收入占比比2009年下降了0.9%，2011年转移支付收入占比比2010年下降了0.92%，均处于下降趋势，但是下降的幅度不大且较为平稳。

综上所述，黑龙江省农民转移支付收入占比在波动中增加，并且近些年来稳定在10%以上。转移支付收入已经成为黑龙江省农民仅次于工资性收入的又一稳定收入来源。

3.2.2 二级收入结构分析

分析过黑龙江省农民收入结构和收入来源变动趋势之后，本部分要对黑龙江省家庭经营收入结构进行细分。《中国统计年鉴》将农业、林业、牧业、渔业四项收入归为第一产业收入，将工业和建筑业收入归为第二产业收入，其余各项收入归为第三产业收入。在对黑龙江省农民家庭经营收入结构进行分析的过程中，按照《中国统计年鉴》的定义，将黑龙江省农民家庭经营收入分为第一产业收入、第二产业收入和第三产业收入，并分别进行分析。

黑龙江省农民家庭经营收入的主要来源仍旧是第一产业，这与黑龙江省自身是粮食生产大省的性质密不可分，农业对于黑龙江省的重要性，致使黑龙江省农民家庭经营收入的90%以上来自第一产业。第二产业收入相对于第一产业收入来说基本可以忽略不计，2000—2010年10年中，第二产业收入占比并没有明显的改善，甚至还出现了倒退现象。第三产业收入虽然占有的份额有限，但是可以看出第三产业收入仍旧保持上升趋势。总体来说，第一产业收入是黑龙江省农民家庭经营收入的主要来源，并且其在黑龙江省农民家庭经营收入中的地位十分牢固；第三产业收入虽然增长幅度有限，但是其发展趋势是良好的；第二产业收入仍旧不是黑龙江省农民家庭经营收入的主要来源，并且其增长态势并不乐观。

黑龙江省农民家庭经营收入结构在这10年中并没有明显的变化。第一产业收入是黑龙江省农民家庭经营收入的主要来源，第三产业收入和第二产业收入仍无法成为其家庭经营收入的主要来源。但是相对于第二产业收入，第三产业收入的发展前景和趋势更为明朗。其具体情况如下。

1. 第一产业收入份额居高不下，仍是家庭经营收入的第一支柱

（1）从第一产业收入额来看

2000年黑龙江省农民家庭经营收入中，第一产业收入为1594元，到2010年，黑龙江省农民家庭经营收入中第一产业收入为3713.3元，10年间共增长了2119.3元，平均每年增长211.93（见表3－3）。黑龙江省农民家庭经营收入中第一产业收入一直保持上涨态势，尤其是进入2006年以后，开始加速增长（见图3－7）。

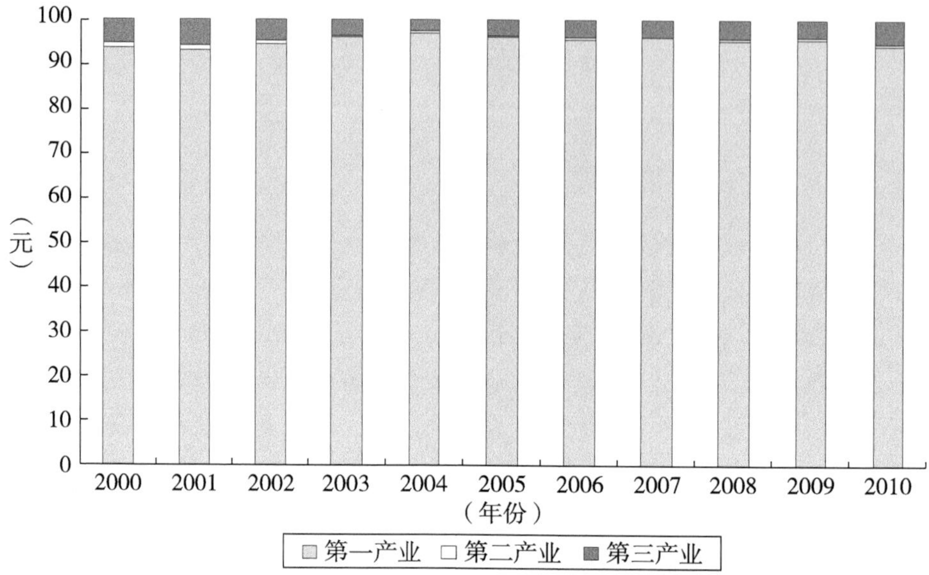

图3－7　黑龙江省农民家庭经营收入结构变动趋势（2000—2010年）

（2）从第一产业收入占比情况来看

黑龙江省农民家庭经营收入中，第一产业收入占比在2000年为93.8%，到2010年，黑龙江省农民家庭经营收入中的第一产业收入占比已经达到94.21%，10年间共增长了0.41%；第一产业收入占比最低为2001年的93.12%，最高为2004年的96.96%，二者相差3.84%（见表3－3）。

整体来看，黑龙江省农民家庭经营收入中，第一产业收入占比波动较小，2000—2010年波动幅度没有超过4%，第一产业收入占比表现得较为平稳（见图3－7）。

2. 第二产业收入份额持续下降，不是家庭经营收入的主要来源

（1）从第二产业收入额来看

2000年黑龙江省农民家庭经营收入中，第二产业收入为18元，到2010年，黑龙江省农民家庭经营收入中，第二产业收入为27.7元，10年间仅上涨9.7元，平均每年增长0.97元；2000—2010年，黑龙江省农民家庭经营收入中的第二产业收入最低为2007年的4.4元，最高为2010年的27.7元，相差23.3元（见表3－3）。黑龙江省农民家庭经营收入中的第二产业收入整体呈现出平稳波动态势，在10年中黑龙江省农民家庭经营收入中的第二产业收入虽然波动极为频繁，但是除了2008年外，各年波动均未超过10元（见图3－8）。

（2）从第二产业收入占比情况来看

2000 年黑龙江省农民家庭经营收入中的第二产业收入占比为 1.06%，到 2010 年为 0.7%，2000—2010 年，黑龙江省农民家庭经营收入中的第二产业收入占比最低为 2007 年的 0.15%，最高为 2001 年的 1.23%。黑龙江省农民家庭经营收入中的第二产业收入占比整体较为平稳，虽然波动较为频繁，但是波动幅度极为有限。

表 3－3　　黑龙江省农民家庭经营收入结构变动趋势

年份	家庭经营收入（元）	第一产业收入		第二产业收入		第三产业收入	
		金额（元）	占比（%）	金额（元）	占比（%）	金额（元）	占比（%）
2000	1699.40	1594.00	93.80	18.00	1.06	87.40	5.14
2001	1802.70	1678.60	93.12	22.20	1.23	101.90	5.65
2002	1861.10	1760.60	94.60	12.40	0.67	88.10	4.73
2003	1950.20	1874.60	96.12	7.00	0.36	68.60	3.52
2004	2329.40	2258.60	96.96	10.70	0.46	60.10	2.58
2005	2363.90	2274.10	96.20	8.80	0.37	81.00	3.43
2006	2521.50	2412.70	95.69	12.90	0.51	96.00	3.81
2007	2848.90	2736.80	96.07	4.40	0.15	107.70	3.78
2008	3163.70	3018.90	95.42	18.70	0.59	126.10	3.99
2009	3326.70	3168.00	95.23	18.70	0.56	126.10	3.79
2010	3941.60	3713.30	94.21	27.70	0.70	200.60	5.09

数据来源：根据历年《黑龙江省统计年鉴》数据计算所得。

3. 第三产业收入稳定不变，不是家庭经营收入的主要来源

（1）从第三产业收入额来看

2000 年黑龙江省农民家庭经营收入中的第三产业收入为 87.4 元，到 2010 年黑龙江省农民家庭经营收入中的第三产业收入为 200.6 元，10 年间仅上涨 123.2 元，平均每年增长 11.32 元；2000—2010 年，黑龙江省农民家庭经营收入中的第三产业收入最低为 2004 年的 60.1 元，最高为 2010 年的 200.6 元，相差 140.5 元（见表 3－3）。黑龙江省农民家庭经营收入中的第三产业收入整体呈现出波动上升态势，在 10 年中黑龙江省农民家庭经营收入中的第三产业收入虽然有所波动，但是上涨的趋势并未改变（见图 3－8）。

（2）从第三产业收入占比情况来看

2000 年黑龙江省农民家庭经营收入中的第三产业收入占比为 5.14%，到

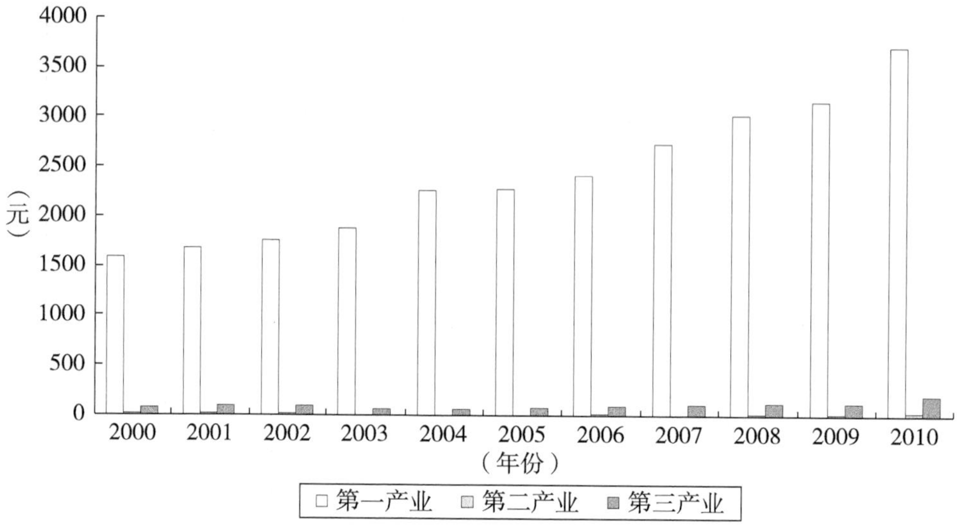

图 3-8 黑龙江省各家庭经营收入来源金额变动趋势

2010 年为 5.09%，2000—2010 年，黑龙江省农民家庭经营收入中的第三产业收入占比整体较为平稳，基本在3% ~6%。

总体来看，黑龙江省农民家庭经营收入中的第三产业收入份额虽然有所波动，但是基本保持稳定。相对于第一产业来说，第三产业收入份额相差极多，其仍无法成为家庭经营收入的主要来源。

3.2.3 三级收入结构分析

通过以上对家庭经营结构的分析，可以看出第一产业收入在黑龙江省农民家庭经营收入分析中的重要性，下面便针对黑龙江省是粮食生产大省的特性对第一产业收入中的农业收入变动进行分析，力图寻找农业收入在近年的特点和变化规律，为促进黑龙江省农民增收寻找相应的结构变动策略。

2000 年黑龙江省农民人均农业收入为 1456.4 元，占第一产业收入的 91.37%，截至 2010 年，黑龙江省农民人均农业收入为 3545.2 元，占第一产业收入的 95.47%，收入额增长了 2088.8 元，收入占比增加了 4.1%；在 11 年中黑龙江省最低农业收入占比为 2003 年的 86.86%，最高为 2010 年的 95.47%（见表 3-4）。从农业收入额来看，黑龙江省农民人均农业收入始终处于上升态势，2005 年之后上升的趋势更为明显。从农业收入占比来看，黑龙江省农民人均农业收入始终是第一产业收入的主要来源，但是在不同的年份农业收入占比仍有波动。

黑龙江省农业收入是第一产业收入的根本组成部分，农业收入的变动同粮食生产状况和粮食经济背景有着极大的关联性。2003 年以前，虽然粮食产量较高，但由于市场价格并不理性，致使农民农业收入上涨受阻，因此在这一阶段农民农业收入占比有所降低。进入 2008 年以后，黑龙江省和国家采取了一系列刺激粮食生产的政策，促使黑龙江省有较好的粮食生产前景，加之粮食价格稳中有升，直接促使黑龙江省农业收入的上涨，进而促进农业收入占比的提升（见图 3 -9）。

表 3 -4　　黑龙江省农民第一产业收入结构变动趋势

年份	第一产业收入（元）	农业收入（元）	农业占第一产业收入的份额（%）
2000	1594. 00	1456. 40	91. 37
2001	1678. 60	1493. 20	88. 96
2002	1760. 60	1541. 40	87. 55
2003	1874. 60	1628. 20	86. 86
2004	2258. 60	2035. 10	90. 10
2005	2274. 10	2043. 60	89. 86
2006	2412. 70	2224. 00	92. 18
2007	2736. 80	2449. 00	89. 48
2008	3018. 90	2674. 10	88. 58
2009	3168. 00	2895. 60	91. 40
2010	3713. 30	3545. 20	95. 47

数据来源：根据历年《黑龙江省统计年鉴》数据计算所得。

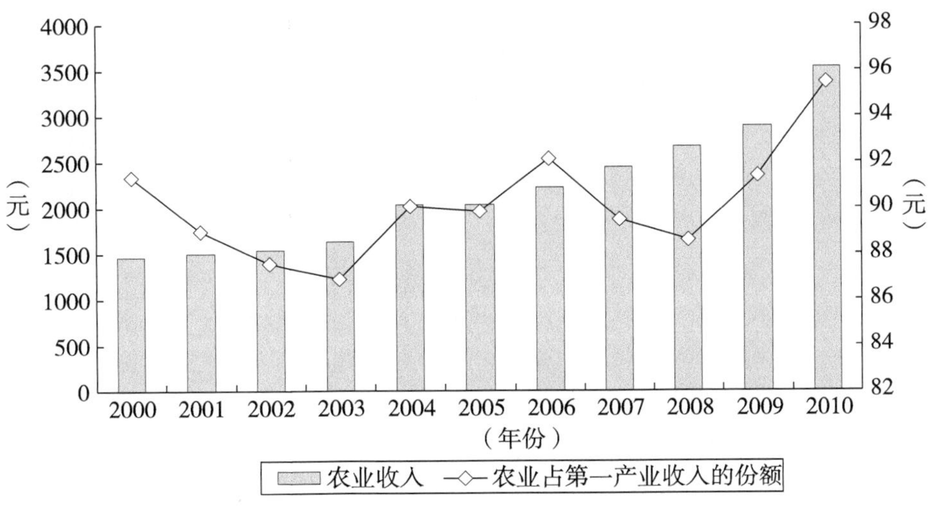

图 3 -9　黑龙江省农民第一产业收入结构变动

3.3 黑龙江省农民各项收入增长贡献分析

黑龙江省农民各项收入贡献率在1994—2011年18年间都有所变化，家庭经营收入增长贡献率有一定下降，但是其仍是农民收入增长的主要动力。工资性收入虽有波动，但是其贡献率除2001年外，其他年份均为正值，并且已经成为农民收入增长的稳定动力。财产性收入贡献率波动较为频繁，且贡献率有近半数为负值，这说明在一些年份中，财产性收入对农民收入增长起到了负向作用，所以财产性收入仍无法成为收入增长的稳定动力。转移支付收入增长贡献率虽然波动较为频繁，但是近些年其贡献率均为正值，因此其有潜力成为收入增长的稳定动力。具体情况如下。

3.3.1 家庭经营收入是农民收入增长的主要动力

1. 从家庭经营收入的增长量来看

黑龙江省1994年的农民家庭经营收入人均增长量为299.63元，到2011年为842.50元，最低值为1999年的-134.00元，最高值为2011年的842.50元。除1998—2000年农民家庭经营收入增长量为负以外，其他年份均为正值，并且2010年和2011年的家庭经营收入增长量均有较高增幅。相对于工资性收入、财产性收入和转移支付收入，家庭经营收入增长量最为明显，1994—2011年工资性收入平均增长量为79.56元，财产性收入平均增长量为30.07元，转移支付收入平均增长量为41.55元，家庭经营收入平均增长量为213.39元，是工资性收入平均增长量的2.68倍，财产性收入平均增长量的7.1倍，转移支付收入平均增长量的5.14倍。

2. 从贡献率方面来看

黑龙江省农民家庭经营收入基本保持正向贡献率，说明黑龙江省农民家庭经营收入对收入增长具有正向拉动作用。1994年家庭经营收入贡献率为81.82%，到2011年为61.05%，下降了20.77%，其最低值为2000年的-586.44%，最高值为1997年的102.61%，除个别年份以外，黑龙江省农民家庭经营收入贡献率均在45%以上。相对于工资性收入、财产性收入和转移支付收入，黑龙江省农民家庭经营收入的贡献率要远远高于其他三项收入，农民收入增长的主要动力仍来自农民家庭经营收入的增长。通过以上分析可以看出，无论是增长量还是收入增长贡献率，黑龙江省家庭经营收入都是农民收入增长的主要来源。

3.3.2 工资性收入是农民收入增长的辅助动力

从工资性收入增长量来看，黑龙江省农民工资性收入正逐渐成为其收入增长的稳定来源。1994 年黑龙江省农民工资性收入增长量为 16.60 元，到 2011 年为 254.90 元，增长了 238.30 元，平均每年增长 14.02 元。农民工资性收入增长量的最低值为 2001 年的 -4.60 元，最高值为 2011 年的 254.90 元，相差 259.50 元。除 2001 年以外，黑龙江省工资性收入增长量在其他年份均为正值，这说明工资性收入对农民收入的增长起到正向作用。同其他三项收入相比，工资性收入增长量低于家庭经营收入增长量，高于财产性和转移支付收入增长量。从贡献率方面看，黑龙江省工资性收入贡献率在 1994—2011 年，除个别年份波动较大以外，其他年份均较为平稳，在 20% 上下波动。黑龙江省农民工资性收入 1994 年贡献率为 4.53%，2011 年贡献率为 18.47%，共增长了 13.94%。1994—2011 年，黑龙江省农民工资性收入最低贡献率为 -3.48%，最高贡献率为 2000 年的 297.74%，相差 301.22%。同其他三项收入的贡献率相比较，黑龙江省农民工资性收入贡献率大部分时期低于家庭经营收入贡献率，同时高于另外两项收入贡献率。在稳定性上，工资性收入贡献率较其他三项收入贡献率具有一定优势，1994—2011 年，黑龙江省农民工资性收入贡献率多数保持在 20% 以上，并且除 2001 年外其他年份均为正值。这说明，工资性收入增长贡献虽然没有家庭经营收入增长贡献高，但是工资性收入已经成为农民收入增长的主要动力之一（见表 3-5）。

表 3-5　黑龙江省各项农民收入增长贡献率

年份	农村居民人均收入增长量（元）	工资性收入		家庭经营收入		财产性收入		转移支付收入	
		增长量（元）	贡献率（%）	增长量（元）	贡献率（%）	增长量（元）	贡献率（%）	增长量（元）	贡献率（%）
1994	366.20	16.60	4.53	299.63	81.82	51.50	14.06	-2.50	-0.68
1995	371.70	49.20	13.24	291.47	78.42	25.10	6.75	6.90	1.86
1996	415.60	41.10	9.89	370.00	89.03	-5.10	-1.23	9.70	2.33
1997	126.40	48.40	38.29	129.70	102.61	-57.80	-45.73	6.00	4.79
1998	-55.20	15.60	28.26	-96.60	-175.00	5.10	9.24	20.80	37.68
1999	-87.20	49.90	57.22	-134.00	-153.67	-2.50	-2.87	-0.70	-0.80
2000	-17.70	52.70	297.74	-103.80	-586.44	40.40	228.25	-7.10	-40.11

续 表

年份	农村居民人均收入增长量（元）	工资性收入		家庭经营收入		财产性收入		转移支付收入	
		增长量（元）	贡献率（%）	增长量（元）	贡献率（%）	增长量（元）	贡献率（%）	增长量（元）	贡献率（%）
2001	132. 10	-4. 60	-3. 48	103. 30	78. 20	36. 30	27. 48	-2. 70	-2. 04
2002	124. 90	43. 20	34. 59	58. 40	46. 76	-1. 30	-1. 04	24. 60	19. 70
2003	103. 70	17. 60	16. 97	89. 10	85. 92	43. 50	41. 95	-46. 50	-44. 84
2004	496. 30	18. 90	3. 81	379. 20	76. 41	-2. 10	-0. 42	100. 10	20. 17
2005	216. 10	51. 20	23. 69	34. 50	15. 96	93. 60	43. 31	36. 80	17. 03
2006	331. 10	190. 60	57. 57	157. 60	47. 60	-84. 90	-25. 64	68. 00	20. 54
2007	579. 90	119. 00	20. 52	327. 40	56. 46	45. 90	7. 92	83. 00	14. 31
2008	723. 30	142. 90	19. 76	314. 80	43. 52	52. 00	7. 19	218. 20	30. 17
2009	351. 20	102. 80	29. 27	163. 00	46. 41	-2. 60	-0. 74	87. 80	25. 00
2010	1003. 90	222. 00	22. 11	614. 90	61. 25	103. 10	10. 27	64. 00	6. 38
2011	1380. 00	254. 90	18. 47	842. 50	61. 05	201. 10	14. 57	81. 50	5. 91

数据来源：根据历年《黑龙江省统计年鉴》数据计算所得。

3. 3. 3 财产性收入不是农民收入增长的稳定动力

从收入增长量来看，黑龙江省农民财产性收入增长量并不稳定，1994—2011 年，有近一半的年份，黑龙江省农民财产性收入增长量为负值。1994 年黑龙江省农民财产性收入增长量为 51. 50 元，到 2011 年为 201. 1 元，最低值为 2006 年的 -84. 9 元，最高值为 2011 年的 201. 10 元。相对于另外三项收入增长量来说，财产性收入增长量稳定性差，在某些年份其不但没有促进农民收入增长，反而起到了负面作用。这从侧面说明，黑龙江省农民财产性收入还无法成为收入增长的稳定来源。从贡献率方面来看，黑龙江省农民财产性收入贡献率波动较为频繁，且正负性经常变换。黑龙江省农民财产性收入贡献率 1994 年为 14. 06%，到 2011 年为 14. 57%，基本保持不变，其最低值为 1997 年的 -45. 73%，最高值为 2000 年的 228. 25%；1994—2011 年，财产性收入贡献率一直在波动，稳定性较差。可见，财产性收入贡献率相对较低，并且稳定性较差（见图 3 - 10）。

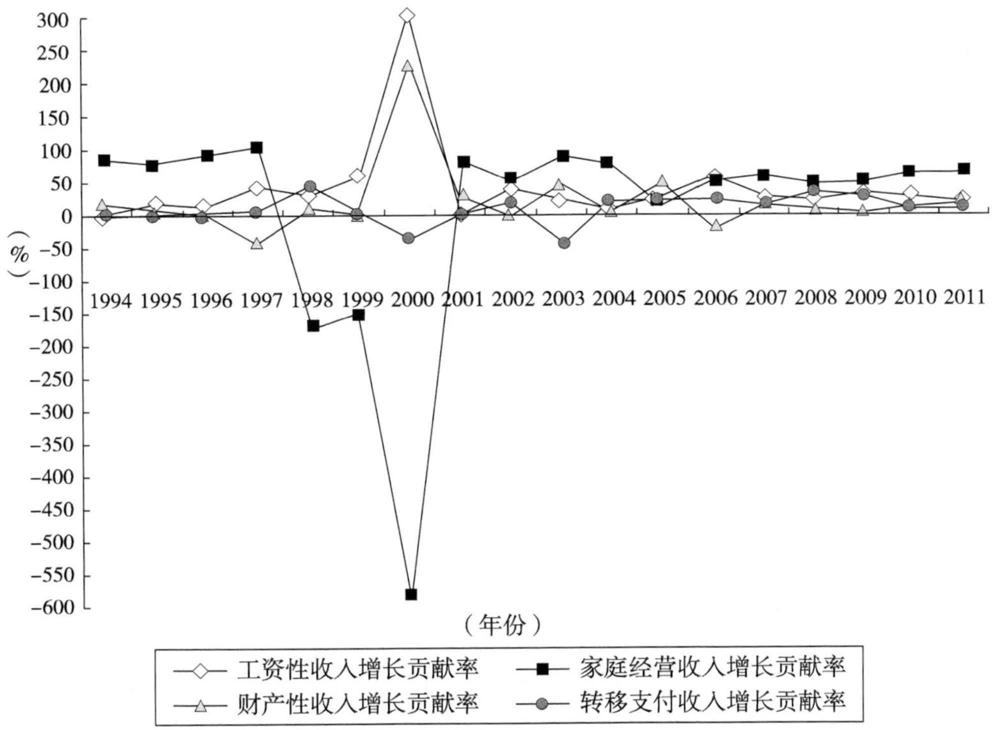

图 3-10 黑龙江省各农民收入增长贡献率对比

3.3.4 转移支付收入是农民收入增长的潜在动力

黑龙江省农民转移支付收入增长量经历了波动和稳定两个阶段，在 2004 年之前大体呈先上升后下降趋势，由 1994 年的 -2.50 元上涨到 1998 年的 20.80 元（1997 年稍稍下降），之后经历了两年的下降期，到 2000 年下降到 -7.10 元，之后又经历三年的波动期，到 2003 年黑龙江省农民转移支付收入增长量为 -46.50 元；进入 2004 年之后，黑龙江省农民转移支付收入增长量进入了一个相对稳定的正向增长时期，2004 年黑龙江省农民转移支付收入增长量为 100.10 元，截至 2011 年为 81.50 元，相差 18.6 元。相对于其他三项收入增长量来说，转移支付收入增长量大部分年份要低于家庭经营收入和工资性收入增长量。从贡献率方面看，黑龙江省农民转移支付收入贡献率可以分为两个阶段，2004 年以前，转移支付收入贡献率波动较大，进入 2004 年以后，其贡献率均保持为正值。这说明转移支付收入在近年以来一直对黑龙江省农民收入增长起到正向拉动作用，并且贡献率大部分年份稳定在 20% 左右。

3.4 黑龙江省城乡收入差距分析

黑龙江省的城乡收入差距在不断扩大，黑龙江省城镇居民人均可支配收入由1985年的742元增长到2011年的15696元，共增长了14954元，平均每年增长575.2元，年均实际增长率为6.18%。同期，黑龙江省农民人均纯收入由1985年的398元上升到2011年的7591元，共增长了7193元，平均每年增长276.65元，年均实际增长率为6.46%。

3.4.1 从收入增长率来看

黑龙江省农民收入实际增长率波动幅度远大于城镇居民收入实际增长率，并且在1997年之前，农民收入实际增长率波动十分频繁且幅度较大，同期城镇居民收入增长率波动幅度较小；1997—2003年，城镇居民收入实际增长率一直高于农民收入实际增长率，2004—2011年，除2005年、2006年、2009年外，其他年份农民收入实际增长率均高于城镇居民收入实际增长率（见图3-11）。

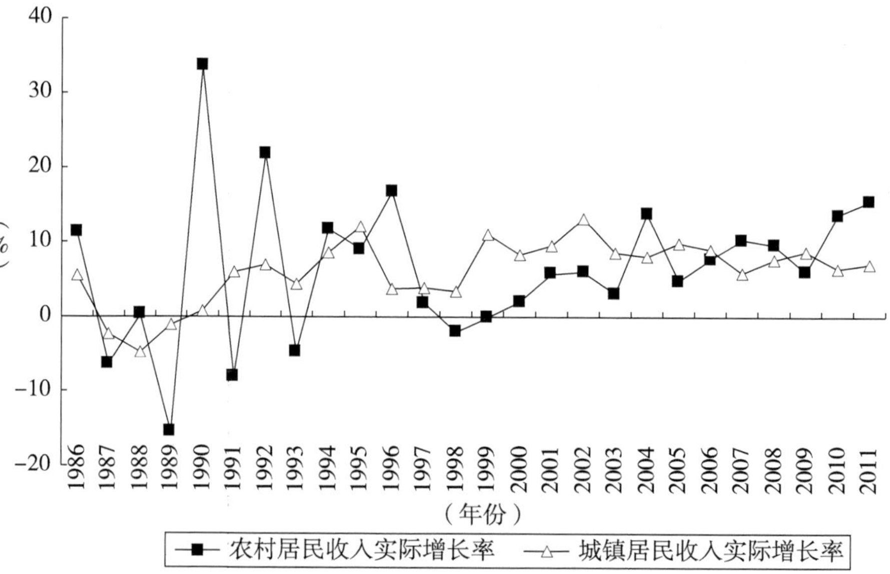

图3-11 黑龙江省城乡收入实际增长率对比

3.4.2 从城乡收入绝对差额来看

黑龙江省城乡收入绝对差额在1985年为344元，经过4年上涨，1989年为603元，1990年下降为451元，经过5年上涨，1995年为1609元，1996年下降到1586元，之后便一直上涨，截至2011年，黑龙江省城乡收入绝对差额已达8105元。黑龙江省城乡收入绝对差额26年间增长了7761元，平均每年扩大298.5元。总体上来看，黑龙江省城乡收入绝对差额一直保持着扩大趋势，虽然偶尔会有所缩小，但是第二年差距又会被拉开（见图3－12、表3－6）。

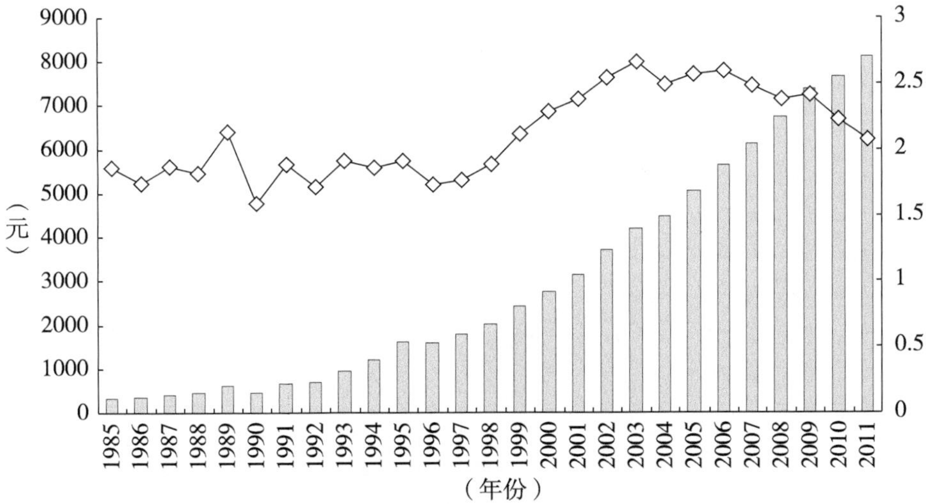

图3－12 黑龙江省城乡收入差距变动

表3－6 黑龙江省城乡居民收入比较

年份	农村居民人均纯收入（元）	农村居民收入实际增长率（%）	城镇居民人均可支配收入（元）	城镇居民收入实际增长率（%）	城乡收入绝对差（元）	城乡收入比（农村＝1）（%）
1985	398.00	—	742.00	—	344.00	1.86
1986	476.00	11.25	830.00	5.54	354.00	1.74
1987	475.00	－6.39	889.00	－2.33	414.00	1.87
1988	553.00	0.24	1004.00	－4.79	451.00	1.82
1989	535.00	－15.56	1138.00	－1.09	603.00	2.13
1990	760.00	33.64	1211.00	0.76	451.00	1.59

续 表

年份	农村居民人均纯收入（元）	农村居民收入实际增长率（%）	城镇居民人均可支配收入（元）	城镇居民收入实际增长率（%）	城乡收入绝对差（元）	城乡收入比（农村 = 1）（%）
1991	735.00	-8.16	1389.00	5.99	654.00	1.89
1992	949.00	21.90	1630.00	6.97	681.00	1.72
1993	1028.00	-4.74	1960.00	4.39	932.00	1.91
1994	1394.00	11.79	2597.00	8.60	1203.00	1.86
1995	1766.00	9.02	3375.00	12.12	1609.00	1.91
1996	2182.00	16.79	3768.00	3.76	1586.00	1.73
1997	2308.00	1.89	4091.00	3.89	1783.00	1.77
1998	2253.00	-2.08	4269.00	3.43	2016.00	1.89
1999	2166.00	-0.12	4595.00	11.07	2429.00	2.12
2000	2148.00	2.04	4913.00	8.33	2765.00	2.29
2001	2280.00	5.72	5426.00	9.56	3146.00	2.38
2002.00	2405.00	6.02	6101.00	13.23	3696.00	2.54
2003	2509.00	3.07	6679.00	8.60	4170.00	2.66
2004	3005.00	13.85	7471.00	8.08	4466.00	2.49
2005	3221.00	4.80	8273.00	9.87	5052.00	2.57
2006	3552.00	7.71	9182.00	9.02	5630.00	2.59
2007	4132.00	10.35	10245.00	5.86	6113.00	2.48
2008	4856.00	9.63	11581.00	7.66	6725.00	2.38
2009	5207.00	5.95	12566.00	8.73	7359.00	2.41
2010	6211.00	13.72	13857.00	6.44	7646.00	2.23
2011	7591.00	15.52	15696.00	7.06	8105.00	2.07

数据来源：根据历年《中国统计年鉴》《黑龙江省统计年鉴》整理计算所得。

3.4.3 从城乡收入比来看

黑龙江省城乡收入比在 1985 年为 1.86%，到 2011 年为 2.07%，增加了 0.21%，1985—2011 年，黑龙江省城乡收入比最低值为 1990 年的 1.59%，最高值为 2003 年的 2.66%，二者相差 1.07%。按照城乡收入比的变动趋势，可以将其分为 3 个阶段，具体分析如下。

1. 频繁震荡阶段（1985—1996 年）

在此阶段，黑龙江省城乡收入比在不断波动，1985 年城乡收入比为

1.86%，1986 年下降为 1.74%，1987 年又上升为 1.87%，最终到 1996 年下降为 1.73%，比 1985 年降低了 0.13%。

2. 匀速上涨阶段（1997—2003 年）

在此阶段，黑龙江省城乡收入比保持匀速上升趋势，1997 年城乡收入比为 1.77%，比 1996 年上升了 0.04%，之后一直保持上升趋势，到 2003 年城乡收入比为 2.66%，是 1985—2011 年的最高值，共增长 0.89%，平均每年增长 0.15%。

3. 震荡下降阶段（2004—2011 年）

在此阶段，黑龙江省城乡收入比在震荡中下降，之所以产生这样的趋势，是由于国家实行了工业反哺农业，城市支持农村的发展战略，实施了一系列惠农政策，并且该阶段农产品价格尤其是粮食价格有所上涨。2004 年黑龙江省城乡收入比为 2.49%，比 2003 年下降了 0.17%，经过两年上涨，2006 年城乡收入比为 2.59%，到 2008 年下降到 2.38%，2009 年又上升到 2.41%，截至 2011 年又下降到 2.07%（见表 3-6）。

综上所述，黑龙江省城乡收入差距在绝对量上不断扩大，已由 1985 年的 344 元扩大到 2011 年的 8105 元。在相对差距上，黑龙江省城乡差距并没有太大变化，城乡收入比由 1985 年的 1.86% 上升到 2011 年的 2.07%。虽然城乡收入比并没有太大差距，但是在绝对量上差距已经十分明显，未来缩小城乡收入差距要重点关注绝对差额。绝对差额将直观地体现出城乡收入的实际差距，城乡收入绝对差额的缩小才是解决城乡收入不平衡的根本之道。

3.5 本章小结

本章针对黑龙江省农民的收入水平、收入结构及增长贡献率、城乡收入差距以及收入合理性做了纵向和横向分析，得出以下结论。

（1）纵向来看，黑龙江省农民收入水平先后经历了 5 个阶段：均衡波动阶段（1986—1989 年）、快速增长阶段（1990—1997 年）、缓慢下降阶段（1998—2000 年）、匀速增长阶段（2001—2003 年）和高速增长阶段（2004—2011 年）。1985—2011 年黑龙江省农民收入增长了 18.07 倍，年均名义增速高达 12.66%，实际增速为 6.46%。

（2）1993—2011 年，黑龙江省农民工资性收入、财产性收入和转移支付收入在量和占比上均呈现出上涨态势，家庭经营收入呈现出量增、占比下降的态势。虽然黑龙江省农民收入结构有了很大的变化，但其家庭经营收入的基础地位始终没有改变。黑龙江省第一产业收入是农民家庭经营收入的主要来源，而第一产业收入的主要来源仍为农业收入。

（3）黑龙江省农民各项收入的贡献率在18年间变化较为明显，家庭经营收入增长贡献率有一定下降，但是其仍是农民收入增长的主要动力。工资性收入增长贡献率除2001年外，其他年份均为正值，其已经成为黑龙江省农民收入增长的稳定动力。按照收入增长贡献率由高到低排列，分别为家庭经营收入、工资性收入、转移支付收入和财产性收入。

（4）1985—2011年，黑龙江省城乡收入比总体呈现出先扩大后下降的趋势。其具体可以分为频繁震荡阶段（1985—1996年）、匀速上涨阶段（1997—2003年）和震荡下降阶段（2004—2011年）3个阶段。然而，黑龙江省城乡收入绝对差额一直在不断扩大，截至2011年已经扩大到8105元。

4 黑龙江省农民收入及生产—收入协调性比较分析

由于黑龙江省农民收入水平、收入结构以及城乡收入差距同我国其他地区存在着一定的差异，本部分主要将各地区农民收入同黑龙江省农民收入的特点进行比较分析，进而探寻收入特征的差异性。为了便于分析，本章按照粮食主产区和粮食主销区来进行省市选取。在粮食主产区省份选取的过程中，从东北、东、中、西部各选取一个省份来进行比较。同时，为了比较黑龙江省粮食生产和收入的协调性，本部分选取粮食生产和农民收入指标，利用因子得分分析方法，对黑龙江省粮食生产和收入的协调性进行比较分析。

4.1 黑龙江省同粮食主产区、主销区农民收入的比较分析

4.1.1 黑龙江省农民收入水平较高

黑龙江省农民收入水平1985—2011年有了极大的提高，整体保持上升趋势。同粮食主产区省份农民收入水平相比，黑龙江省农民收入处于较高水平，黑龙江省农民收入水平低于山东省和辽宁省，高于河南省和四川省（见图4-1）。相对于粮食主销区来说，黑龙江省农民收入仍处于较低水平，北京市和广东省的农民收入均高于黑龙江省农民收入，并且收入差距在逐年拉大（见图4-2）。同全国农民收入水平相比较，黑龙江省农民收入基本在全国农民收入水平上下波动，1999—2006年，黑龙江省农民收入多数低于全国水平，进入2007年以后，黑龙江省农民收入逐渐超越全国农民收入（见图4-2）。具体比较如下。

1. 同其他粮食主产区省份相比较，黑龙江省农民收入处于较高水平

1985—2011年，黑龙江省农民年收入均高于河南省和四川省，在大部分时间里要低于辽宁省和山东省。相对于其他粮食主产区省份来说，黑龙江省农民收入情况有3次变动。

（1）第一次变动

第一次变动在1990年，黑龙江省农民收入达到759.9元，比山东省农民

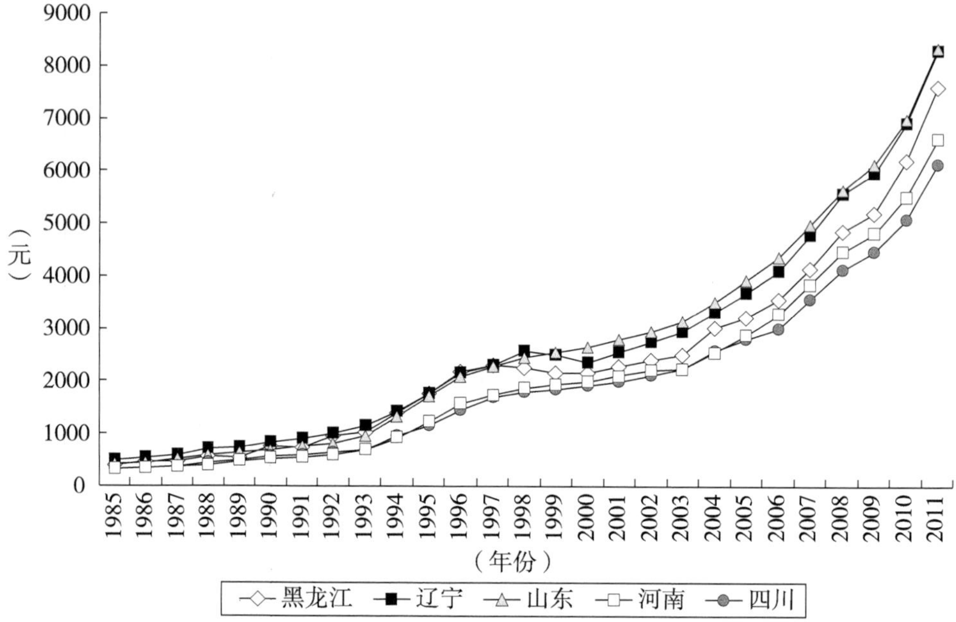

图 4－1　黑龙江省同粮食主产区省份收入水平比较

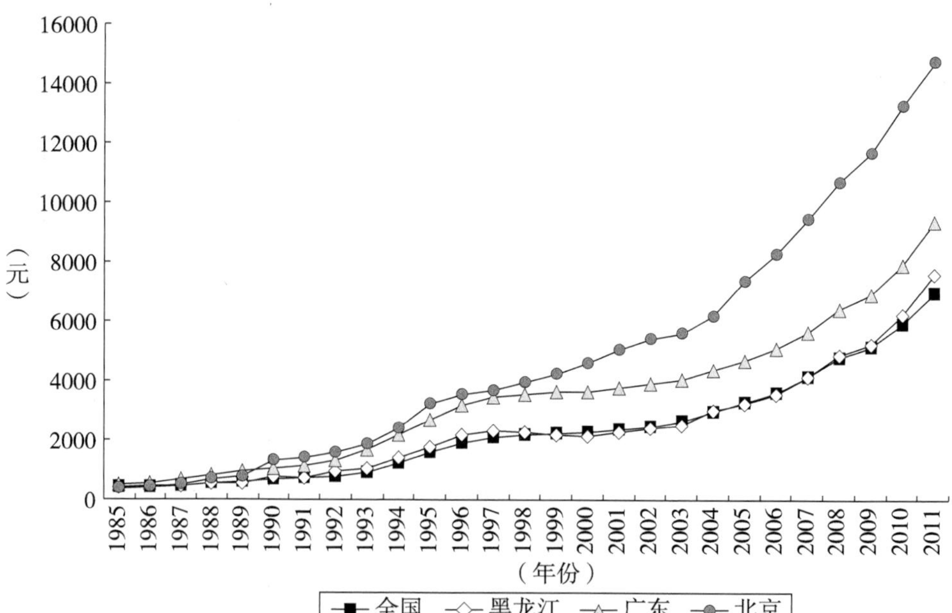

图 4－2　黑龙江省同粮食主销区省份及全国收入比较

收入多出 79.7 元，仅次于辽宁省，并且从 1990—1997 年，除个别年份外，黑龙江省农民收入始终高于山东省农民收入，二者收入差距保持在 100 元以内，1990—1994 年，除个别年份外，黑龙江省农民收入水平在选取的 5 个粮食主产省中位列第二。

（2）第二次变动

第二次变动在 1995 年，黑龙江省农民收入达到 1766.3 元，比辽宁省同期农民收入高出 9.8 元，1995—1997 年，其始终高于辽宁省农民收入，在选取的 5 个粮食主产省中收入水平位居第一。

（3）第三次变动

第三次变动在 1998 年，黑龙江省农民收入出现较大下滑，此时的下滑主要是由于粮食价格普遍不高，黑龙江省农民农业收入占总收入的份额较高，直接导致总收入下滑。从 1998 年开始，黑龙江省遭遇了 3 年的农民收入下滑，黑龙江省农民收入从此低于辽宁省和山东省农民收入。在同一时期，辽宁省农民收入在 1998 年有所上升，随后也遭遇了两年下滑，下滑的幅度要大于黑龙江省，黑龙江省 3 年间农民收入共降低了 160.1 元，平均每年下降 53.4 元；辽宁省 2 年间农民收入共降低了 224.2 元，平均每年下降 112.1 元。山东省农民收入在这期间并未受到影响，持续增长，至此山东省农民收入水平稳定在第一位，并且同黑龙江省农民收入之间的差距开始不断拉大。四川省和河南省的农民收入在此阶段基本未受到影响，处于稳定上升阶段。

进入 2004 年以后，黑龙江省农民收入开始步入高速增长时期，与此同时，其他粮食主产省也步入了农民收入高速增长期。各省的农民收入差距仍基本保持原状，甚至还有拉大的趋势。截至 2011 年，在选取的 5 个粮食主产省中，山东省农民收入为 8342.1 元，位居第一，辽宁省仅次于山东省，位居第二，黑龙江省位居第三，河南省位居第四，四川省位居第五（见表 4－1）。

表 4－1　黑龙江省同各地区农民收入比较　单位：元

年份	全国	黑龙江	辽宁	山东	河南	四川	广东	北京
1985	397.60	398.00	485.70	408.10	328.80	315.10	495.30	361.40
1986	423.60	476.00	533.20	449.30	333.60	337.90	546.40	430.20
1987	462.50	475.00	599.30	517.70	377.70	369.50	662.20	519.50
1988	544.90	553.00	699.60	583.70	401.30	448.90	808.70	664.20
1989	601.50	535.00	740.20	630.60	457.10	494.10	955.00	775.10

续 表

年份	全国	黑龙江	辽宁	山东	河南	四川	广东	北京
1990	686.30	759.90	836.20	680.20	527.00	557.80	1043.00	1297.10
1991	708.50	734.80	896.70	764.00	539.30	590.20	1143.10	1422.40
1992	783.90	949.20	995.10	802.90	588.50	634.30	1307.70	1571.60
1993	921.60	1028.40	1161.00	952.70	695.90	698.30	1674.80	1882.60
1994	1220.90	1394.60	1423.50	1319.70	909.80	946.30	2181.50	2400.70
1995	1577.70	1766.30	1756.50	1715.10	1232.00	1158.30	2699.20	3223.70
1996	1926.00	2181.90	2150.00	2086.30	1579.20	1453.40	3183.50	3561.90
1997	2090.10	2308.30	2301.50	2292.10	1733.90	1680.70	3467.70	3661.70
1998	2161.90	2253.10	2579.80	2452.80	1864.10	1789.20	3527.10	3952.30
1999	2210.30	2165.90	2501.00	2549.60	1948.40	1843.50	3628.90	4226.60
2000	2253.40	2148.20	2355.60	2659.20	1985.80	1903.60	3654.50	4604.60
2001	2366.40	2280.30	2557.90	2804.50	2097.90	1987.00	3769.80	5025.50
2002	2475.60	2405.20	2751.30	2954.00	2215.70	2107.70	3911.90	5398.50
2003	2622.20	2508.90	2934.20	3150.50	2235.70	2229.90	4054.60	5601.60
2004	2936.40	3005.20	3307.10	3507.40	2553.20	2580.30	4365.90	6170.30
2005	3254.90	3221.30	3690.20	3930.60	2870.60	2802.80	4690.50	7346.30
2006	3587.00	3552.40	4090.40	4368.30	3261.00	3002.40	5079.80	8275.50
2007	4140.40	4132.30	4773.40	4985.30	3851.60	3546.70	5624.00	9439.60
2008	4760.60	4855.60	5576.50	5641.40	4454.20	4121.20	6399.80	10661.90
2009	5153.20	5206.80	5958.00	6118.80	4807.00	4462.10	6906.90	11668.60
2010	5919.00	6210.70	6908.00	6990.30	5523.70	5086.90	7890.30	13262.30
2011	6977.00	7590.70	8297.50	8342.10	6604.00	6128.60	9371.70	14735.70

数据来源：根据历年《中国统计年鉴》整理所得。

2. 同粮食主销区相比，黑龙江省农民收入仍较低

1985—2011 年，除了 1985 年和 1986 年以外，黑龙江省农民收入始终低于北京市和广东省的农民收入，并且同北京市的收入差距在逐年扩大，1996 年开始进入第一次差距快速扩大阶段，2004 年又进入了第二次快速扩大阶段。截至 2011 年，黑龙江省同北京市农民收入的差距已由 1987 年的 44.5 元拉大到 2011 年的 7145 元，增长了 159.6 倍之多，并且这种收入差距的扩大趋势并未得到缓解，反而正处于二次扩大阶段。同广东省农民收入相比，进入 2000

年以后，黑龙江省农民收入始终与其保持1500元左右的差距，在2011年差距最大，达到1781元。

3. 同全国相比，黑龙江省农民收入水平略高于全国水平

黑龙江省农民收入基本在全国收入水平上下波动，在波动过程中有几个关键的波动点。1985—1998年，黑龙江省农民收入高于全国农民收入；1999年，黑龙江省农民收入开始低于全国农民收入，截至2004年，黑龙江省农民收入才再次超过全国农民收入，之后2005—2007年黑龙江省农民收入又低于全国农民收入，从2008年开始，黑龙江省农民收入才逐渐超越全国农民收入水平，并取得较为稳定的态势。

从整体收入变动趋势来看，各地区都表现出明显的分段式上涨态势。第一阶段为缓慢上涨阶段（1985—1992年），在此阶段，各地区农民收入均处于上涨时期，相对于其他年份来讲，其上涨速度较为缓慢。第二阶段为快速上涨阶段（1993—1997年），在此阶段各地区农民收入仍延续前一阶段的上涨态势，上涨的速度要明显快于前一个阶段。第三阶段为稳定徘徊阶段（1998—2000年），在此阶段各地区农民收入有升有降，但升降幅度不大，总体表现较为平稳，主销区的上涨态势有所缓和，主产区的山东省、河南省和四川省农民收入上涨趋势较为平稳，辽宁省和黑龙江省农民收入出现了下降。第四阶段为加速增长阶段（2001—2011年），在此阶段，各地区的农民收入走出徘徊期，重新呈现出上涨态势，并且上涨的速度也在不断加快。

综上所述，通过比较分析可以看出，各地区农民收入变动趋势大致相同，都经历了缓慢上涨、快速上涨、稳定徘徊和加速增长4个阶段。主要差距在于每个阶段的农民收入增量和增速有所不同。相对来讲，粮食主销区农民收入水平要普遍高于粮食主产区和全国农民收入水平。北京市农民收入已经进入二次加速增长时期，其收入水平要远高于粮食主产区。在粮食主产省份中，山东省和辽宁省农民收入水平相对较高，在2011年达到8000元以上，在5个粮食主产省中，黑龙江省处于中游水平，河南省和四川省处于下游水平。相对于全国农民收入来说，山东省和辽宁省要略高于全国农民收入水平，黑龙江省同全国农民收入水平基本持平，在近年有超越的趋势，河南省和四川省的农民收入水平要低于全国农民收入水平。

4.1.2 黑龙江省农民收入结构较不合理

本部分针对农民收入的构成，分析各收入来源的数额、占比以及对农民收入增长的贡献率。通过分析得出，黑龙江省农民收入结构较不合理，家庭经营收入占比过高，工资性收入占比远低于所选取的粮食主产区省份，与粮食主销区省市更是相差甚远。

1. 一级收入结构比较分析

（1）黑龙江省农民工资性收入金额和份额明显偏低

首先，从工资性收入金额来看，黑龙江省为7个省市之末，仅相当于全国平均水平的一半。同粮食主销区省市相比，黑龙江省农民工资性收入在2000年仅为338元，同期广东省农民工资性收入为1362.2元，北京市农民工资性收入为2819.1元，分别高于黑龙江省1024.2元和2481.1元；到2011年差距分别达到了4358.2元和8082.4元，相较于2000年分别增长了3.26倍和2.26倍。黑龙江省农民工资性收入要远低于粮食主销区农民工资性收入，并且这一差距还在加速拉大（见表4－2、图4－3）。同粮食主产区省份相比，黑龙江省农民工资性收入仍旧很低。2000年黑龙江省农民工资性收入为338元，同期辽宁省、山东省、河南省和四川省的农民工资性收入分别为883元、850.6元、474元和597.2元，其差距分别为545元、512.6元、136元和259.2元。截至2011年，差距分别扩大到1683.2元、2218.8元、1027.5元和1156元，与2000年相比，分别扩大了1138.2元、1706.2元、891.5元和896.8元，并且此扩大趋势仍在延续（见表4－2、图4－4）。可以看出，在2000年黑龙江省同其他粮食主产省之间的农民工资性收入差距并不十分明显，同河南省和四川省的差距仅为136元和259.2元，但是通过11年的发展，差距却扩大到了1027.5元和1156元。相对来讲，黑龙江省在2000—2011年，农民工资性收入增长得十分缓慢，已经远低于四川省和河南省的农民工资性收入增速，较山东省和辽宁省的增长速度相差得更多。

同全国农民工资性收入平均水平相比，黑龙江省农民工资性收入在12年间均低于全国水平，且此差距仍在不断扩大（见表4－2、图4－3）。2000年黑龙江省农民工资性收入仅相当于全国水平的48.1%，截至2011年，黑龙江省农民工资性收入仅为全国同期的50.5%，比2000年增加了2.4%。但是其工资性收入差距却由2000年的364.3元上涨到2011年的1466.9元，共扩大了1102.6元，平均每年扩大100.2元。造成这种情况的主要原因在于黑龙江省农民工资性收入增长缓慢，从2000—2011年，黑龙江省农民工资性收入仅增加了1158.5元，平均每年增长105.3元，这只是名义增长量，如去掉通货膨胀影响，其工资性收入增长量甚至为负值。

表 4－2 黑龙江省同各地区农民工资性收入比较 单位：元

年份	全国	黑龙江	辽宁	山东	河南	四川	广东	北京
2000	702. 30	338. 00	883. 00	850. 60	474. 00	597. 20	1362. 20	2819. 10
2001	771. 90	333. 40	914. 60	965. 70	517. 63	651. 80	1527. 20	3312. 80
2002	840. 20	376. 60	1015. 00	1032. 70	567. 07	711. 40	1714. 10	3429. 70
2003	918. 40	394. 20	1056. 30	1095. 50	635. 59	765. 80	1965. 80	3480. 30
2004	998. 50	413. 10	1075. 86	1178. 30	753. 99	872. 50	2173. 20	3698. 70
2005	1174. 50	464. 30	1212. 20	1437. 60	854. 00	954. 90	2562. 40	4524. 30
2006	1374. 80	654. 90	1499. 50	1671. 50	1022. 74	1219. 50	2906. 20	5047. 40
2007	1596. 20	773. 90	1719. 70	1950. 80	1268. 00	1438. 70	3202. 10	5605. 70
2008	1853. 70	916. 80	2035. 50	2263. 50	1500. 00	1620. 40	3684. 50	6389. 30
2009	2061. 30	1019. 60	2239. 80	2496. 60	1622. 00	1821. 40	4089. 70	7326. 20
2010	2431. 10	1241. 60	2650. 00	2958. 10	1944. 00	2248. 20	4799. 50	8229. 20
2011	2963. 40	1496. 50	3179. 70	3715. 30	2524. 00	2652. 50	5854. 70	9578. 90

数据来源：根据历年《中国统计年鉴》整理所得。

从总体纵向发展趋势来看，所选取的 7 个省市的农民工资性收入均有所增长，增长量最多的为北京市，其次为广东省，然后分别为山东省、辽宁省、四川省、河南省、黑龙江省。从横向比较来看，2011 年除黑龙江省、四川省和河南省之外，其余地区农民工资性收入均高于全国平均水平，并且粮食主销区农民工资性收入要远高于全国平均水平，粮食主产区中山东省和辽宁省的农民工资性收入也分别高出全国平均水平 700 元和 200 元以上（见图 4－3、图 4－4）。

从农民工资性收入份额来看，黑龙江省农民工资性收入份额均低于所选取的其他地区。同粮食主销区省份相比，黑龙江省农民工资性收入占比处于极低水平。黑龙江省农民工资性收入份额在 2000 年仅为 15. 73%，同期广东省农民工资性收入份额为 37. 27%，北京市农民工资性收入份额为 61. 22%，分别高于黑龙江省 21. 54% 和 45. 49%；到 2011 年黑龙江省农民工资性收入份额达到 19. 71%，比 2000 年上涨了 3. 98%；同期广东省和北京市农民工资性收入份额上涨到 62. 47% 和 65%，比 2000 年分别上涨了 25. 2% 和 3. 78%；黑龙江省与广东省、北京市农民工资性收入份额的差距分别为 42. 76% 和 45. 29%，与广东省的差距 11 年间扩大了 21. 22%，与北京市的差距缩小了 0. 2%（见表 4－3）。黑龙江省农民工资性收入份额要远低于广东省和北京

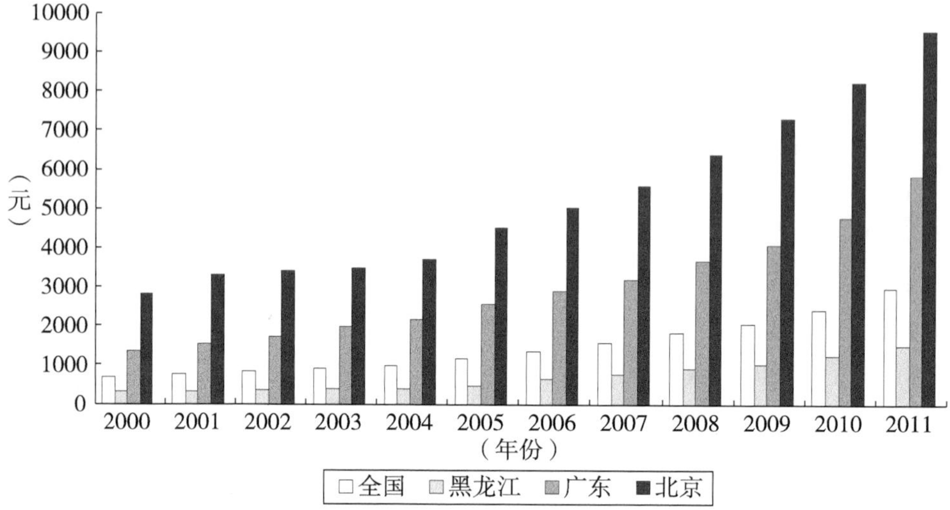

图4-3　黑龙江省同粮食主销区及全国农民工资性收入比较

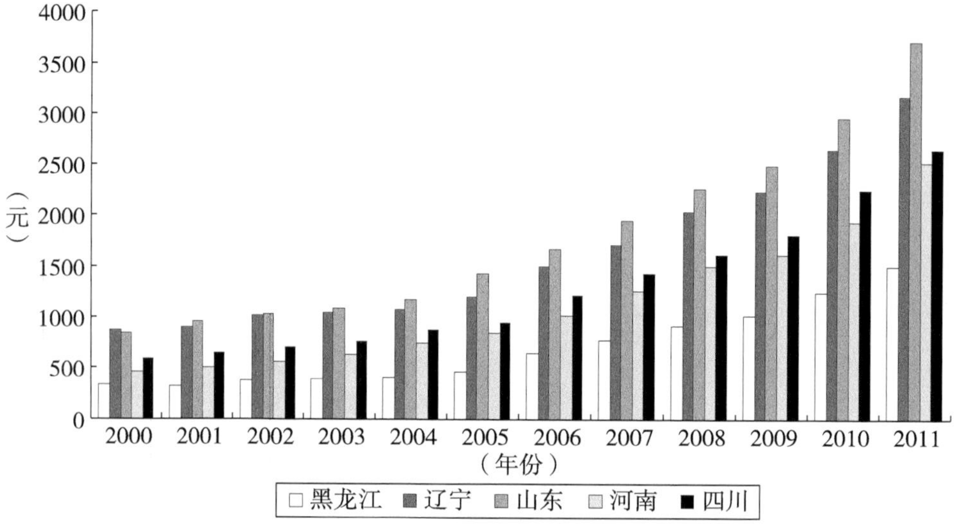

图4-4　黑龙江省同粮食主产区农民工资性收入比较

市，2011年广东省和北京市的农民工资性收入份额已经达到60%以上，黑龙江省仅为20%左右。2000—2011年，黑龙江省农民工资性收入平均份额仅为17.1%，广东省和北京市分别达到了52.39%和62.04%，分别高于黑龙江省35.1%和44.94%，并且该差距仍有扩大的趋势（见图4-5）。

其次，同粮食主产区省份相比，黑龙江省农民工资性收入份额仍不占优。

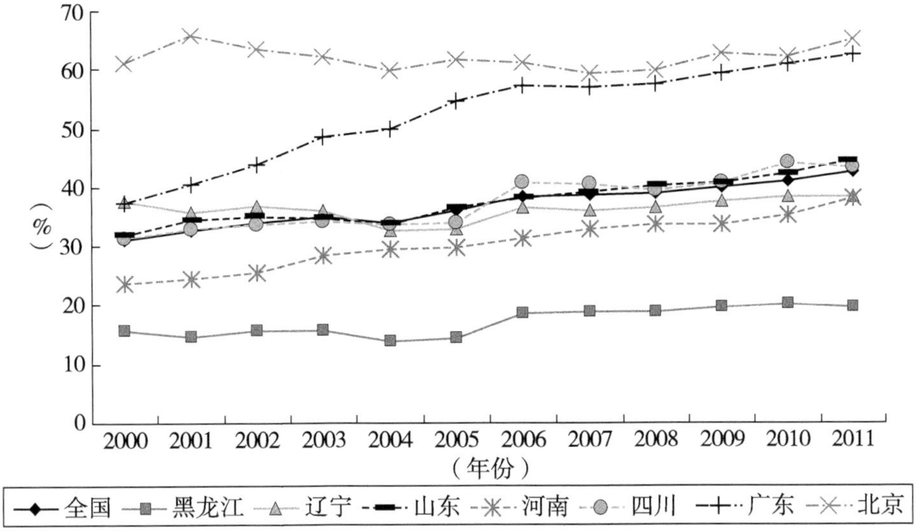

图 4-5 黑龙江省与其他地区工资性收入份额比较

2000 年黑龙江省农民工资性收入份额为 15.73%，同期辽宁省、山东省、河南省和四川省的农民工资性收入份额分别为 37.49%、31.99%、23.87% 和 31.37%，其差距分别为 21.76%、16.26%、8.14% 和 15.64%。截至 2011 年，黑龙江省农民工资性收入份额为 19.71%，同期辽宁省、山东省、河南省和四川省的农民工资性收入份额分别为 38.32%、44.54%、38.22% 和 43.28%，其差距分别为 18.61%、24.83%、18.51% 和 23.57%。相比之下，黑龙江省同辽宁省之间的农民工资性收入份额差距缩小了 3.15%，与山东省、河南省和四川省的差距分别扩大了 8.57%、10.37% 和 7.93%。同粮食主产区省份相比，黑龙江省农民工资性收入占比上涨趋势较为平缓，从 2000 年到 2011 年，辽宁省、山东省、河南省和四川省的年均农民工资性收入份额分别为 36.25%、37.62%、30.58% 和 37.41%，均为 30% 以上，而黑龙江省农民工资性收入平均份额仅为 17.1%，尚未达到 20%。

表 4-3 黑龙江省同其他地区农民工资性收入份额比较

年份	全国 (%)	黑龙江 (%)	辽宁 (%)	山东 (%)	河南 (%)	四川 (%)	广东 (%)	北京 (%)
2000	31.17	15.73	37.49	31.99	23.87	31.37	37.27	61.22
2001	32.62	14.62	35.76	34.43	24.67	32.80	40.51	65.92
2002	33.94	15.66	36.89	34.96	25.59	33.75	43.82	63.53

续 表

年份	全国（%）	黑龙江（%）	辽宁（%）	山东（%）	河南（%）	四川（%）	广东（%）	北京（%）
2003	35.02	15.71	36.00	34.77	28.43	34.34	48.48	62.13
2004	34.00	13.75	32.53	33.59	29.53	33.81	49.78	59.94
2005	36.08	14.41	32.85	36.57	29.75	34.07	54.63	61.59
2006	38.33	18.43	36.66	38.26	31.36	40.62	57.21	60.99
2007	38.55	18.74	36.03	39.13	32.92	40.56	56.94	59.38
2008	38.94	18.88	36.50	40.12	33.68	39.32	57.57	59.93
2009	40.00	19.58	37.59	40.80	33.74	40.82	59.21	62.79
2010	41.07	19.99	38.36	42.32	35.19	44.20	60.83	62.05
2011	42.47	19.71	38.32	44.54	38.22	43.28	62.47	65.00
平均	36.85	17.10	36.25	37.62	30.58	37.41	52.39	62.04

数据来源：根据历年《中国统计年鉴》整理所得。

同全国水平相比，黑龙江省农民工资性收入在2000—2011年12年间均低于全国平均水平，黑龙江省农民工资性收入份额仅为全国平均水平的50%左右，且此差距在波动中扩大（见图4－5）。2000—2011年，黑龙江省年均农民工资性收入份额仅为17.1%，比全国低了19.75%。在12年中，黑龙江省农民工资性收入份额虽然有所波动，但基本处于10%～20%。

从总体纵向趋势来看，黑龙江省农民工资性收入占比一直稳定在15%左右，始终没有超过20%。同期，北京市和辽宁省农民工资性收入占比同样较为稳定，除个别年份之外，其份额分别稳定在60%和35%左右。河南省、四川省和山东省的农民工资性收入份额在这12年间基本保持上升趋势。广东省上涨态势最为明显，2000—2011年共上涨了25.2%。从横向来看，除黑龙江省、辽宁省和河南省以外，2011年其他省份的农民工资性收入份额均高于全国平均水平。12年间，北京市和广东省始终高于全国平均农民工资性收入占比，河南省和黑龙江省始终低于全国平均水平，其余省份均在全国平均水平上下波动。

综上所述，无论是农民工资性收入还是工资性收入份额，黑龙江省均不占任何优势。无论是同粮食主销区、粮食主产区比较，还是同全国平均水平比较，黑龙江省农民工资性收入和工资性收入份额都处在较低的水平。同时，在12年中这种劣势基本没有缓和的迹象，2000年同为农民工资性收入较低的河南省和四川省，2011年收入水平基本接近全国水平，四川省甚至在工资性收入份额方面已经超越全国水平。相比之下，黑龙江省在农民工资性收入增长方面缺乏动力，工资性收入份额截至2011年仅相当于全国水平的一半。这说明，2000—2011年，黑龙江省的农民工资性收入份额和工资性收入增长量都十分有限，同其他地区的距离已经拉开。

（2）家庭经营收入金额及份额远远高于其他地区

首先，从家庭经营收入金额来看，除个别年份外，黑龙江省农民家庭经营收入在所选取的七省市中位居第一，并高于全国平均水平。同粮食主销区省份相比，黑龙江省农民家庭经营收入在2000年为1699.4元，同期广东省农民家庭经营收入为2002.90元，高于黑龙江省303.5元，北京市为1437.60元，低于黑龙江省261.8元。截至2011年，黑龙江省农民家庭经营收入为4784.1元，同期广东省和北京市分别为2498.1元和1363.3元，分别低于黑龙江省2286元和3420.8元。经过12年的发展，黑龙江省农民家庭经营收入得到了极大的提高，同期广东省的农民家庭经营收入虽有所波动，但基本稳定在1700～2500元；北京市农民家庭经营收入在震荡中下降，尤其是进入2009年以后，下降幅度逐渐加大（见图4－6）。

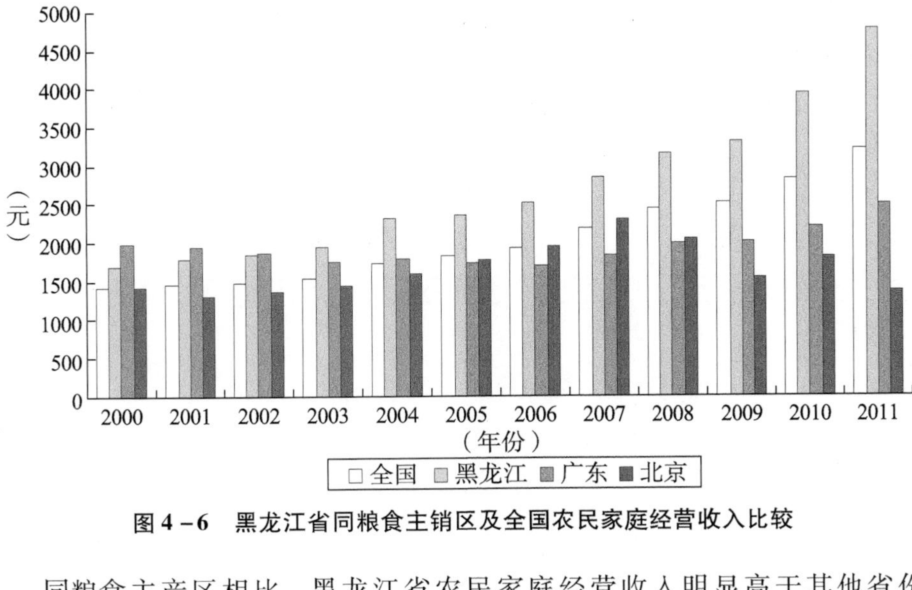

图4－6　黑龙江省同粮食主销区及全国农民家庭经营收入比较

同粮食主产区相比，黑龙江省农民家庭经营收入明显高于其他省份。2000年黑龙江省同其他粮食主产省的农民家庭经营收入差距并不大，同最低的四川省仅相差495.4元。截至2011年，黑龙江省农民家庭经营收入跨越4500元，达到了4784.1元，同期辽宁省、山东省、河南省和四川省的农民家庭经营收入分别为4271元、3935.2元、3601元和2761.7元，分别低于黑龙江省513.1元、848.9元、1183.1元和2022.4元（见表4-3）。2000—2011年，虽然各粮食主产省的农民家庭经营收入均保持了上升态势，但是黑龙江省同其他粮食主产省的农民家庭经营收入差距仍在不断扩大（见图4-7）。产生这种情况的主要原因在于黑龙江省在这些年中农民收入结构调整缓慢，并没有同其他粮食主产省一同进行工资性收入和家庭经营收入份额调整。而且，黑龙江省将主要的精力集中在了粮食结构调整上，不断巩固粮食主产区和商品粮基地的地位，由此黑龙江省粮食产量得到大幅提高，农民家庭经营收入上涨较快，但同时黑龙江省也放弃了工资性收入快速上涨的机会。

表4-4　黑龙江省同各地区农民家庭经营收入比较　　单位：元

年份	全国	黑龙江	辽宁	山东	河南	四川	广东	北京
2000	1427.30	1699.40	1353.40	1676.90	1427.00	1204.00	2002.90	1437.60
2001	1459.60	1802.70	1551.19	1705.30	1497.18	1232.00	1956.10	1304.00
2002	1486.50	1861.10	1628.60	1752.70	1548.79	1296.50	1869.60	1371.30
2003	1541.30	1950.20	1710.00	1874.50	1487.82	1347.10	1761.00	1450.80
2004	1745.80	2329.40	1991.49	2147.50	1716.71	1586.20	1805.70	1600.80
2005	1844.50	2363.90	2163.50	2258.10	1914.00	1681.60	1732.00	1778.30
2006	1931.00	2521.50	2210.80	2409.80	2108.26	1586.50	1693.60	1957.10
2007	2193.70	2848.90	2592.20	2700.60	2398.00	1863.60	1838.60	2303.70
2008	2435.60	3163.70	2931.30	2963.00	2699.00	2061.70	2001.50	2058.60
2009	2526.80	3326.70	3017.30	3129.30	2891.00	2072.90	2017.40	1540.00
2010	2832.80	3941.60	3486.10	3456.90	3240.00	2263.30	2203.70	1816.80
2011	3222.00	4784.10	4271.00	3935.20	3601.00	2761.70	2498.10	1363.30

数据来源：根据历年《中国统计年鉴》整理所得。

同全国相比，黑龙江省农民家庭经营收入在2000—2011年12年间均高于全国平均水平，并且同全国平均水平的差距在逐渐拉大。2000年，二者差距仅为272.1元，截至2011年此差距扩大到1562.1元，共扩大了1290元，平均每年扩大117.3元。

从总体纵向趋势来看，粮食主销区省市呈现出平稳下降趋势，在此期间，广东省基本保持平稳，北京市进入2009年以后有下滑趋势。粮食主产区各省份均保持上升势头，黑龙江省、辽宁省、山东省和河南省的上升速度较快，四川省的上升趋势相对较为平稳。从横向比较来看，黑龙江省、辽宁省、山东省和河南省的农民家庭经营收入除河南省个别年份低于全国水平外，其他

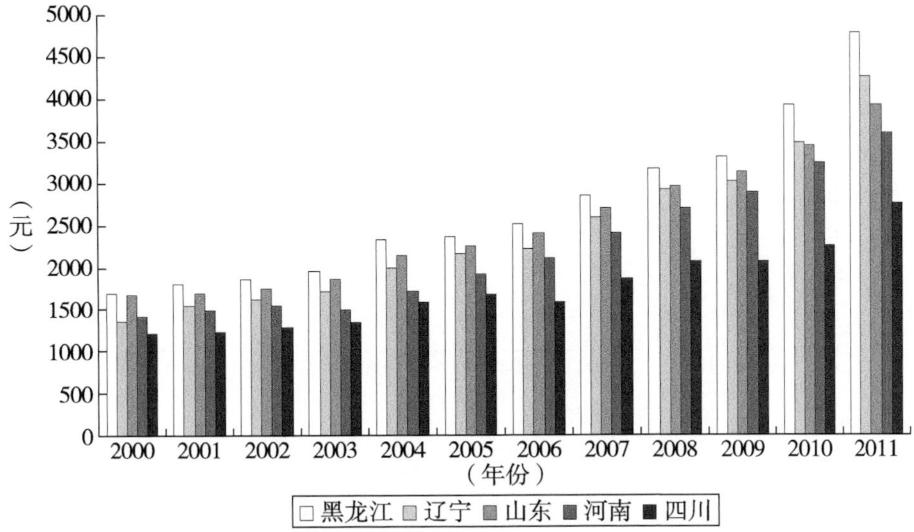

图 4－7　黑龙江省同粮食主产区农民家庭经营收入比较

年份均高于全国水平，并且此差距在不断扩大；北京市、广东省和四川省近几年则始终低于全国水平，并且此差距也在不断扩大。

其次，从农民家庭经营收入份额来看，黑龙江省普遍高于其他地区和全国水平。同粮食主销区省份相比，黑龙江省农民家庭经营收入占比的平均值达到71.64%，北京市为21.84%，广东省为38.11%，分别比黑龙江省低49.8%和33.53%。这说明在2000—2011年12年期间，黑龙江省农民收入的主要来源一直是家庭经营收入，而广东省和北京市农民家庭经营收入的地位却发生了根本性改变，家庭经营收入已经不是其农民收入的主要来源，并且这种趋势还将一直延续下去（见图4－8、表4－5）。

同粮食主产区省份相比，黑龙江省农民家庭收入份额仍要高于其他粮食主产省。2000年黑龙江省同其他粮食主产省农民家庭经营收入份额差距并不特别明显，辽宁省、山东省、河南省和四川省分别与其相差21.66%、16.05%、7.25%和15.86%；截至2011年，此差距分别为11.56%、15.86%、8.50%和17.97%，辽宁省和山东省与黑龙江省之间的农民家庭收入份额差距分别缩小了10.1%和0.19%，河南省和四川省分别扩大了1.25%和2.11%。12年间，黑龙江省农民家庭经营收入平均份额为71.64%，辽宁省为55.66%，山东省为55.92%，河南省为64.54%，四川省为55.01%。这说明，各粮食主产省的农民家庭经营收入仍是农民收入的主要来源，虽然12年间农民家庭经营收入份额呈

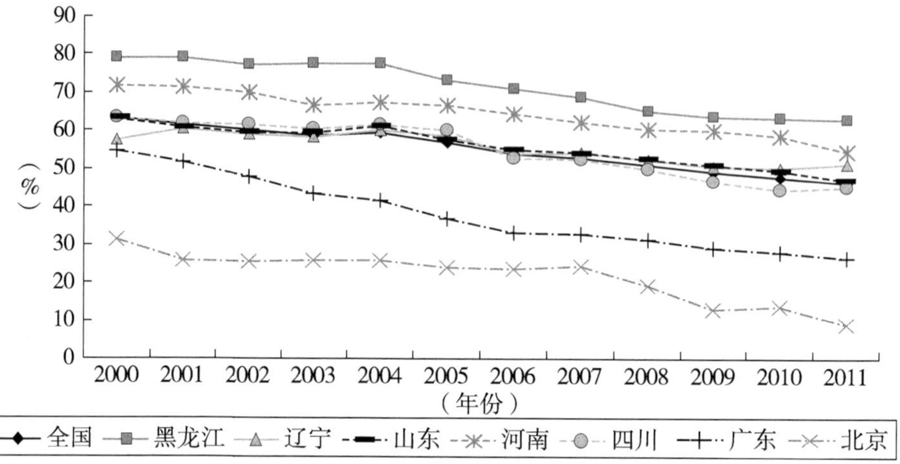

图 4-8 黑龙江省同其他地区农民家庭经营收入份额比较

降低趋势，但是其在农民收入中的地位仍旧牢固。除黑龙江省以外，其他粮食主产区的农民家庭经营收入份额均已接近全国平均水平。

同全国相比，黑龙江省农民家庭经营收入份额始终高于全国平均水平。黑龙江省同全国平均农民家庭经营收入份额的差距始终保持在17%左右，经过12年的发展，虽然各自的家庭经营收入份额均有所下降，但是家庭经营收入份额的差距却没有明显变化（见图4-8）。

从总体纵向趋势来看，各地区的农民家庭经营收入份额均处于下降趋势。相对来讲，粮食主销区要比粮食主产区的下降趋势更为明显，下降的速度更快。而且，不同粮食主产省之间的表现也不尽相同，在此期间，辽宁省基本处于稳定波动阶段，其他粮食主产省呈现出缓慢下降态势。从横向比较来看，粮食主销区省份的农民家庭经营收入份额均低于全国平均水平，粮食主产区除四川省、辽宁省、山东省在个别年份低于全国平均水平以外，其他省份均高于全国平均水平。

表 4-5 黑龙江省同其他地区农民家庭经营收入份额比较

年份	全国（%）	黑龙江（%）	辽宁（%）	山东（%）	河南（%）	四川（%）	广东（%）	北京（%）
2000	63.34	79.11	57.45	63.06	71.86	63.25	54.81	31.22
2001	61.68	79.06	60.64	60.81	71.37	62.00	51.89	25.95
2002	60.05	77.38	59.19	59.33	69.90	61.51	47.79	25.40
2003	58.78	77.73	58.28	59.50	66.55	60.41	43.43	25.90

续 表

年份	全国（%）	黑龙江（%）	辽宁（%）	山东（%）	河南（%）	四川（%）	广东（%）	北京（%）
2004	59.45	77.51	60.22	61.23	67.24	61.47	41.36	25.94
2005	56.67	73.39	58.63	57.45	66.68	60.00	36.93	24.21
2006	53.83	70.98	54.05	55.17	64.65	52.84	33.34	23.65
2007	52.98	68.94	54.31	54.17	62.26	52.54	32.69	24.40
2008	51.16	65.16	52.57	52.52	60.59	50.03	31.27	19.31
2009	49.03	63.89	50.64	51.14	60.14	46.46	29.21	13.20
2010	47.86	63.47	50.46	49.45	58.66	44.49	27.93	13.70
2011	46.18	63.03	51.47	47.17	54.53	45.06	26.66	9.25
平均	55.08	71.64	55.66	55.92	64.54	55.01	38.11	21.84

数据来源：根据历年《中国统计年鉴》整理所得。

综上所述，相对于其他地区来说，黑龙江省在农民家庭经营收入和份额上都要高于其他地区。在农民家庭经营收入增长量上，黑龙江省的增长态势十分明显，并且同其他地区的差距也在不断扩大。在农民家庭经营收入份额上，各地区都处于下降趋势中，但是主销区的下降趋势要更为明显。黑龙江省和其他粮食主产省份的农民家庭经营收入份额也均有下降，下降趋势和下降量基本一致，但是由于在初期黑龙江省农民家庭收入份额就高于其他粮食主产区，所以截至2011年黑龙江省农民家庭经营收入份额仍最高。

（3）财产性收入金额和份额较高

首先，从农民财产性收入金额来看，黑龙江省在7省市中处于较高水平。2000年黑龙江省农民财产性收入为60.6元，在7省市中处于第3的位置，仅比第2的广东省低13.1元，截至2011年，黑龙江省农民财产性收入已经达到545.2元，在7个省市中处于第2的位置，比第1的北京市低991.8元。同粮食主产区省份相比，黑龙江省农民财产性收入处于较高水平，在2000年，辽宁省、山东省、河南省和四川省的农民财产性收入分别为58.2元、57.8元、29元和20元，其分别比黑龙江省农民财产性收入低2.4元、2.8元、31.6元和40.6元，截至2011年，辽宁省、山东省、河南省和四川省的农民财产性收入分别为244.6元、246.5元、108元和140.4元，分别比同期黑龙江省农民财产性收入低300.6元、298.7元、437.2元和404.8元。相对于黑龙江省来说，其他粮食主产省农民财产性收入上涨较为缓慢，河南省和四川省的上涨速度更为缓慢，2000—2011 年仅分别上涨了 79 元和 120 元，两个省份同黑龙江省农民财产性收入的差距分别扩大了 400.6 元和 360.2 元。

同全国平均水平相比，黑龙江省农民财产性收入始终高于全国平均水平，并且二者的差距始终在不断扩大，已由 2000 年的 15.6 元扩大到 2011 年的 316.6 元。从纵向趋势比较来看，各省市的农民财产性收入都处于上涨趋势中，只是收入增量有所不同。粮食主销区和黑龙江省的上涨趋势十分明显，其他粮食主产区省份虽有上升，但是上升的趋势较为缓慢，由此同主销区和黑龙江省的农民财产性收入差距便逐渐拉大。从横向对比来看，粮食主销区省份和黑龙江省的农民财产性收入始终高于全国平均水平，其他粮食主产区省份中，山东省和辽宁省的农民财产性收入较接近全国平均水平，河南省的平均农民财产性收入水平仅为全国平均水平的 45% 左右，并且大多数年份的农民财产性收入没有超过 60 元，四川省的农民财产性收入也仅为全国平均水平的 50% 左右，其多数年份农民财产性收入没有超过 70 元（见表 4－6）。

表 4－6　　黑龙江省同各地区农民财产性收入比较　　单位：元

年份	全国	黑龙江	辽宁	山东	河南	四川	广东	北京
2000	45.00	60.60	58.20	57.80	29.00	20.00	73.70	158.30
2001	47.00	96.90	35.65	33.30	23.59	32.40	112.60	167.30
2002	50.70	95.60	43.50	53.80	32.45	22.30	139.70	341.30
2003	65.80	139.10	66.30	63.90	38.58	31.30	184.40	305.90
2004	76.60	137.00	100.06	64.90	28.22	27.00	246.90	417.80
2005	88.50	230.60	113.20	102.80	36.00	41.60	167.30	588.00
2006	100.50	145.70	141.80	127.60	40.37	52.80	220.90	678.80
2007	128.20	191.60	179.40	144.30	53.00	61.10	312.60	803.20
2008	148.10	243.60	201.30	163.90	53.00	71.40	339.50	1142.80
2009	167.20	241.00	205.50	196.10	56.00	94.80	357.70	1268.60
2010	202.20	344.10	234.20	238.30	59.00	144.00	401.10	1339.90
2011	228.60	545.20	244.60	246.50	108.00	140.40	490.40	1537.00

数据来源：根据历年《中国统计年鉴》整理所得。

其次，从农民财产性收入份额来看，黑龙江省农民财产性收入份额仅次于北京市，位列 7 省市第 2。同主销区相比，黑龙江省农民财产性收入份额多数年份高于广东省，截至 2011 年，黑龙江省农民财产性收入份额仅比北京市低 3. 25% 。同粮食主产省份相比，黑龙江省农民财产性收入份额要高于其他粮食主产省份，2000 年辽宁省、山东省、河南省和四川省的农民财产性收入份额与黑龙江省之间的差距分别为 0. 35% 、0. 65% 、1. 36% 和 1. 77% ，截至 2011 年，此差距分别扩大到 4. 23% 、4. 23% 、5. 54% 和 4. 89% 。同全国平均水平相比，黑龙江省农民财产性收入占比在 12 年间均高于全国水平，并且二者的差距不断拉大，已由 2000 年的 0. 82% 上升到 2011 年的 3. 9% ，黑龙江省的平均农民财产性收入份额要高于全国平均水平 2. 21% 。从总体纵向比较来看，各地区农民财产性收入占比均呈现出上升趋势。相对来讲，粮食主销区和黑龙江省均呈现出波动上升趋势，并且上升的幅度都较大。除黑龙江省以外的粮食主产区省份农民财产性收入份额上升趋势较为平缓，上升的幅度也较小。从横向比较来看，北京市、广东省和黑龙江省的农民财产性收入份额均高于全国平均水平，辽宁省农民财产性收入份额在大部分年份中要高于全国平均水平，山东省在大部分年份中则低于全国平均水平，河南省和四川省均低于全国平均水平（见表 4 – 7）。

表 4 – 7　　黑龙江省同其他地区农民财产性收入份额比较

年份	全国（%）	黑龙江（%）	辽宁（%）	山东（%）	河南（%）	四川（%）	广东（%）	北京（%）
2000	2. 00	2. 82	2. 47	2. 17	1. 46	1. 05	2. 02	3. 44
2001	1. 99	4. 25	1. 39	1. 19	1. 12	1. 63	2. 99	3. 33
2002	2. 05	3. 97	1. 58	1. 82	1. 46	1. 06	3. 57	6. 32
2003	2. 51	5. 54	2. 26	2. 03	1. 73	1. 40	4. 55	5. 46
2004	2. 61	4. 56	3. 03	1. 85	1. 11	1. 05	5. 66	6. 77
2005	2. 72	7. 16	3. 07	2. 62	1. 25	1. 48	3. 57	8. 00
2006	2. 80	4. 10	3. 47	2. 92	1. 24	1. 76	4. 35	8. 20
2007	3. 10	4. 64	3. 76	2. 89	1. 38	1. 72	5. 56	8. 51
2008	3. 11	5. 02	3. 61	2. 91	1. 19	1. 73	5. 30	10. 72
2009	3. 24	4. 63	3. 45	3. 20	1. 16	2. 12	5. 18	10. 87
2010	3. 42	5. 54	3. 39	3. 41	1. 07	2. 83	5. 08	10. 10
2011	3. 28	7. 18	2. 95	2. 95	1. 64	2. 29	5. 23	10. 43
平均	2. 74	4. 95	2. 87	2. 50	1. 32	1. 68	4. 42	7. 68

数据来源：根据历年《中国统计年鉴》整理所得。

综上所述，黑龙江省在农民财产性收入和份额上均高于其他地区。在农民财产性收入方面，黑龙江省除个别年份外，其他年份均高于其他粮食主产省份，但是相对于北京市来说，黑龙江省农民财产性收入仍处于较低水平，2011 年黑龙江省农民财产性收入水平仅相当于北京市的 50% 。在农民财产性收入份额方面，2011 年黑龙江省农民财产性收入份额达到 7. 18% ，并且保持着良好的上升势头，虽然在个别年份会有所波动，但大体上仍为上升趋势。其他粮食主产省份虽保持上升势头，但上升幅度均小于黑龙江省（见图 4 –9）。

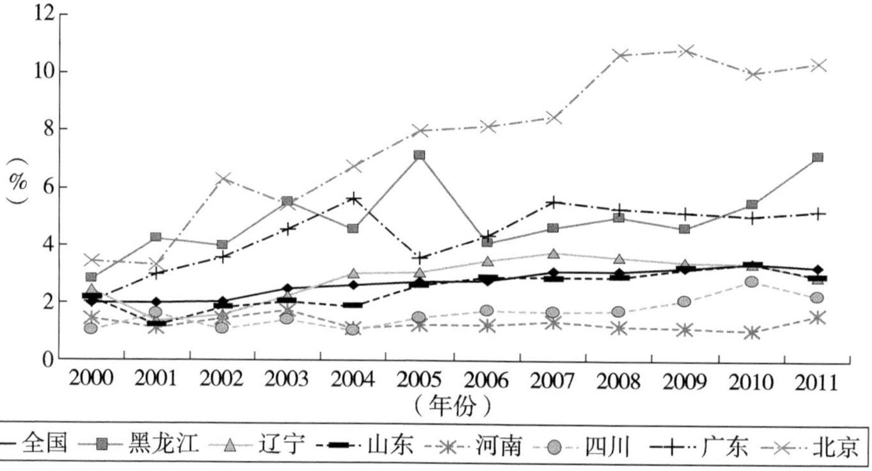

图 4 –9　黑龙江省同其他地区农民财产性收入份额比较

（4）转移支付收入金额及份额处于较高水平

首先，从农民转移支付收入金额来看，2000 年黑龙江省农民转移支付收入为 50. 1 元，为 7 省市最低，截至 2011 年，黑龙江省农民转移支付收入已经达到 764. 9 元，在 7 个省市中处于第 2，比第 1 的北京市低 1491. 7 元。同粮食主产区省份相比，2000 年黑龙江省农民转移支付收入为 5 个粮食主产省最低，随后黑龙江省农民转移支付收入进入波动上涨时期，分别在 2002 年超越河南省、辽宁省，在 2004 年超越山东省和四川省，在 2007 年又再次超越辽宁省，成为 5 个粮食主产省份中转移支付收入最高的省份（见表 4 –8）。同全国农民转移支付收入平均水平相比，黑龙江省在 2004 年以前始终低于全国平均水平，2004 年之后黑龙江省农民转移支付收入开始高于全国平均水平，截至 2011 年，黑龙江省农民转移支付收入比全国平均水平高出 201. 6 元。通过 12 年的发展，黑龙江省农民转移支付收入有了极大的提高，这与国家的惠农政策密不可分。可以看出，在国家实施刺激粮食生产政策期间，黑龙江省农民转移支付收入也在大幅上升，这从侧面说明，黑龙江省农民转移支付收入的上涨，大部分是由粮食补贴的上涨所引起的。

表 4 – 8　　黑龙江省同各地区农民转移支付收入比较　　单位：元

年份	全国	黑龙江	辽宁	山东	河南	四川	广东	北京
2000	78.80	50.10	61.00	73.90	56.00	82.50	215.70	189.60
2001	87.90	47.40	56.49	100.20	59.46	70.90	173.90	241.40
2002	98.20	72.00	64.20	114.80	67.43	77.40	188.50	256.30
2003	96.80	25.50	101.60	116.70	73.69	85.80	143.40	364.50
2004	115.50	125.60	139.73	116.70	54.23	94.50	140.10	453.00
2005	147.40	162.40	201.30	132.10	67.00	124.70	228.90	455.60
2006	180.80	230.40	238.30	159.40	89.66	143.50	259.10	592.20
2007	222.30	313.40	282.10	189.70	133.00	183.60	270.70	727.00
2008	323.20	531.60	408.40	251.10	202.00	367.70	374.40	1071.30
2009	397.90	619.40	495.40	296.80	239.00	473.10	442.20	1533.80
2010	452.90	683.40	537.70	337.00	280.00	431.40	485.90	1876.40
2011	563.30	764.90	601.20	445.20	371.00	574.00	528.50	2256.60

数据来源：根据历年《中国统计年鉴》整理所得。

其次，从农民转移支付收入份额来看，各地区均表现出震荡上涨趋势，黑龙江省、北京市和四川省的上涨趋势更为明显，其他粮食主产区省份和广东省的上涨趋势较为平缓（见表4－9、图4－10）。同粮食主销区相比，黑龙江省的农民转移支付收入份额在近些年高于广东省，低于北京市；尤其是2009—2011年，黑龙江省农民转移支付收入份额呈下滑趋势，然而北京市的农民转移支付收入份额却开始大幅上升，截至2011年，北京市的农民转移支付收入份额比黑龙江省高出5.23%。同粮食主产区省份相比，黑龙江省农民转移支付收入份额普遍高于其他粮食主产省份。辽宁省、山东省、河南省和四川省的平均农民转移支付收入份额分别比黑龙江省低出1.08%、2.34%、2.73%和0.4%。同全国平均水平相比，2000—2003年，黑龙江省农民转移支付收入份额始终低于全国平均水平，进入2004年以来，黑龙江省农民转移支付收入份额开始高于全国平均水平，2009年达到最高值11.90%，比2009年全国平均水平高出4.18%。

表 4－9　　　　黑龙江省同其他地区农民转移支付收入份额比较

年份	全国（%）	黑龙江（%）	辽宁（%）	山东（%）	河南（%）	四川（%）	广东（%）	北京（%）
2000	3.50	2.33	2.59	2.78	2.82	4.33	5.90	4.12
2001	3.71	2.08	2.21	3.57	2.83	3.57	4.61	4.80
2002	3.97	2.99	2.33	3.89	3.04	3.67	4.82	4.75
2003	3.69	1.02	3.46	3.70	3.30	3.85	3.54	6.51
2004	3.93	4.18	4.23	3.33	2.12	3.66	3.21	7.34
2005	4.53	5.04	5.45	3.36	2.33	4.45	4.88	6.20
2006	5.04	6.49	5.83	3.65	2.75	4.78	5.10	7.16
2007	5.37	7.58	5.91	3.81	3.45	5.18	4.81	7.70
2008	6.79	10.94	7.32	4.45	4.54	8.92	5.85	10.05
2009	7.72	11.90	8.31	4.85	4.97	10.60	6.40	13.14
2010	7.65	11.00	7.78	4.82	5.07	8.48	6.16	14.15
2011	8.07	10.08	7.25	5.34	5.62	9.37	5.64	15.31
平均	5.33	6.30	5.22	3.96	3.57	5.90	5.08	8.44

数据来源：根据历年《中国统计年鉴》整理所得。

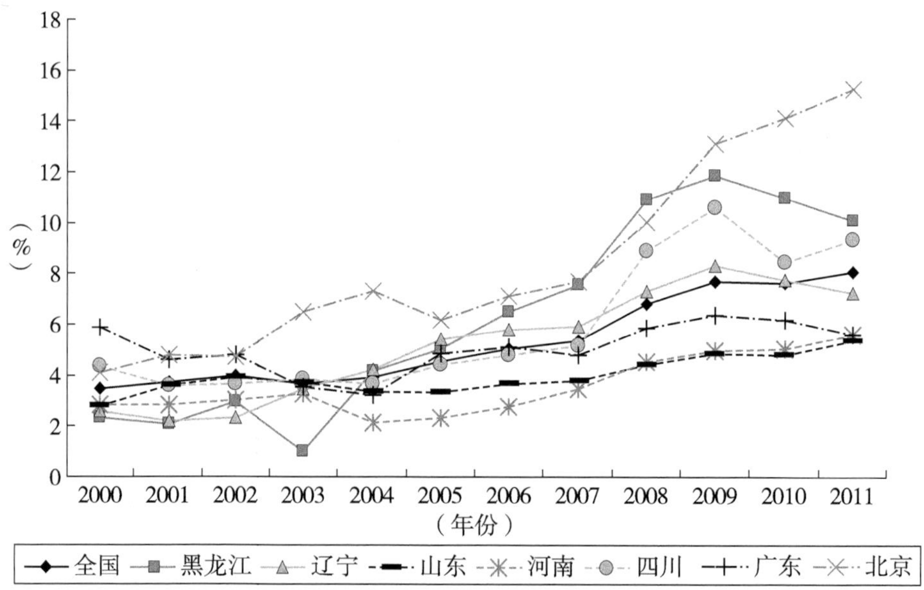

图 4－10　黑龙江省同其他地区农民转移支付收入份额比较

通过以上分析可以看出，黑龙江省在农民工资性收入上处于绝对的劣势；在农民家庭经营收入方面，黑龙江省要明显高于其他地区，在农民财产性收入和转移支付收入方面，黑龙江省也具有一定的优势。然而，黑龙江省的农民收入结构并不合理，工资性收入份额过低将会影响未来黑龙江省农民收入的增长。另外，三项收入份额中，家庭经营收入份额过高，说明黑龙江省农民收入来源过于集中，且并没有培育出与家庭经营收入相当的第二收入来源和收入增长点。这值得黑龙江省加以重视，否则，如果市场出现波动，黑龙江省的农民收入将受到极大的影响，黑龙江省农民将直接面对来自市场的强大冲击，家庭经营收入势必会大幅缩水，黑龙江省农民收入将无法寻找第二支撑点，势必会剧烈波动。

2. 二级收入结构比较分析

通过以上对农民收入结构的分析，可以看出黑龙江省农民家庭经营收入是农民收入的主要来源。本部分针对农民家庭经营收入结构进行对比分析，寻找各地区农民家庭收入结构同黑龙江省之间的差距，以便寻找出黑龙江省农民家庭经营结构尚需完善和改进的环节，为从结构上促进黑龙江省农民增收做好铺垫。

（1）从第一产业收入份额比较来看

黑龙江省农民第一产业收入份额要远远高于其他地区。同广东省相比，黑龙江省的农民第一产业收入平均份额要高出 20%。而且，黑龙江省与广东省农民第一产业份额变动趋势也存在一定差距，广东省农民第一产业收入份额在 11 年间总趋势是先上升后下降，2000 年广东省的农民第一产业份额仅为 69.11%，经过几年的波动上升，截至 2007 年其农民第一产业份额达到 78.42%，为 11 年来最高；黑龙江省同期的农民第一产业收入份额基本保持在 95% 左右，十分稳定。同粮食主产区省份相比，黑龙江省农民第一产业收入份额要高于其他粮食主产省份，辽宁省、山东省和河南省的农民第一产业收入份额均十分平稳，11 年间它们的农民第一产业收入份额分别稳定在 85%、76% 和 83% 左右，分别比黑龙江省低 10%、19% 和 12%。虽然同为粮食主产区，但是在农民第一产业收入份额上各省同样存在明显差距，山东省的农民第一产业收入平均份额为 4 个粮食主产省中最低的，已基本和粮食主销区的广东省持平；辽宁省和河南省的农民第一产业收入平均份额也要低于黑龙江省 10% 多（见表 4－10）。这从侧面说明，黑龙江省的粮食生产特性更为明显，并且其农民家庭经营收入基本来自于第一产业，这种情况在 11 年间基本没有改变。从总体横向比较来看，粮食主销区农民第一产业收入份额要低于全国和粮食主产区水平，而粮食主产区普遍高于全国平均水平。

表 4－10　黑龙江省同其他地区农民第一产业收入份额比较

年份	全国（%）	黑龙江（%）	辽宁（%）	山东（%）	河南（%）	广东（%）
2000	76.42	93.80	79.50	75.99	80.66	69.11
2001	77.19	93.12	83.15	76.61	81.60	71.14
2002	76.35	94.60	83.50	74.33	81.26	71.91
2003	77.57	96.12	84.15	74.60	80.35	73.25
2004	80.08	96.96	87.86	77.04	84.57	74.23
2005	79.67	96.20	86.98	76.52	84.17	75.95
2006	78.78	95.69	85.29	75.73	83.48	75.71
2007	79.55	96.07	86.66	76.83	83.78	78.42
2008	79.89	95.42	85.65	77.05	83.81	76.62
2009	78.68	95.23	83.40	75.64	82.32	75.09
2010	78.76	94.21	83.88	75.36	82.04	77.17
平均	78.45	95.22	84.55	75.97	82.55	74.42

数据来源：根据历年《中国统计年鉴》及《各地区统计年鉴》整理计算所得。

（2）从第二产业收入份额比较来看

黑龙江省农民第二产业收入份额远低于其他地区。相对于主销区的广东省，黑龙江省农民第二产业收入平均份额仅为 0.61%，相当于广东省的 1/8。同粮食主产区相比，黑龙江省农民第二产业收入平均份额仍旧很低，辽宁省、山东省和河南省的农民第二产业收入平均份额分别为 3.68%、6.90% 和 4.49%，分别为黑龙江省的 6 倍、11 倍和 7 倍。相对于全国水平来看，黑龙江省的农民第二产业收入平均份额仅相当于全国的 1/10（见表 4－11）。从总体纵向趋势来看，各地区的农民第二产业收入份额变动趋势各有不同，黑龙江省和河南省在波动中缓慢下降，辽宁省反复波动下降，山东省也呈下降趋势，但波动较小，广东省快速波动下降；从横向比较来看，广东省、河南省、辽宁省和黑龙江省均低于全国农民第二产业收入平均份额，山东省略高于全国平均份额（见图 4－11）。这说明，黑龙江省在农民第二产业收入上处于较低水平，农民第二产业收入所占比重十分有限，黑龙江省农民在第二产业中并没有取得应有的收入，并且未来黑龙江省农民第二产业收入份额仍处于下行阶段。

表 4－11　　黑龙江省同其他地区农民第二产业收入份额比较

年份	全国（%）	黑龙江（%）	辽宁（%）	山东（%）	河南（%）	广东（%）
2000	6.96	1.06	4.63	6.80	4.77	9.32
2001	6.85	1.23	4.66	6.68	4.52	5.61
2002	7.31	0.67	5.34	8.11	4.75	6.60
2003	7.05	0.36	3.62	7.93	5.34	5.96
2004	6.20	0.46	2.88	7.01	4.24	6.15
2005	5.87	0.37	2.28	6.74	4.23	3.94
2006	6.30	0.51	2.59	6.78	4.55	3.32
2007	6.27	0.15	3.06	6.35	4.34	3.22
2008	6.12	0.59	3.70	6.35	4.26	3.63
2009	6.51	0.56	4.13	6.54	4.15	3.80
2010	6.43	0.70	3.63	6.58	4.23	3.38
平均	6.53	0.61	3.68	6.90	4.49	4.99

数据来源：根据历年《中国统计年鉴》整理所得。

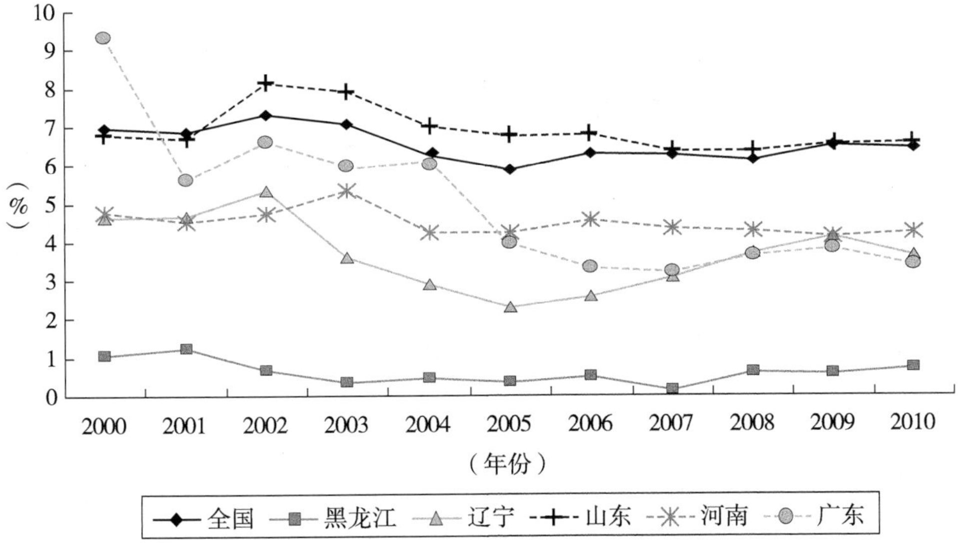

图 4－11　各地区农民第二产业收入份额比较

（3）从第三产业收入份额来看

黑龙江省农民第三产业收入份额明显低于其他地区。同广东省相比，黑龙江省的农民第三产业收入平均份额仅为4.14%，仅相当于广东省的1/5。粮食主产区省份中，辽宁省、山东省和河南省的农民第三产业收入平均份额分别为11.77%、17.12%和12.96%，分别为黑龙江省的2.84倍、4.14倍和3.13倍（见表4－12），而且黑龙江省的农民第三产业收入平均份额仅相当于全国的1/3。通过以上比较可以看出，黑龙江省农民第三产业收入份额在11年间基本处于平稳阶段，但其第三产业收入份额始终处于较低水平（见图4－12）。

表4－12　　黑龙江省同其他地区农民第三产业收入份额比较

年份	全国（%）	黑龙江（%）	辽宁（%）	山东（%）	河南（%）	广东（%）
2000	16.62	5.14	15.88	17.20	14.58	21.57
2001	15.97	5.65	12.20	16.71	13.88	20.94
2002	16.35	4.73	11.16	17.57	13.98	21.49
2003	15.38	3.52	12.23	17.47	14.31	20.80
2004	13.72	2.58	9.26	15.95	11.20	19.61
2005	14.46	3.43	10.74	16.74	11.60	20.11
2006	14.91	3.81	12.12	17.49	11.97	20.97
2007	14.18	3.78	10.28	16.82	11.88	18.35
2008	13.99	3.99	10.65	16.59	11.93	19.75
2009	14.81	3.79	12.47	17.73	13.52	21.10
2010	14.82	5.09	12.49	18.06	13.73	19.45
平均	15.02	4.14	11.77	17.12	12.96	20.38

数据来源：根据历年《中国统计年鉴》整理所得。

通过以上分析可以看出，黑龙江省农民家庭经营收入的主要来源为第一产业收入，其第一产业收入占比高达95%，明显高于其他地区和全国平均水平。其他地区虽然均将第一产业作为农民家庭经营收入的主要来源，但是其依赖程度要远远低于黑龙江省，也就是说，黑龙江省第一产业收入对于农民家庭经营收入的重要性更为明显。然而，同其他地区相比，黑龙江省的第二、第三产业收入份额却很低，尤其是第三产业，份额要比其他地区少8%～

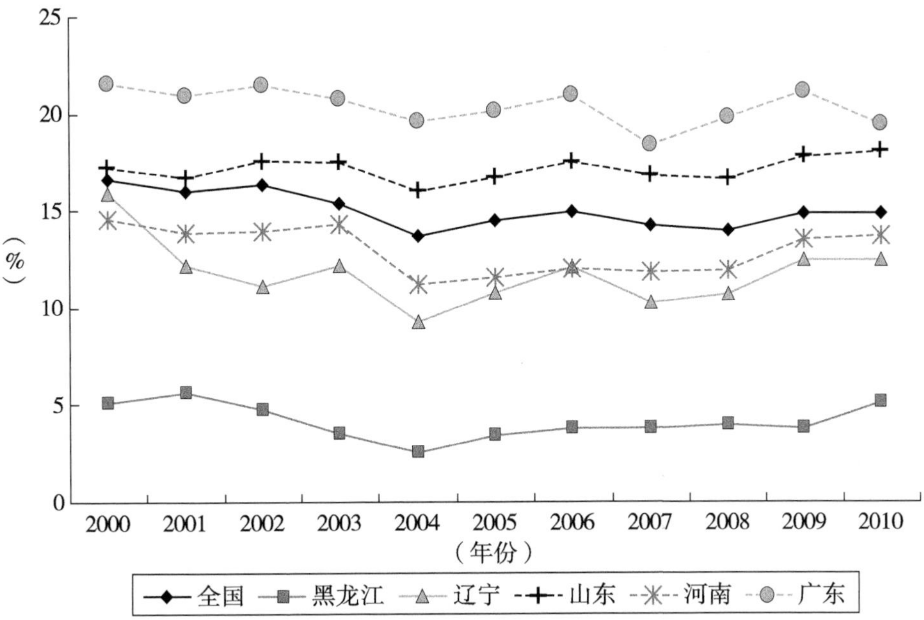

图 4－12　各地区农民第三产业收入份额比较

16%。这说明，在农民家庭经营收入结构方面，黑龙江省仍有需要优化的空间，至少需要同其他粮食主产区拉平。黑龙江省农民家庭经营结构的不合理在于其对第一产业收入依赖过大，第三产业收入并没成长为可靠的收入来源。与此同时，其他地区的第三产业收入份额却达到 10% 以上，已经形成了一定的固定收入来源。因此，未来黑龙江省要继续深化农民收入结构调整，尽快实现第三产业的收入来源稳定化，寻找出农民家庭经营收入来源的第二增长来源。

3. 三级收入结构比较分析

2000—2010 年，从农民农业收入份额的平均值来看，黑龙江省农民农业收入份额位居五省之首。同粮食主销区省份相比，黑龙江省农民农业收入份额处于极高水平。黑龙江省 11 年间农民农业收入份额的平均值为 90.16%，同期广东省农民农业收入份额为 67.46%，低于黑龙江省 22.7%，而且 11 年间所有年份广东省农民农业收入份额均在 65% 上下波动，均远低于黑龙江省。同粮食主产区省份相比，黑龙江省农民农业收入份额仍然占有一定优势。辽宁省、河南省和山东省农民农业收入份额的平均值分别为 75.51%、78.97% 和 81.30%，分别低于黑龙江省 14.65%、11.19% 和 8.86%，并且 11 年间黑龙江省农民农业收入份额均高于辽宁省、河南省和山东省的收入份额（见表 4－13）。

表 4-13　　黑龙江省同其他地区农民农业收入份额比较

年份	全国（%）	黑龙江（%）	辽宁（%）	山东（%）	河南（%）	广东（%）
2000	76.46	91.37	78.34	82.66	81.06	68.25
2001	76.66	88.96	81.65	83.57	81.41	66.54
2002	76.36	87.55	79.42	79.46	80.64	68.43
2003	74.08	86.86	76.96	80.38	74.03	64.08
2004	75.57	90.10	75.48	81.46	77.76	67.06
2005	74.69	89.86	72.35	79.69	78.27	66.28
2006	76.22	92.18	75.99	80.45	79.28	68.40
2007	74.71	89.48	71.37	80.13	78.70	67.89
2008	73.33	88.58	71.80	79.40	77.23	65.93
2009	75.34	91.40	72.44	82.56	79.20	68.98
2010	77.25	95.47	74.85	84.49	81.04	70.23
平均	75.52	90.16	75.51	81.30	78.97	67.46

数据来源：根据历年《中国统计年鉴》整理所得。

从整体来看，黑龙江省农民农业收入份额一直稳定在90%左右，同期其余4省广东省、辽宁省、河南省和山东省农民农业收入份额也同样比较稳定，其份额分别稳定在65%、75%、78%和80%左右。黑龙江省农民农业收入份额的平均值远远高于粮食主销区，同时也高于粮食主产区的辽宁省、河南省和山东省。同全国平均水平相比，粮食主销区的广东省与粮食主产区的辽宁省低于全国农民农业收入份额平均值，其中广东省最低，仅为67.46%，低于全国平均水平8.06%，其次是辽宁省，为75.51%，仅低于全国平均水平0.01%。而粮食主产区的黑龙江省、山东省和河南省11年间农业收入份额的平均值均高于全国平均水平，其中，黑龙江省农民农业收入份额的平均值最高，高于全国平均水平14.64%，而且黑龙江省农民农业收入份额在11年间均高于全国农民农业收入份额。

4.1.3 黑龙江省农民收入增长动力单一

1. 黑龙江省农民工资性收入贡献率远低于其他地区

2001—2011年，从农民工资性收入贡献率的平均值来看，黑龙江省为7个省市之末。同粮食主销区省份相比，黑龙江省11年间农民工资性收入贡献率的平均值仅为22.12%，同期广东省农民工资性收入贡献率平均值为96.88%，北京市农民工资性收入贡献率平均值为 62. 90% ，分别高于黑龙江省 74. 76% 和 40. 78% 。除了 2002 年和 2006 年，黑龙江省农民工资性收入的贡献率略高于北京市农民工资性收入的贡献率 3. 25% 外，其他所有年份黑龙江省农民工资性收入的贡献率均远低于广东省和北京市农民工资性收入的贡献率。同粮食主产区省份相比，黑龙江省农民工资性收入贡献率的平均值最低，同期辽宁省、山东省、四川省和河南省农民工资性收入贡献率的平均值分别为 37. 20% 、49. 51% 、54. 31% 和 68. 18% ，其分别高于黑龙江省 15. 08% 、27. 39% 、32. 19% 和 46. 06% 。其中，河南省的农民工资性收入贡献率最大，但河南省 2003 年的农民工资性收入贡献率高达 343. 63% ，而其他年份均在 30% ~ 55% 小幅度波动，可见河南省 2003 年的贡献率属于偶发现象，如果我们除去 2003 年的贡献率来看其余 10 年河南省农民工资性收入贡献率的平均值，是 40. 63% ，高于黑龙江省农民工资性收入贡献率平均值 18. 51% ，但却低于全国平均水平 9. 51% 。11 年间黑龙江省农民工资性收入贡献率最小的是 2001 年的 - 3. 48% ，远远低于同期其他六省市的贡献率；11 年间黑龙江省农民工资性收入贡献率最大的是 2006 年的 57. 57% ，其略高于同期山东省和河南省农民工资性收入的贡献率，其他所有年份黑龙江省农民工资性收入的贡献率均低于粮食主产区的农民工资性收入贡献率（见表 4 - 14）。

表 4 - 14　　黑龙江省同其他地区农民工资性收入贡献率比较

年份	全国（%）	黑龙江（%）	辽宁（%）	山东（%）	河南（%）	四川（%）	广东（%）	北京（%）
2001	61. 59	- 3. 48	15. 62	79. 22	38. 94	65. 48	143. 09	117. 30
2002	62. 55	34. 59	51. 91	44. 82	41. 94	49. 39	131. 51	31. 34
2003	53. 34	16. 97	22. 58	31. 96	343. 63	44. 52	176. 42	24. 91
2004	25. 49	3. 81	5. 25	23. 23	37. 29	30. 45	66. 63	38. 40
2005	55. 26	23. 69	35. 59	61. 27	31. 51	37. 03	119. 89	70. 20
2006	60. 31	57. 57	71. 79	53. 44	43. 33	132. 57	88. 31	56. 30
2007	40. 01	20. 52	32. 24	45. 27	41. 52	40. 27	54. 37	47. 96
2008	41. 52	19. 76	39. 32	47. 66	38. 61	31. 63	62. 19	64. 11
2009	52. 88	29. 27	53. 55	48. 83	34. 59	58. 97	79. 90	93. 07
2010	48. 29	22. 11	43. 18	52. 95	44. 92	68. 31	72. 18	56. 66
2011	50. 31	18. 47	38. 12	56. 01	53. 69	38. 81	71. 23	91. 60
平均	50. 14	22. 12	37. 20	49. 51	68. 18	54. 31	96. 88	62. 90

数据来源：根据历年《中国统计年鉴》整理所得。

从整体来看，黑龙江省农民工资性收入贡献率的平均值不仅远低于粮食主销区，而且与粮食主产区的辽宁省、山东省、四川省和河南省也存在一定差距，尤其是与河南省相比，低46.06%。同全国平均水平相比，粮食主销区的广东省和北京市与粮食主产区的河南省和四川省在11年间的农民工资性收入贡献率的平均值均高于全国平均水平，其中，广东省的农民工资性收入贡献率最大，高于全国平均水平46.74%。而粮食主产区的黑龙江省、辽宁省、山东省，11年间的农民工资性收入贡献率的平均值均低于全国平均水平，其中，黑龙江省农民工资性收入贡献率的平均值最低，仅为22.12%，还未达到全国平均水平的一半，而且11年间的全国农民工资性收入贡献率也均高于同期黑龙江省的贡献率。

2. 黑龙江省农民家庭经营收入贡献率明显高于其他地区

2001—2011年，从农民家庭经营收入贡献率的平均值来看，黑龙江省居7个省市之首。同粮食主销区省份相比，黑龙江省11年间农民家庭经营收入贡献率的平均值为56.32%，同时期广东省农民家庭经营收入贡献率的平均值为-9.65%，北京市农民家庭经营收入贡献率的平均值为2.81%，分别低于黑龙江省65.97%和53.51%，11年间所有年份黑龙江省农民家庭经营收入的贡献率均远高于同期广东省和北京市农民家庭经营收入贡献率。同粮食主产区省份相比，黑龙江省农民家庭经营收入贡献率的平均值最高，同期辽宁省、山东省、河南省和四川省农民家庭经营收入贡献率的平均值分别为49.18%、40.49%、20.00%和32.63%，其分别低于黑龙江省7.14%、15.83%、36.32%和23.69%。11年间黑龙江省农民家庭经营收入贡献率最高的是2003年的85.92%，其比2001年辽宁省的最高农民家庭经营收入贡献率低11.85%，却远高于其他粮食主产区省份。2002年四川省农民家庭经营收入贡献率略高于黑龙江省；2005年黑龙江省农民家庭经营收入贡献率在这11年中最低，分别低于河南省、辽宁省、四川省和山东省46.06%、28.94%、26.92%和10.17%；2006年、2008年和2009年，河南省农民家庭经营收入贡献率也略高于黑龙江省，其他年份黑龙江省农民家庭经营收入的贡献率与粮食主产区其他省份的农民家庭经营收入贡献率相比也是有高有低。虽然河南省2005年、2006年、2008年和2009年的农民家庭经营收入贡献率均高于黑龙江省，但由于河南省2003年的农民家庭经营收入贡献率是-305.77%，所以总结11年的平均农民家庭经营收入贡献率，可知河南省农民家庭经营收入贡献率还未达到黑龙江省农民家庭经营收入贡献率的一半。然而，虽然河南省2003年的农民家庭经营收入贡献率仅为-305.77%，但其他年份的贡献率均在50%上下波动，可见河南省2003年的贡献率属于偶发现象，如果我们除去2003年的贡献率来看，其余10年河南省农民家庭经营收入贡献率的平均值是52.58%，仅低于黑龙江省的贡献率3.74%，高于全国平均水平16.29%（见表4-15）。

表4-15　　黑龙江省同其他地区农民家庭经营收入贡献率比较

年份	全国（%）	黑龙江（%）	辽宁（%）	山东（%）	河南（%）	四川（%）	广东（%）	北京（%）
2001	28.58	78.20	97.77	19.55	62.80	33.58	-40.59	-31.74
2002	24.63	46.76	40.03	31.71	43.78	53.45	-60.86	18.04
2003	37.38	85.92	44.51	61.98	-305.77	41.41	-76.12	39.14
2004	65.09	76.41	75.49	76.49	72.10	68.23	14.36	26.38
2005	30.99	15.96	44.90	26.13	62.02	42.88	-22.70	15.09
2006	26.05	47.60	11.82	34.66	49.75	-47.65	-9.86	19.24
2007	47.47	56.46	55.84	47.13	49.00	50.91	26.64	29.77
2008	39.00	43.52	42.22	39.99	49.94	34.48	21.00	-20.05
2009	23.23	46.41	22.54	34.83	54.07	3.29	3.14	-51.51
2010	39.96	61.25	49.35	37.59	48.94	30.47	18.95	17.37
2011	36.79	61.05	56.49	35.38	33.35	47.85	19.87	-30.78
平均	36.29	56.32	49.18	40.49	20.00	32.63	-9.65	2.81

数据来源：根据历年《中国统计年鉴》整理所得。

从整体来看，黑龙江省农民家庭经营收入贡献率的平均值远远高于粮食主销区，同时也高于粮食主产区的辽宁省、山东省、河南省和四川省。粮食主销区的广东省和北京市与粮食主产区的河南省和四川省远低于全国农民家庭经营收入贡献率的平均值，其中广东省最低，仅为-9.65%，低于全国平均水平45.94%。而粮食主产区的黑龙江省、辽宁省、山东省11年中的农民家庭经营收入贡献率的平均值均高于全国的平均水平，其中，黑龙江省农民家庭经营收入贡献率的平均值最高，高于全国平均水平20.03%，而且除了2005年外，其余10年黑龙江省农民家庭经营收入贡献率也均高于同期全国农民家庭经营收入贡献率。

3. 黑龙江省农民财产性收入贡献率处于较高水平

2001—2011年，从农民财产性收入贡献率的平均值来看，黑龙江省在7个省市中位居第3，仅次于北京市和广东省。同粮食主销区省份相比，黑龙江省11年中农民财产性收入贡献率的平均值为11.35%，同期广东省农民财产性收入贡献率为11.62%，北京市农民财产性收入贡献率为13.10%，分别高于黑龙江省 0.27% 和 1.75%。同粮食主产区省份相比，黑龙江省农民财产性收入贡献率的平均值最高，同时期山东省、辽宁省、河南省和四川省农民财产性收入贡献率的平均值分别为3.16%、3.47%、3.79%和3.86%，其分别低于黑龙江省8.19%、7.88%、7.56%和7.49%。11 年中黑龙江省农民财产性收入贡献率最高的是2005 年的43.31%，远远高于同期其他粮食主产区的农民财产性收入贡献率，同时，黑龙江省农民财产性收入贡献率也出现了 4 次负值，分别是 2002 年、2004 年、2006 年和 2009 年。在这 4 年中，2006 年的农民财产性收入贡献率最低，仅为 -25.64%，其远低于其余 6 个省市。2002 年的农民财产性收入贡献率也比较低，仅为 -1.04%，除了高于同期四川省外，均远低于其余 5 个省市（见表 4-16）。

表 4-16　　黑龙江省同其他地区农民财产性收入贡献率比较

年份	全国（%）	黑龙江（%）	辽宁（%）	山东（%）	河南（%）	四川（%）	广东（%）	北京（%）
2001	1.77	27.48	-11.15	-16.86	-4.83	14.87	33.75	2.14
2002	3.39	-1.04	4.06	13.71	7.52	-8.37	19.07	46.65
2003	10.30	41.95	12.47	5.14	30.74	7.36	31.33	-17.43
2004	3.44	-0.42	9.05	0.28	-3.26	-1.23	20.08	19.68
2005	3.74	43.31	3.43	8.96	2.45	6.56	-24.52	14.47
2006	3.61	-25.64	7.15	5.67	1.12	5.61	13.77	9.76
2007	5.01	7.92	5.51	2.71	2.14	1.52	16.85	10.69
2008	3.21	7.19	2.73	2.99	0.00	1.79	3.47	27.78
2009	4.87	-0.74	1.10	6.74	0.85	6.87	3.59	12.50
2010	4.57	10.27	3.02	4.84	0.42	7.87	4.42	4.47
2011	2.50	14.57	0.75	0.61	4.54	-0.35	6.03	13.37
平均	4.22	11.35	3.47	3.16	3.79	3.86	11.62	13.10

数据来源：根据历年《中国统计年鉴》整理所得。

从整体来看，黑龙江省农民财产性收入贡献率的平均值略低于粮食主销区的广东省和北京市，但却远远高于粮食主产区的山东省、辽宁省、河南省和四川省。同全国平均水平相比，粮食主产区的山东省、辽宁省、河南省和四川省均略低于全国农民财产性收入贡献率，其中山东省最低，仅为 3.16%，低于全国平均水平 1.06%。而粮食主产区的黑龙江省 11 年中的农民财产性收入贡献率的平均值最高，高于全国平均水平 7.13%，而且除了农民财产性收入贡献率出现负值的 4 年外，其余 7 年黑龙江省农民财产性收入贡献率均远高于同期全国农民财产性收入贡献率。

4. 农民转移支付收入贡献率处于中游水平

2001—2011 年，从农民转移支付收入贡献率的平均值来看，黑龙江省在 7 个省市中位居第 2，仅次于北京市。同粮食主销区省市相比，黑龙江省 11 年中农民转移支付收入贡献率的平均值为 10.21%，同期广东省农民转移支付收入贡献率的平均值仅为 1.15%，低于黑龙江省 9.06%。北京市农民转移支付收入贡献率的平均值高达 21.19%，高于黑龙江省 10.98%。除了 2003 年广东省农民转移支付收入贡献率为 -31.63%，高于同期黑龙江省 13.21% 外，2005 年广东省农民转移支付收入贡献率为 27.33%，高于黑龙江省贡献率 10.3%，其他所有年份广东省农民转移支付收入贡献率均远低于同期黑龙江省。同粮食主产区省份相比，黑龙江省农民转移支付收入贡献率的平均值最高，同期山东省、河南省、四川省和辽宁省农民转移支付收入贡献率的平均值分别为 6.83%、8.03%、9.20% 和 10.16%，其分别低于黑龙江省 3.38%、2.18%、1.01% 和 0.05%。11 年中黑龙江省农民转移支付收入贡献率最高的是2008 年的 30.17%，除了略低于同期四川省 1.87% 外，均高于同期其他五省市的贡献率；黑龙江省农民转移支付收入贡献率最低的是 2003 年的 -44.84%，远低于同期其他六省市的贡献率（见表 4-17）。

表 4-17　　黑龙江省同其他地区农民转移支付收入贡献率比较

年份	全国（%）	黑龙江（%）	辽宁（%）	山东（%）	河南（%）	四川（%）	广东（%）	北京（%）
2001	8.05	-2.04	-2.23	18.10	3.09	-13.91	-36.25	12.31
2002	9.43	19.70	3.99	9.77	6.76	5.39	10.29	3.97
2003	-0.95	-44.84	20.45	0.97	31.39	6.87	-31.63	53.37
2004	5.95	20.17	10.23	0	-6.13	2.48	-1.06	15.54
2005	10.02	17.03	16.07	3.64	4.02	13.57	27.33	0.23
2006	10.06	20.54	9.25	6.24	5.80	9.42	7.78	14.70
2007	7.50	14.31	6.41	4.91	7.34	7.37	2.14	11.58
2008	16.27	30.17	15.73	9.36	11.45	32.04	13.35	28.16
2009	19.03	25.00	22.80	9.57	10.49	30.92	13.38	45.95
2010	7.18	6.38	4.45	4.61	5.72	-6.67	4.45	21.50
2011	10.43	5.91	4.57	8.00	8.42	13.69	2.88	25.80
平均	9.36	10.21	10.16	6.83	8.03	9.20	1.15	21.19

数据来源：根据历年《中国统计年鉴》整理所得。

从整体来看，黑龙江省农民转移支付收入贡献率的平均值低于粮食主销区的北京市，却远高于粮食主销区的广东省。与粮食主产区相比，黑龙江省农民转移支付收入贡献率的平均值最高，其次是辽宁省、四川省、河南省和山东省，其中，与山东省贡献率的差距最大，达到 3.38%。全国平均水平的农民转移支付贡献率为 9.36%，分别低于粮食主产区的黑龙江省、辽宁省和粮食主销区的北京市 0.85%、0.8% 和 11.83%，分别高于粮食主产区的四川省、河南省、山东省和粮食主销区的广东省 0.16%、1.33%、2.53% 和 8.21%。

通过比较分析可以看出，在农民工资性收入贡献率方面，黑龙江省的贡献率不仅远低于粮食主销区，而且与粮食主产区也存在很大差距，还未达到全国平均水平的一半，这种持续过低的工资性收入贡献率将会拉大黑龙江省与其他省市农民收入增长的差距。在农民家庭经营收入贡献率方面，黑龙江省的贡献率除了 2005 年是 15.96% 以外，其余年份的贡献率均在 40%~90% 波动，11 年的平均贡献率远远高于同期其他六省市的贡献率，位居第一，这足以说明家庭经营收入仍然是黑龙江省农民收入增长的主要的、稳定的动力。在农民财产性收入贡献率方面，黑龙江省的贡献率仅略低于粮食主销区，但远远高于其他 4 个粮食主产区。与其他六省市相比，11 年中黑龙江省的农民财产性收入贡献率波动较频繁，4 年的贡献率是负值，这说明虽然黑龙江省农民财产性收入贡献率远高于全国平均水平，但财产性收入仍然不能成为黑龙江省农民收入增长的稳定发展动力。在农民转移支付收入贡献率方面，黑龙江省的贡献率位居第 2，仅次于北京市，略高于辽宁省，11 年中两次出现负值，波动幅度较大，其余年份的贡献率均为正值，这说明转移支付收入有潜力成为黑龙江省农民收入增长的稳定动力。

综上所述，相比其他六省市，黑龙江省在农民工资性收入贡献率方面处于劣势，在农民家庭经营收入贡献率方面处于绝对优势。在农民财产性收入贡献率和农民转移支付收入贡献率方面具有一定的优势。

4.1.4 黑龙江省城乡收入差距较小

本部分对城乡收入差距从绝对收入差距和城乡收入比两部分进行分析，绝对收入差是针对城乡收入的名义差值进行的比较，而城乡收入比是针对城乡收入的相对比例进行的分析。从总体情况来看，黑龙江是七省市中城乡收入绝对差最低的省份，2011 年黑龙江省城乡收入绝对差仅相当于全国平均城乡收入绝对差的 54.6%（见表 4-18）。其具体分析情况如下。

表 4－18　　黑龙江省同其他地区城乡收入绝对差比较　　单位：元

年份	全国	黑龙江	辽宁	山东	河南	四川	广东	北京
1985	341.50	344.00	218.60	339.44	271.81	379.99	458.81	546.30
1986	475.80	354.00	348.70	404.23	390.57	511.54	555.66	637.30
1987	539.60	414.00	393.10	469.42	436.48	578.06	658.65	662.40
1988	636.50	451.00	504.40	579.72	544.78	681.15	774.43	772.80
1989	774.20	603.00	677.10	718.60	654.40	855.25	1131.19	822.00
1990	823.90	451.00	714.80	786.04	740.78	932.35	1260.12	490.00
1991	992.00	654.00	808.90	923.52	845.52	1101.00	1609.12	618.00
1992	1242.60	681.00	940.90	1171.58	1019.55	1354.20	2169.05	792.10
1993	1655.80	932.00	1138.50	1562.34	1266.90	1709.31	2957.60	1413.40
1994	2275.20	1203.00	1623.50	2124.63	1708.74	2350.91	4185.56	2330.50
1995	2705.30	1609.00	1934.90	2548.99	2067.49	2844.62	4739.44	2644.70
1996	2912.80	1586.00	2057.20	2803.93	2176.25	2952.67	4974.35	3323.60
1997	3070.20	1783.00	2216.60	2898.67	2359.73	3042.57	5094.02	4151.40
1998	3263.10	2016.00	2037.40	2927.25	2355.37	3337.91	5312.54	4519.70
1999	3643.70	2429.00	2397.60	3259.40	2584.00	3634.42	5496.99	4956.20
2000	4026.60	2765.00	3002.20	3830.77	2780.44	3990.67	6107.09	5745.10
2001	4493.20	3146.00	3239.10	4296.57	3169.56	4373.48	6645.40	6552.30
2002	5227.20	3696.00	3773.30	4660.53	4029.66	4503.10	7225.29	7065.40
2003	5850.00	4170.00	4306.40	5249.42	4690.44	4811.65	8325.82	8281.00
2004	6485.20	4466.00	4700.50	5930.37	5151.75	5129.55	9261.78	9467.50
2005	7238.10	5052.00	5417.40	6814.24	5797.39	5583.18	10079.45	10306.70
2006	8172.50	5630.00	6279.20	7823.91	6549.23	6347.73	10935.80	11702.50
2007	9645.40	6113.00	7527.00	9279.36	7625.45	7551.59	12075.26	12549.40
2008	11020.20	6725.00	8816.20	10663.98	8776.87	8511.79	13333.09	14063.10
2009	12021.50	7359.00	9803.40	11692.27	9564.61	9377.35	14667.79	15069.40
2010	13190.40	7646.00	10804.60	12955.55	10406.53	10374.11	16007.55	15810.70
2011	14832.50	8105.00	12169.30	14449.71	11590.77	11770.45	17525.75	18167.30

数据来源：根据历年《中国统计年鉴》整理所得。

1. 黑龙江省城乡收入差为各地区最小

通过数据对比可以看出，1985 年黑龙江省城乡收入绝对差为 344 元，要高于辽宁省、山东省、河南省和全国同期水平；截至 2011 年，黑龙江省城乡收入绝对差扩大到了 8105 元，为各地区最低，其比辽宁省、山东省、河南省、四川省、广东省和北京市分别低出 4064. 30 元、6344. 71 元、3485. 77 元、3665. 45 元、9420. 75 元和 10062. 30 元。从各地区城乡收入差距总体变动趋势来看，城乡收入差距始终在不断扩大，相对来讲，粮食主销区的北京市和广东省要比粮食主产区省份收入差距更大，其差距扩大的速度也更快。同全国平均水平相比，粮食主产区省份均低于全国平均水平，粮食主销区省份均高于全国平均水平。

2. 黑龙江省城乡收入比仍为最低

1985—2011 年，黑龙江省城乡收入比平均值为 2. 11%，低于其他 6 个省市，比全国平均水平要低 0. 64%。按照城乡收入比平均值由低到高进行排序分别为黑龙江省、辽宁省、北京市、山东省、河南省、广东省和四川省。同全国平均水平相比，只有四川省高于全国平均水平，其他地区均低于全国平均水平。可以看出，黑龙江省在城乡收入上仍是七省市中最低的，这说明黑龙江省城乡收入差距相对较小，但是其收入差距仍处于扩大趋势中。相对于绝对差来说，黑龙江省的城乡收入比同其他地区的差距有所缩小，黑龙江省的平均城乡收入比仅比辽宁省低 0. 02%、北京市低 0. 03%（见表 4 – 19）。

表 4 – 19　　黑龙江省同其他地区城乡收入比比较

年份	全国（%）	黑龙江（%）	辽宁（%）	山东（%）	河南（%）	四川（%）	广东（%）	北京（%）
1985	1. 86	1. 86	1. 45	1. 83	1. 83	2. 21	1. 93	2. 51
1986	2. 12	1. 74	1. 65	1. 90	2. 17	2. 51	2. 02	2. 48
1987	2. 17	1. 87	1. 66	1. 91	2. 16	2. 56	1. 99	2. 28
1988	2. 17	1. 82	1. 72	1. 99	2. 36	2. 52	1. 96	2. 16
1989	2. 29	2. 13	1. 91	2. 14	2. 43	2. 73	2. 18	2. 06
1990	2. 20	1. 59	1. 85	2. 16	2. 41	2. 67	2. 21	1. 38
1991	2. 40	1. 89	1. 90	2. 21	2. 57	2. 87	2. 41	1. 43
1992	2. 58	1. 72	1. 95	2. 46	2. 73	3. 13	2. 66	1. 50
1993	2. 80	1. 91	1. 98	2. 64	2. 82	3. 45	2. 77	1. 75
1994	2. 86	1. 86	2. 14	2. 61	2. 88	3. 48	2. 92	1. 97

续　表

年份	全国（%）	黑龙江（%）	辽宁（%）	山东（%）	河南（%）	四川（%）	广东（%）	北京（%）
1995	2.71	1.91	2.10	2.49	2.68	3.46	2.76	1.82
1996	2.51	1.73	1.96	2.34	2.38	3.03	2.56	1.93
1997	2.47	1.77	1.96	2.26	2.36	2.81	2.47	2.13
1998	2.51	1.89	1.79	2.19	2.26	2.87	2.51	2.14
1999	2.65	2.12	1.96	2.28	2.33	2.97	2.51	2.17
2000	2.79	2.29	2.27	2.44	2.40	3.10	2.67	2.25
2001	2.90	2.38	2.27	2.53	2.51	3.20	2.76	2.30
2002	3.11	2.54	2.37	2.58	2.82	3.14	2.85	2.31
2003	3.23	2.66	2.47	2.67	3.10	3.16	3.05	2.48
2004	3.21	2.49	2.42	2.69	3.02	2.99	3.12	2.53
2005	3.22	2.57	2.47	2.73	3.02	2.99	3.15	2.40
2006	3.28	2.59	2.54	2.79	3.01	3.11	3.15	2.41
2007	3.33	2.48	2.58	2.86	2.98	3.13	3.15	2.33
2008	3.31	2.38	2.58	2.89	2.97	3.07	3.08	2.32
2009	3.33	2.41	2.65	2.91	2.99	3.10	3.12	2.29
2010	3.23	2.23	2.56	2.85	2.88	3.04	3.03	2.19
2011	3.13	2.07	2.47	2.73	2.76	2.92	2.87	2.23
平均	2.75	2.11	2.13	2.45	2.62	2.97	2.66	2.14

数据来源：根据历年《中国统计年鉴》整理所得。

综上所述，黑龙江省城乡收入绝对差和收入比均低于其他地区。相对来讲，黑龙江省城乡收入差距更为合理，但这仅是针对所选取的七省市来说。黑龙江省城乡收入绝对差距仍在不断扩大，然而其城乡收入比已由2003年最高峰的2.66%下降到2011年的2.07%，总体来讲，其城乡收入差距有好转趋势。

4.2　基于因子分析的黑龙江省农民生产—收入协调性比较分析

4.2.1　模型的选取

对于黑龙江省农民收入及贡献的统一性的分析要涉及多个指标，并且本部分的研究主要是针对黑龙江省粮食生产能力和农民收入的统一性进行分析，所以在分析的过程中必然会涉及指标的归类，而且分析的结果需要较直观的数据体现。那么，在本部分研究中便较适合引入主成分分析和因子分析方法对数据进行分析。主成分分析可以将多个指标用较少指标代替，用最有代表性的指标来代表所选取的所有指标，这是一种缩小研究范围的方法，因为此方法本身就有归类的作用，其应用到本研究中可以大大缩小分析范围和计算的复杂度。因子得分分析方法是与主成分分析相互配合的分析方法，由主成分分析先对全体指标进行筛选、分类并缩减指标的数量，再利用因子分析方法对选取的指标进行因子得分分析，由此得出各指标的因子得分，并进一步计算出总因子得分，以便得到更直观的研究结果，并对不同地区的得分进行排序，为本研究的具体对比分析提供直观比较指标。其具体模型如下：

$$\begin{cases} \boldsymbol{X}_1 = \alpha_{11}\boldsymbol{F}_1 + \alpha_{12}\boldsymbol{F}_2 + \cdots + \alpha_{1p}\boldsymbol{F}_p + \alpha_1\varepsilon_1 \\ \boldsymbol{X}_2 = \alpha_{21}\boldsymbol{F}_1 + \alpha_{22}\boldsymbol{F}_2 + \cdots + \alpha_{2p}\boldsymbol{F}_p + \alpha_2\varepsilon_2 \\ \vdots \\ \boldsymbol{X}_m = \alpha_{m1}\boldsymbol{F}_1 + \alpha_{m2}\boldsymbol{F}_2 + \cdots + \alpha_{mp}\boldsymbol{F}_p + \alpha_m\varepsilon_m \end{cases}$$

用矩阵表示为：

$$\boldsymbol{X} = \boldsymbol{AF} + \varepsilon$$

其中，$\boldsymbol{X} = (\boldsymbol{X}_1, \cdots, \boldsymbol{X}_m)$ 为可实测的 m 个指标所构成的 m 维随机向量，$\boldsymbol{F} = (\boldsymbol{F}_1, \cdots, \boldsymbol{F}_m)$ 是不可测的向量，$\boldsymbol{F}$ 称为 $\boldsymbol{X}$ 的公共因子，α_{ij} 称为因子载荷（第 i 个变量在第 j 个公共因子上的负荷），矩阵 $\boldsymbol{A}$ 为因子载荷矩阵，ε 称为 $\boldsymbol{X}$ 的特殊因子。通常理论上要求 ε 的协方差矩阵是对角阵，ε 中包含随机误差。

4.2.2 指标及数据的选取

1. 指标选取

本部分研究的主要内容是农民收入及贡献的统一性的测度，而对农民收入及贡献的统一性的界定主要是农民收入是否同粮食生产贡献相符。研究方法已确定为主成分分析和因子分析法，对研究对象进行直观的数据对比分析得出农民收入是否合理。因此，选取指标要与农民收入和粮食生产状况相关。为了更加直观、简洁地描述农民收入及贡献的统一性，在指标的选取上力求简洁、全面，本部分研究选取 X_1农民人均收入、X_2农民总收入、X_3耕地面积、X_4粮食播种面积、X_5粮食产量、X_6农业机械总动力、X_7农用化肥施用量、X_8有效灌溉面积 8 个指标来对收入及贡献的统一性进行分析。其具体界定如下。

（1）农民人均收入

X_1：农民人均收入，是指农村居民人均纯收入，即一年中农村居民排除投入成本以外的收入。

（2）农民总收入

X_2：农民总收入，是指各省市所有农民的收入总和。其计算方式为：

$$农民总收入 = 农村居民人均纯收入 \times 农村居民人口总数$$

（3）耕地面积

X_3：耕地面积，是指经过开垦并进行经常种植的土地面积的总和。其包括已经种植作物的土地面积、休闲地、新开荒地和抛荒未满 3 年的土地面积（《中国统计年鉴》，指标界定）。

（4）粮食播种面积

X_4：粮食播种面积，是指粮食作物播种的总面积，无论是种植在耕地上还是种植在非耕地上，都计入粮食播种面积，并且在播种结束之后，因灾害原因进行复播的面积也计算到粮食播种面积中。

（5）粮食产量

X_5：粮食产量，是指全社会的产量，既包括国有经济经营的、集体统一经营的和农民家庭经营的粮食产量，也包括工矿企业办的农场和其他生产单位的产量。粮食除包括稻谷、小麦、玉米、高粱、谷子及其他杂粮外，还包括薯类和豆类（《中国统计年鉴》，指标界定）。

（6）农业机械总动力

X_6：农业机械总动力，是指主要用于农、林、牧、渔业的各种动力机械的动力总和，包括耕作机械、排灌机械、收获机械、农用运输机械、植物保护机械、牧业机械、林业机械、渔业机械和其他农业机械。

（7）农用化肥施用量

X_7：农用化肥施用量，是指本年内实际用于农业生产的化肥数量，包括氮肥、磷肥、钾肥和复合肥。化肥施用量要求按折纯量计算。折纯量是指把氮肥、磷肥、钾肥分别按含氮、含五氧化二磷、含氧化钾的百分比成分进行折算后的数量。复合肥按其所含主要成分折算。公式为：

$$折纯量 = 实物量 \times 某种化肥有效成分含量的百分比$$

（8）有效灌溉面积

X_8：有效灌溉面积，是指具有一定的水源，地块比较平整，灌溉工程或设备已经配套，在一般年景下，当年能够进行正常灌溉的耕地面积。在一般情况下，有效灌溉面积应等于灌溉工程或设备已经配备，能够进行正常灌溉的水田和水浇地面积之和，这是反映我国农田水利建设的重要指标。

2. 数据的选取

由于本部分的分析主要是横向对比分析，用到的数据均为横向截面数据。另外，为了更好地对比分析黑龙江省农民收入的统一性与否，需要对全国31个省市及自治区的数据进行汇总，进而建立较为全面的对比集合。同时，考虑到一年期数据的偶发性，本部分通过对2010—2012年《中国统计年鉴》相关数据进行查找和整理，得出了2009—2011年3年的平均数据，以进行分析。本部分数据选取2009—2011年全国31省市及自治区的农民人均收入 X_1、农民总收入 X_2、耕地面积 X_3、粮食播种面积 X_4、粮食产量 X_5、农业机械总动力 X_6、农用化肥施用量 X_7、有效灌溉面积 X_8 8个指标数据的平均值。具体数据如表4－20所示。

表4－20　　　　三年平均数据（2009—2011年）

地区	农民人均收入（元）	农民总收入（万元）	耕地面积（千公顷）	粮食播种面积（千公顷）	粮食产量（万吨）	农用化肥施用量（万吨）	农业机械总动力（万千瓦）	有效灌溉面积（千公顷）
北京	13222.19	2541.68	231.70	219.73	120.77	13.77	270.90	213.13
天津	10361.21	1348.36	441.10	309.73	159.27	25.30	588.90	343.33
河北	6075.78	4354.61	6317.30	6261.60	3019.57	321.80	10120.53	4565.87
山西	4860.58	1719.92	4055.80	3224.60	1073.37	109.77	2797.17	1285.03
内蒙古	5703.00	1409.69	7147.20	5494.73	2175.80	175.17	3032.63	3016.57
辽宁	7054.14	3081.65	4085.30	3157.73	1797.30	139.43	2263.83	1545.17
吉林	6337.78	1740.26	5534.60	4488.33	2824.50	184.07	2167.03	1739.70
黑龙江	6336.06	2427.65	11830.10	11449.53	4978.80	214.07	3745.13	3871.27
上海	14171.57	3248.56	244.00	186.27	120.70	12.13	103.00	200.97
江苏	9308.93	7320.26	4763.80	5291.20	3257.67	340.77	3951.33	3817.10
浙江	11460.19	6192.29	1920.90	1273.33	780.50	92.63	2424.23	1451.40
安徽	5340.56	3209.78	5730.20	6614.50	3095.30	320.77	5391.93	3517.20
福建	7628.55	2819.11	1330.10	1230.03	667.20	120.87	1210.67	965.03
江西	5918.39	2641.68	2827.10	3631.27	2003.37	138.07	3787.97	1853.50
山东	7150.38	6845.35	7515.30	7086.90	4359.43	473.93	11602.67	4946.37
河南	5644.89	5318.42	7926.40	9761.23	5456.20	652.53	10176.50	5088.13
湖北	5921.81	3397.57	4664.10	4067.67	2337.80	348.67	3333.13	2395.20

续 表

地区	农民人均收入（元）	农民总收入（万元）	耕地面积（千公顷）	粮食播种面积（千公顷）	粮食产量（万吨）	农用化肥施用量（万吨）	农业机械总动力（万千瓦）	有效灌溉面积（千公顷）
湖南	5699.37	3723.34	3789.40	4829.27	2896.53	236.90	4646.50	2740.70
广东	8056.29	8359.97	2830.70	2533.60	1330.67	237.27	2316.77	1872.27
广西	4585.05	2152.45	4217.50	3067.13	1435.13	236.40	2783.90	1524.77
海南	5488.58	477.89	727.50	432.73	185.33	46.80	421.87	244.83
重庆	5411.80	1564.77	2235.90	2244.27	1140.07	92.87	1059.60	683.40
四川	5225.85	4226.04	5947.40	6420.63	3236.37	249.07	3177.97	2559.20
贵州	3540.91	1236.31	4485.30	3026.60	1052.50	89.03	1729.37	1116.30
云南	4014.46	1848.54	6072.10	4267.13	1593.83	185.50	2399.63	1594.90
西藏	4191.58	126.02	361.60	169.93	91.80	4.73	388.13	239.13
陕西	4190.14	1565.44	4050.30	3142.87	1163.67	195.13	2005.30	1284.17
甘肃	3438.05	880.17	4658.80	2791.17	959.70	85.13	1978.93	1278.13
青海	3939.11	221.87	542.70	276.53	102.70	8.37	413.57	251.70
宁夏	4711.07	298.21	1107.10	841.13	352.07	37.20	733.47	465.27
新疆	4655.99	1018.32	4124.60	2020.27	1182.47	168.77	1647.90	3760.63

4.2.3 模型结果分析

利用统计产品与服务解决方案（Statistical Product and Service Solutions，SPSS）软件对上述选取的数据进行主成分和因子得分分析，可以得到以下检验和分析结果。

通过对检验结果的观察，可以看出 KMO 值为 0.807，在 0.5～1.0 范围，这说明该数据符合因子分析的条件。而且，Bartlett 检验相应的显著性概率（sig.）为 0，小于 0.05，这说明数据通过了 Bartlett 检验（见表 4－21）。同时，也可以看到原始变量数据提取量均大于 0.8，这说明重新选取的替代因子对原始数据的替代性十分理想，原始数据的大部分特征均已被保留（见表 4－22）。

表 4－21　　KMO 检验和球形 Bartlett's 检验

抽样充足性测试（KMO）		0.807
巴特利球形检验（Bartlett's）	卡方	315.154
	自由度	28
	显著性	0.000

表 4 – 22　　因子分析的共同度

	初始	提取
耕地面积	1.000	0.860
粮食播种面积	1.000	0.914
粮食产量	1.000	0.940
农用化肥施用量	1.000	0.870
农业机械总动力	1.000	0.809
有效灌溉面积	1.000	0.907
农民人均收入	1.000	0.843
农民总收入	1.000	0.866

通过分析可以看出，现有的 8 个指标的原始数据，可以用两个新的指标来代替，这里称两个新的指标为公共因子。在旋转之前，第一公共因子对原始数据的贡献率为 69.094%，第二公共因子对原始数据的贡献率为 18.519%，两者累计贡献率为 87.613%。经过旋转之后，第一公共因子对原始数据的贡献率为 68.813%，第二公共因子对原始数据的贡献率为 18.801%，累计贡献率为 87.614%（见表 4 – 23）。这说明，两个公共因子可以代表 87.613% 的原始特征，并且指标数由 8 个下调到 2 个，大大简化了数据的分析难度。选择 2 个公共因子而非 3 个，是由于前两个公共因子已经代表了大部分原始数据的特征，其累计贡献率大于 85%，已经是较高水平，加之第三个因子和其他因子的贡献率均小于 6%，且累计贡献率不高，因此，便选取 2 个公共因子来代替 8 个指标。

表 4 – 23　　因子分析的解释总变量

因子	初始特征值			载入平方和提取			载入平方和旋转		
	总计	方差（%）	累计（%）	总计	方差（%）	累计（%）	总计	方差（%）	累计（%）
1	5.528	69.094	69.094	5.528	69.094	69.094	5.505	68.813	68.813
2	1.482	18.519	87.614	1.482	18.519	87.614	1.504	18.801	87.614
3	0.471	5.884	93.498						
4	0.230	2.873	96.370						
5	0.122	1.525	97.896						

续　表

因子	初始特征值			载入平方和提取			载入平方和旋转		
	总计	方差（%）	累计（%）	总计	方差（%）	累计（%）	总计	方差（%）	累计（%）
6	0.101	1.263	99.159						
7	0.056	0.702	99.861						
8	0.011	0.139	100.000						

在未旋转之前，第一公共因子对耕地面积、粮食播种面积、粮食产量、农用化肥施用量、农业机械总动力和有效灌溉面积的贡献率均大于85%，说明第一公共因子对以上指标的替代率较高。同时，第二公共因子对农民人均收入和农民总收入的替代率均高于70%，说明第二公共因子对这两项指标的替代率较高，如表4－24所示。

表4－24　因子载荷矩阵

	因子	
	第一公共因子	第二公共因子
耕地面积	0.876	－0.304
粮食播种面积	0.940	－0.175
粮食产量	0.969	－0.038
农用化肥施用量	0.928	0.092
农业机械总动力	0.894	0.100
有效灌溉面积	0.952	0.026
农民人均收入	－0.173	0.902
农民总收入	0.584	0.724

为了更方便地观测各公共因子的替代效果并使公共因子替代效果集中，采取方差最大正交旋转法来对因子矩阵进行旋转。经过旋转后，第一公共因子对耕地面积、粮食播种面积、粮食产量、农用化肥施用量、农业机械总动力和有效灌溉面积的贡献率分别为89.6%、95%、96.9%、91.9%、88.4%和94.7%；第二公共因子对农民人均收入和农民总收入的替代率分别为88.6%和76.6%，如表4－25所示。由于第一公因子对粮食产量有关指标替

代效果较好，其中包括了产量、土地、科技等；第二公共因子替代效果较好的指标是农民人均收入和农民总收入，其特点在于指标均与经济效益有关，所以将第一公共因子命名为粮食综合生产能力因子，第二公共因子命名为经济效益因子。

表 4 – 25　　　　旋转后的因子载荷矩阵

	因子	
	1	2
耕地面积	0.896	–0.238
粮食播种面积	0.950	–0.104
粮食产量	0.969	0.034
农用化肥施用量	0.919	0.161
农业机械总动力	0.884	0.167
有效灌溉面积	0.947	0.097
农民人均收入	–0.240	0.886
农民总收入	0.529	0.766

通过 SPSS 软件的计算，可以得到两个公共因子的具体得分情况。第一公共因子得分表示的是粮食综合生产能力，第二公共因子得分代表的是经济效益。本部分的分析目的是衡量黑龙江省农民收入是否合理，此处所界定的合理是指粮食生产贡献要得到合理经济效益的补偿，由此可以简单地界定为第一公共因子得分同第二公共因子得分之间的距离是否合理。第一公共因子得分和第二公共因子得分分别用 F_1 和 F_2 来表示，具体界定如下：

当 $F_2 - F_1 > 0$ 时，说明粮食生产贡献得分大于经济效益得分，即该地区农民未得到合理经济效益，收入处于负向不协调状态。

当 $F_2 - F_1 = 0$ 时，说明粮食生产贡献得分同经济效益得分相等，即该地区农民得到了极为合理的经济效益。

当 $F_2 - F_1 < 0$ 时，说明粮食生产贡献得分小于经济效益得分，即该地区农民未得到合理的经济效益，收入处于正向不协调状态。

此处的界定是一种理想化的界定，两因子的差距等于 0 的绝对状态概率较低，在实际情况中，其他两种情况较多。所以，此方法仅较宽泛地划分了农民收入及贡献的协调性，即协调、负向不协调和正向不协调。要想进一步划分农民收入及贡献的协调性程度，还需进行大量的数据分析和比较，按照 $F_2 - F_1$ 的差距所处范围进行详细划分。按照上面对农民收入协调与否的界定，31 个省市及自治区中严格来说并没有农民收入和贡献绝对协调的省份。通过观测协调性得分可以看出，大部分省份的得分集中在 -1 到 1 之间，-1 以下和 1 以上的省份较少（见表 4-26）。为了更加细致地分析，可以对原有的农民收入界定标准结合数据分析结果进行细致划分和调整。结合 31 个省、市及自治区的农民收入同粮食生产能力因子得分差距，可以将其分为以下 5 类。

表 4-26　　因子得分

地区	F_1	排名	F_2	排名	$F_2 - F_1$	排名
北京	-1.38	30	1.66	5	3.04	2
天津	-1.27	29	0.74	7	2.01	4
河北	1.38	4	0.32	10	-1.07	26
山西	-0.25	19	-0.65	21	-0.40	16
内蒙古	0.47	9	-0.77	22	-1.25	29
辽宁	-0.15	17	0.15	11	0.30	9
吉林	0.19	11	-0.45	17	-0.65	20
黑龙江	1.68	3	-0.92	26	-2.60	31
上海	-1.40	31	2.03	2	3.43	1
江苏	0.85	6	1.70	4	0.84	7
浙江	-0.61	22	2.07	1	2.68	3
安徽	0.98	5	-0.24	16	-1.22	28
福建	-0.75	24	0.45	8	1.20	6
江西	-0.04	15	-0.09	14	-0.04	14
山东	2.01	2	1.13	6	-0.88	23
河南	2.47	1	0.36	9	-2.11	30
湖北	0.44	10	0.05	13	-0.39	15
湖南	0.50	8	0.09	12	-0.42	17
广东	-0.03	14	1.77	3	1.81	5
广西	-0.02	13	-0.55	19	-0.54	18
海南	-1.12	26	-0.57	20	0.55	8
重庆	-0.62	23	-0.47	18	0.15	13
四川	0.73	7	-0.16	15	-0.88	24
贵州	-0.32	21	-1.13	30	-0.81	22

续 表

地区	F_1	排名	F_2	排名	F_2-F_1	排名
云南	0.13	12	-0.97	28	-1.10	27
西藏	-1.20	28	-0.93	27	0.27	10
陕西	-0.18	18	-0.82	24	-0.64	19
甘肃	-0.31	20	-1.23	31	-0.92	25
青海	-1.16	27	-0.98	29	0.18	11
宁夏	-1.00	25	-0.82	25	0.18	12
新疆	-0.04	16	-0.77	23	-0.74	21

1. 差距极小省份

即当 $0<F_2-F_1<0.25$ 或 $-0.25<F_2-F_1<0$ 时，说明该省农民收入极为接近协调性。通过分析对比可以看出，江西省、重庆市、青海省及宁夏回族自治区属于农民收入协调型省市，其农民收入及贡献的协调性得分分别为 -0.04、0.15、0.18 和 0.18，这说明 4 个省市的农民收入和粮食生产能力之间的差距极小，其粮食生产同农民收入较为一致。

2. 差距较小省份

即当 $0.25<F_2-F_1<0.50$ 或 $-0.50<F_2-F_1<-0.25$ 时，说明该省农民收入及贡献的协调性偏差较小。通过分析可以看出，辽宁省、西藏自治区、湖北省、山西省和湖南省 5 个省及自治区为差距较小省份，其农民收入及贡献的协调性要低于差距极小省份。这 5 个省及自治区的农民收入及贡献的协调性得分分别为 0.30、0.27、-0.39、-0.40 和 -0.42。

3. 差距中等省份

当 $0.50<F_2-F_1<0.75$ 或 $-0.75<F_2-F_1<-0.50$ 时，说明该省农民收入不协调性较为明显。通过分析可以看出，新疆维吾尔自治区、吉林省、陕西省、广西壮族自治区和海南省 5 个省及自治区的农民收入较不协调，其农民收入及贡献的协调性得分分别为 -0.74、-0.65、-0.64、-0.54 和 0.55。除海南省以外，其他 4 省份农民经济效益得分要低于粮食产能得分，即该 4 省的粮食生产贡献并没有被经济效益完全补偿，可以归类为负向收入不协调。相反，海南省则是经济效益高于粮食生产贡献，是正向收入不协调。

4. 差距较大省份

当 $0.75<F_2-F_1<1$ 或 $-1<F_2-F_1<-0.75$ 时，说明该省农民收入不

协调性更为明显。通过分析可以看出，甘肃省、江苏省、贵州省、山东省和四川省5省的农民收入及贡献的协调性继续下滑，其农民收入及贡献的协调性得分分别为 -0.92、0.84、 -0.81、 -0.88 和 -0.88。江苏省属于正向收入不协调，其他省份属于负向收入不协调。

5. 差距极大省份

当 $F_2 - F_1 \geq 1$ 或 $F_2 - F_1 \leq -1$ 时，说明该省农民收入和贡献不协调。通过分析可以看出，上海市、北京市、浙江省、天津市、广东省、福建省、河北省、云南省、安徽省、内蒙古自治区、河南省和黑龙江省的农民收入及贡献极不协调，其农民收入及贡献的协调性得分分别为3.43、3.04、2.68、2.01、1.81、1.20、 -1.07、 -1.10、 -1.22、 -1.25、 -2.11 和 -2.60。上海市、北京市、浙江省、天津市、广东省、福建省为正向不协调，其他省份为负向不协调。

4.2.4 模型结果讨论

1. 经济效益和粮食生产因子得分参差不齐

通过对因子得分表的分析和对比可以看出，31个省、市、自治区的粮食综合生产能力及经济效益得分参差不齐。粮食综合生产能力得分（F_1）前10的省份均为粮食主产区省份，前3名分别为河南省、山东省和黑龙江省。经济效益得分（F_2）前10的省份多为粮食主销区省份，且在地理位置上东部地区省份居多，前3名分别为浙江省、上海市和广东省。通过简单的比较可以看出，粮食主产区农民获得的经济效益要低于粮食主销区农民的经济效益，并且同为粮食主产区，其经济效益也有所差距。例如，同为粮食主产区，江苏省和山东省的经济效益得分分别为1.7和1.13，在31省市中分别位列第4位和第6位，黑龙江省经济效益得分仅为 -0.92，位列31省市中的第26位。这说明，不但粮食主产区和主销区之间农民经济效益存在差异，在主产区之间这种差异依旧存在。

2. 收入及生产的协调性差异较大

通过模型结果分析可以看出，江西省农民收入及贡献的协调性是31省市当中最好的，其协调性得分为 -0.04，基本接近于0。这说明江西省的粮食综合生产能力同其获得的经济效益较好地结合在了一起，使得江西省农民收入基本处于最理想协调状态。相比之下，上海市、北京市、浙江省、天津市、广东省、福建省、河北省、云南省、安徽省、内蒙古自治区、河南省和黑龙江省的农民收入极为不协调，其农民收入及贡献的协调性得分分别为3.43、3.04、2.68、2.01、1.81、1.20、 -1.07、 -1.10、 -1.22、 -1.25、 -2.11

和 -2.60。上海市、北京市、浙江省、天津市、广东省和福建省为正向极不协调，说明这些省份的粮食生产能力要远低于获得的经济效益。河北省、云南省、安徽省、内蒙古自治区、河南省和黑龙江省为绝对负向不协调，说明这些省份的粮食生产能力得分要远高于其获得的经济效益得分，其粮食综合生产能力同其获得的经济效益存在较大差距。可以看出，农民收入极为不协调的省份大体可以分为粮食主销区和超级产粮大省两类，河南省和黑龙江省在2011年分别位居粮食产量的全国第一位和第二位，两省生产的粮食占到全国产量的20%；上海市、北京市、天津市、广东省和福建省则为典型的粮食主销区。

综上所述，黑龙江省为典型的农民收入及生产不协调省份。其不协调的主要原因在于农民收入水平和农民总收入偏低，当然，这种偏低是相对而言的。农民收入与生产的协调与否，是通过粮食综合生产能力同农民经济效益之间的比较来诠释和反映的，这种协调性并不是说同期横向对比农民收入较高就说明该省的农民收入及贡献处于协调状态，而是要综合比较其生产和收入是否协调，以此为标准来衡量。黑龙江省的农民收入及生产的协调性得分仅为 -2.60，是负向收入不协调省份中最为严重的。未来解决该问题的出发点和落脚点仍是农民增收，而不是缩减粮食产能，在相对的时间段里，产能也不可能永久持续增长，其终归会有一个度的限制，但是解决农民收入和生产不协调问题的关键仍是千方百计促使农民增收。所以，本书后面研究的重点便落到如何促进农民增收上来，为保持农民收入的协调性和促进收入快速增长寻找系统性路径。

4.3 全面小康背景下的黑龙江省农民收入比较分析

中国共产党第十八次全国代表大会（以下简称中共十八大）明确提出，2020年要实现全面建成小康社会的宏伟目标，实现国内生产总值和城乡居民收入比2010年翻一番的目标。黑龙江省作为产粮大省，农民收入处于全国中等偏上水平。本部分就针对黑龙江省农民收入与小康标准的差距进行测度，明确黑龙江省农民收入达到小康水平的具体时间表。

4.3.1 全面建设小康社会的农民收入标准

1. 中共十八大标准

中共十八大明确提出，到2020年要实现全面建设小康社会的宏伟目标，当中规定2020年实现全面小康时，农民收入应该比2010年翻一番。这需要强调的是，是在2010年的物价水平下翻一番，翻一番的对象应该是2010年全国农民收入水平，2010年中国农民收入为5919元，翻一番就是11838元（2010年物价水平下）。

2. 国家统计局农村社会经济调查司标准

在《2010农村小康蓝皮书》当中，提出全面实现小康的农民收入标准为6000元（2000年物价水平下），总体小康的农民收入标准为2200元（2000年物价水平下）。

4.3.2　小康实现程度测度模型选取

本部分的模型选取国家统计局农村经济调查司在《中国农村全面建设小康检测报告》当中的测度方法，具体计算方式如下：

$$f(X_1)=\begin{cases}100 & X_i\in[X_{max},+\infty]\\ \dfrac{X_i-X_{min}}{X_{max}-X_{min}} & (X_{min},X_{max})\\ -100 & X_i\in(-\infty,X_{min}]\end{cases}$$

4.3.3　黑龙江省农民收入与小康社会标准的差距

1. 按照6000元标准，黑龙江省与小康仅一步之遥

按照模型的需求对黑龙江省相关数据进行选取，最终得到黑龙江省农民收入、全国农民收入相关变量数据。具体情况如表4－27所示。

表4－27　黑龙江省农民收入情况　　单位：元

年份	全国农民收入	黑龙江省农民收入	全国农民收入（2000年物价水平下）	黑龙江省农民收入（2000年物价水平下）
2001	2366.40	2280.30	2347.71	2271.12
2002	2475.60	2405.20	2466.18	2407.63
2003	2622.20	2508.90	2571.43	2481.31
2004	2936.40	3005.20	2747.41	2825.29

续 表

年份	全国农民收入	黑龙江省农民收入	全国农民收入（2000年物价水平下）	黑龙江省农民收入（2000年物价水平下）
2005	3254.90	3221.30	2979.70	2960.92
2006	3587.00	3552.40	3235.62	3189.21
2007	4140.40	4132.30	3543.43	3519.27
2008	4760.60	4855.60	3826.03	3857.45
2009	5153.20	5206.80	4154.31	4087.22
2010	5919.00	6210.70	4606.11	4647.85
2011	6977.00	7590.70	5131.83	5369.21

数据来源：根据历年《中国统计年鉴》整理所得。
注：实际收入是去除CPI影响后所获得的数值。

按照上述数据，以国家统计局农村社会经济调查司标准提出的6000元标准对黑龙江省农民收入小康水平进行测度，得到以下结果，如表4－28所示。

表4－28　黑龙江省农民收入小康水平（1）　单位：元

年份	黑龙江省农民收入（2000年物价水平下）	具体实现情况（%）	每年完成进度（%）
2001	2271.12	1.87	1.64
2002	2407.63	5.46	3.59
2003	2481.31	7.40	1.94
2004	2825.29	16.45	9.05
2005	2960.92	20.02	3.57
2006	3189.21	26.03	6.01
2007	3519.27	34.72	8.69
2008	3857.45	43.62	8.90
2009	4087.22	49.66	6.05
2010	4647.85	64.42	14.75
2011	5369.21	83.40	18.98

数据来源：根据历年《中国统计年鉴》整理所得。
注：实际收入是去除CPI影响后所获得的数值。

通过对以往数据进行分析可以看出，按照6000元的标准，黑龙江省已经在2011年完成了小康目标下农民收入标准的83.4%，按照2011年的增速，黑龙江省将会在2012年超额完成小康目标。2011年黑龙江省与小康农民收入标准仅相差630.79元。

2. 按照十八大标准，黑龙江省农民收入水平可以提前达到全面小康标准

由于十八大的标准是以2010年的收入为标准，根据翻一番的标准，2020年要求建成的全面小康农民收入标准为11838元，下限就是2010年的全国农民收入5919元。按照同样的计算方法，可以计算出如下结果，如表4－29所示。

表4－29　　黑龙江省农民收入小康水平（2）　　单位：元

年份	黑龙江省农民收入（2010年物价水平下）	具体实现情况（%）	每年完成进度（%）
2010	6210.70	4.93	4.93
2011	7174.62	21.21	16.28
平均	—	—	10.61

数据来源：根据历年《中国统计年鉴》整理所得。

注：实际收入是去除CPI影响后所获得的数值。

由上述计算结果可以看出，黑龙江省如果实现十八大比2010年翻一番的目标，若按照黑龙江省2010—2011年的平均实现速度即每年实现10.61%，黑龙江省需要7.43年才能达到十八大提出的全面小康的农民收入标准。也就是说，黑龙江省可以在2019年以前达到全面小康标准。若以2010年的实现速度来看，黑龙江省则需要4.84年才能达到十八大提出的全面小康的农民收入标准，黑龙江省将在2016年完成全面小康的农民收入标准，提前4年实现目标。2011年黑龙江省农民收入同十八大提出的小康目标还差4663.38元（2010年物价水平下）。

综上所述，黑龙江省均可以在2020年以前实现小康目标。未来黑龙江省仍旧需要对黑龙江省农民收入增长问题加以关注，今后的10年是黑龙江省能否实现小康目标的关键。家庭经营收入是黑龙江省农民增收的主要动力，转移支付收入的边际效应正在递减。所以，开辟新的增收动力是黑龙江省未来亟须解决的问题。相对来讲，黑龙江省的农民工资性收入增长引擎尚未开启，未来10年应该以此为契机，谋求黑龙江省农民收入结构的合理化。

4.4 本章小结

本章对黑龙江省农民的收入水平、收入结构及增长贡献率、城乡收入差距以及生产—收入合理性做了比较分析，得出以下结论。

（1）黑龙江省农民收入在全国和粮食主产区当中处于中等偏上水平，同发达地区的农民收入水平仍存在较大差距。

（2）黑龙江省的农民收入结构较不合理，主要表现为家庭经营收入占比过高，工资性收入占比同粮食主产区和全国平均水平相差20%以上，同粮食主销区相差近40%。另外，在黑龙江省农民家庭收入结构中，第三产业收入占比远低于其他地区。

（3）在收入增长贡献率方面，黑龙江省表现为增长动力单一。家庭经营收入增长仍是黑龙江省农民收入增长的主要动力，相比之下，黑龙江省工资收入增长贡献率仍旧较低。

（4）在城乡收入差距方面，黑龙江省无论是在城乡收入差距比方面，还是在城乡收入差距绝对量方面，都明显低于其他地区。但是，这与黑龙江省城镇居民收入较低有直接关联。

（5）在生产—收入协调性方面，黑龙江省处于负向不协调状态。黑龙江省的协调性得分为-2.60，是31个省、市、自治区中最低的。虽然这与黑龙江省粮食主产区的自身性质有关，但是，相对于其他粮食主产区省份，黑龙江省的负向协调性最大。这说明，黑龙江省的粮食生产和农民收入偏差度最大，这一问题亟须解决。相对于粮食主销区的正向不协调，黑龙江省政府应该有所作为，为黑龙江省农民谋求合理的待遇。

5 黑龙江省农民收入影响因素分析

黑龙江省农民收入受到多方面因素的影响，通过对相关文献的阅读和整理，可以大致梳理出农民收入影响因素的具体类别。黑龙江省农民收入影响因素主要包括自然因素、人力因素、政策因素、市场因素、科技因素、规模因素、基础设施因素和城镇化及乡镇企业因素等。本部分在以往研究的基础上，用农户自身因素来代替人力因素，另外加入了相关主体行为因素，共计选取9大类因素进行分析。其中，前8类因素在实证分析部分讨论其对黑龙江省农民收入的影响，而相关行为因素则利用博弈模型进行单独讨论，寻找优化相关主体行为的有效路径。按照上述分析构想，得到的影响因素分析框架如图5－1所示。

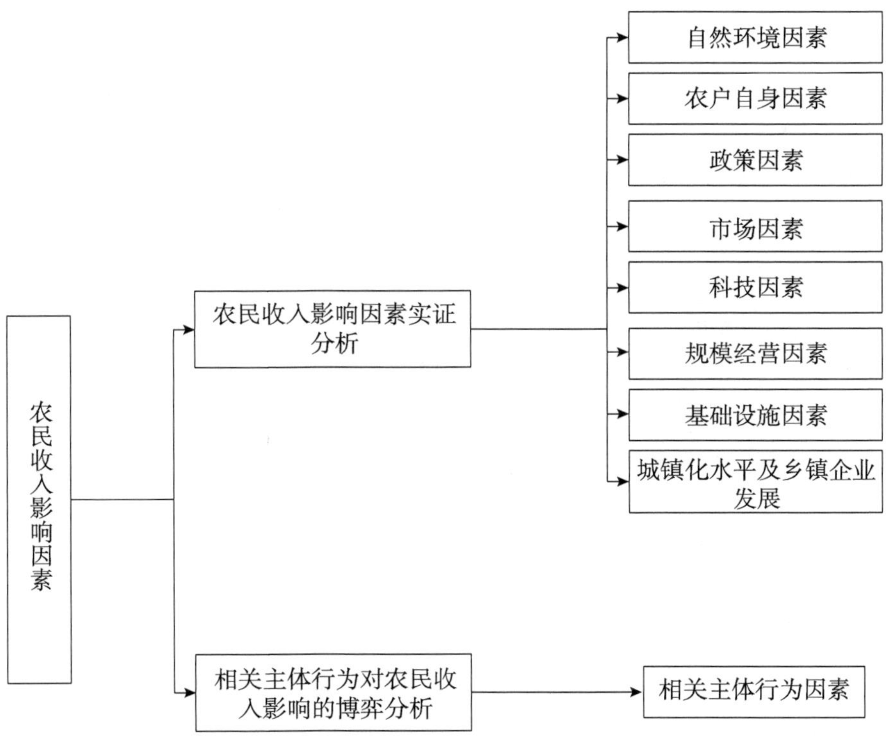

图5－1　影响因素分析框架

5.1 自然环境因素

5.1.1 气候特征

自古就有“靠天吃饭”的俗语，其十分贴切地描述了农民从事农业生产经营的特点。黑龙江省农民生产特征在很大程度上受到了气温的影响，往往是由于气温而限制了种植品种，使得该地区无法按照品种效益去选择高回报率的作物品种，进而影响到黑龙江省农民收入水平。黑龙江省位于中国东北边陲，属于高纬度温带和寒温带地区，作物为一年一季。黑龙江省气候四季分明，夏季多雨冬季漫长，全省年均气温为 -4℃ ~5℃。从东南到西北，每升高一个纬度，年均气温就会降低 1℃。全省大于 10℃ 的积温在 2000℃ ~3000℃。全省无霜期为 100 ~160 天，大部分地区的霜冻出现在 9 月下旬。由此，不同地区农民的种植品种选取会受到气温因素的影响，致使一些地区无法改种作物生长期较长的高收益作物，从而影响到农民收入水平。黑龙江省共跨越 6 个积温带，气温变化跨度较大。

1. 第一积温带

第一积温带活动积温在 2700℃ 以上。其主要包括哈尔滨市平房区、道里区、香坊区、南岗区、松北区、太平区、阿城区、双城、宾县、大庆市红岗区、大同区、让湖路区南部、肇东、肇源、肇州、齐齐哈尔市富拉尔基区、昂昂溪区、泰来、杜蒙、东宁。

2. 第二积温带

第二积温带活动积温在 2500℃ ~2700℃。其主要包括巴彦、呼兰、五常、木兰、方正、绥化市、庆安东部、兰西、青岗、安达、大庆南部、齐齐哈尔市北部、林甸、富裕、甘南、龙江、牡丹江市、海林、宁安、鸡西市恒山区、城子河区、密山、八五七农场、兴凯湖农场、佳木斯市、汤原、依兰、香兰、桦川、桦南南部、七台河市西部、勃利。

3. 第三积温带

第三积温带活动积温在 2300℃ ~2500℃。其主要包括延寿、尚志、五常北部、通河、木兰北部、方正林业局、庆安北部、绥棱南部、明水、拜泉、依安、讷河、甘南北部、富裕北部、齐齐哈尔市华安区、克山、林口、穆棱、绥芬河南部、鸡西市梨树区、麻山区、滴道区、虎林、七台河市、双鸭山市岭西区、岭东区、宝山区、桦南北部、桦川北部、富锦北部、同江南部、鹤岗南部、宝泉岭农管局、绥滨、建三江农管局、八五三农场。

4. 第四积温带

第四积温带活动积温在2100℃～2300℃。第四积温带的地区主要有延寿西部、苇河林业局、亚布力林业局、牡丹江西部、牡丹江东部、绥芬河南部、虎林北部、鸡西北部、东方红、饶河、饶河农场、胜利农场、红旗岭农场、前进农场、青龙山农场、鹤岗北部、鹤北林业局、伊春市西林区、南岔区、带岭区、大丰区、美溪区、翠峦区、友好区南部、上甘岭区南部、铁力、同江东部、北安、嫩江、海伦、五大连池、绥棱北部、克东、九三农管局、黑河、逊克、嘉荫、呼玛东北部。

5. 第五积温带

第五积温带活动积温在1900℃～2100℃。第五积温带主要包括绥芬河北部、穆棱南部、牡丹江西部、抚远、鹤岗北部、四方山林场、伊春市五营区、上甘岭区北部、新青区、红星区、乌伊岭区、东风区、黑河西部、嫩江东北部、北安北部、孙吴北部。

6. 第六积温带

第六积温带活动积温在1900℃以下。第六积温带主要包括兴凯湖、大兴安岭地区、沾北林场、大岭林场、西林吉林业局、十二站林场、新林林业局、东方红、呼中林业局、阿木尔林业局、漠河、图强林业局、呼玛西部、孙吴南部。

正是由于积温的差异，黑龙江省不同地区的农户选择作物品种才有着较为鲜明的特色，有些地区只能种植90天生长期的作物，比如大豆。自然灾害对农户的生产影响较为明显，黑龙江省近10年来已经先后出现了多次大规模的春旱和秋旱，这直接给黑龙江省农民带来了经济损失。例如，2009年黑龙江省就遭遇了几十年不遇的大旱，多数农户减产近1/3；在调研过后，有农户反映2012年虽然黑龙江省获得了粮食丰收，但是粮食却没有收到“家”中，在萝北部分地区，有近80%农户的玉米和水稻被大雪所覆盖，在秋收时该地区遭遇了一场大雪，水稻和玉米多数被埋，农民也只能“望雪兴叹”。可见，自然灾害虽然是偶发的，但是其对农民收入的负面影响却极为显著。

在调研当中发现，农户的种植品种生长期同当地的气温有直接关系。据626户农户统计数据显示，作物生长期在115天以下的有117户，占样本总体的18.7%；生长期在115～120天的有170户，占样本总体的27.2%；生长期在120天以上的有339户，占农户样本总体的54.2%。当作物生长期低于115

天时，农户种植的作物多集中在旱田，并且多数会种植大豆；而当作物生长期在115～120天时，农户的种植品种多集中为玉米，少数会有种植水稻的农户；当作物生长期在120天以上时，农户多选择种植水稻。由此可见，黑龙江省农业种植品种的形成受到气候导向的影响，进而对农户收入产生影响。

5.1.2 水资源特征

水资源是农业生产必不可少的自然资源。黑龙江省近些年来加快了“旱改水”的步伐，致使黑龙江省农业生产对水资源的依赖性变得更为严重。水资源的丰富与否也直接对黑龙江省农业生产和收入水平产生了一定的影响。一般情况下，当水资源越丰富，农民可以直接降低干旱对农业生产的负面影响，保障作物生长水资源需求。相对于水资源匮乏的农户来说，水资源丰沛地区的农户更容易获得农业生产的丰收，从而更容易促进收入增长。从调研数据来看，种植水稻的农户多集中在哈尔滨地区、佳木斯地区和牡丹江地区。齐齐哈尔地区种植水稻的农户较少。而种植水稻的农户水资源基本可以得到较好的保障，否则该地区农户无法进行“旱改水”。即使种植旱田，水资源匮乏地区的农作物产量也要比水资源相对丰富地区的农作物产量低，进而在同等收购价格下，收入也较低。所以，一方面，水资源丰富的农户可以通过调整种植结构获得有效收入增长；另一方面，水资源丰富的农户也可以通过产量的稳定性获得相对稳定的农业收入。

相对来讲，黑龙江省水资源尚算丰富，全省境内有黑龙江、松花江、嫩江和绥芬河几大水系。黑龙江省年降水量的70%集中在作物生长期，气温和降雨在作物生长期集中，对作物生长有较好影响。

但是，从水资源利用情况来看，黑龙江省局部地区未来水资源必定吃紧。黑龙江省近些年水稻种植规模不断扩大，由2001年的156.7万公顷上升到2011年的294.6万公顷，10年间增加了137.9万公顷，整整增长了约88%。一方面，这是保障粮食安全的需要；另一方面，是农民谋利行为的选择。但是，这一战略却忽略了水资源承载力的问题。据估计，每进口1吨米，相当于进口1000吨水。那么，按照黑龙江省水稻每公顷产10吨水稻及50%的出米率来算，增加137.9万公顷的水稻种植面积需要消耗68.95亿吨水，相当于消耗松花江年净流量的9.05%。黑龙江省虽然水资源并不短缺，但是该地所暴发的自然灾害多为旱灾，2001—2010年先后经历了8年的干旱灾害，其中2003年、2007年和2009年均遇到了几十年不遇的大旱。一方面，干旱灾情频发；另一方面，黑龙江省水稻种植面积激增，农业用水需求不断攀升。最终，黑龙江省未来必须要面对水资源匮乏的窘境。水资源供给不足将直接影响农产品产出，从而制约农民收入增长。

5.1.3 土地质量特征

低产田占比能较好地反映土地质量情况，在总体规模一定的条件下，土地质量的好坏将对农产品产出起到关键作用。农户拥有的低产田面积占比越高，代表其经营土地的质量越差，土地产出相对越低，进而收入也会越少。据对626户农户进行的统计数据显示，低产田面积占比在5%以下（不包括5%）的有6户，仅占样本总体的1%；5%～10%（不包括10%）的有206户，占样本总体的32.9%；10%～15%（不包括15%）的有226户，占样本总体的36.1%；15%～20%（不包括20%）的样本数为81，占样本总体的12.9%；20%及以上的有107户，占样本总体的17.1%。

综上所述，自然资源因素对农户收入的影响是较为显著的。但是，自然资源的恶化会对未来农民增收起到明显的制约作用。

（1）水资源承载能力不断下降

黑龙江省气温和水资源对农民种植结构调整有明显的导向作用。气候条件在现有条件下的可控性不高，其对农业生产的影响仍需要通过加强农业基础设施建设来解决。这将是一个长时期的任务，是需要大量的政府投入才可以完成的任务。同时，未来黑龙江省将直接面临水资源的约束问题，进而影响农民农业生产的正常运行，致使黑龙江省农民收入增长受到资源和环境的双重压力。水资源的承载能力成为未来黑龙江省农业发展的关键节点之一。

（2）局部地区水土流失现象频发，土地质量下降明显

《黑龙江省土地利用总体规划2006—2020年》中的数据显示，黑龙江省水土流失面积为1155.94万公顷，占全省土地面积的25.5%，其中，中度以上水蚀面积占45.1%；沙化面积175.3万公顷，其中耕地面积占40.3%；盐渍化面积57.05万公顷，其中耕地面积占30.3%。虽然，黑龙江省的耕地面积为全国第一，高达2.2亿亩，但是由于过度开垦和不科学种植，黑龙江省的黑土资源在不断缩减流失。开垦60～70年的坡耕地黑土层由原来的60～70厘米下降到不到30厘米，而形成1厘米黑土层需要400年的时间。可见，黑龙江省的黑土资源一旦流失，短时间内无法得到恢复，黑土资源不可逆。长此以往，黑龙江省将失去其自身的资源优势，这与建设“大美龙江”和党的

十八大提出的“生态文明建设”背道而驰。从调研情况来看，这种水土流失现象主要出现在山区农村，由于人口压力有些农村将田地开垦到坡度大于15度以上的坡上或河流旁边，更有甚者开垦的土地连耕牛都无法耕作。通过调研发现，农民自身已经发现开垦的田地要比以前的黑土少了许多，田地被雨水冲刷，水土流失现象十分严重。然而，为了维持生计，在调研中几乎没有农户放弃种植这样的田地。这样一来，耕地质量会进一步下降，农民辛苦一年所获得的收成也极为有限，形成了利益下降与资源流失的恶性循环。以萝北县鹤北镇某村为例，30年前，村民为了生活将河边种植的树木砍伐后开垦耕地，当时的小河仅有1米宽，2012年笔者前去调研时，该河最宽处已经达到100米以上，两岸开垦的耕地仍在被河水吞噬，水土流失现象极为严重。

5.2 农户自身因素

5.2.1 户主自身情况

户主因素对农业生产经营决策和把握机会方面具有显著的影响，往往户主的决策就是农户最终的选择。所以，户主自身情况的好坏对黑龙江省农民收入的影响是可见的。笔者认为由于现今农户决策往往要户主夫妻二人共同决定，所以户主因素应该包括配偶因素，因此，应将户主配偶学历纳入该类因素之中。最终，户主因素界定为户主年龄、户主学历和户主配偶学历。

1. 户主年龄

在户主年龄方面，年龄的增长会对农户技术学习和创新精神有负面影响，以至于制约农民家庭收入增长。第一，户主的年龄越大，其越不愿意进行技术学习，往往通过经验解决农业生产问题，这就对科技应用形成了一定的障碍，也对农业生产埋下了一定的技术隐患，从而降低了农户技术增收的可能性。第二，户主年龄越大，其创新精神也将减弱，多数会平稳度日，由此就会降低农户采取新经营策略和调整种植结构的可能性，进而对农户增收产生一定负面影响。626户农户的统计数据整理显示，户主年龄在30岁以下（不包括30岁）的有7户，占样本总体的1.12%；30~40岁（不包括40岁）的有47户，占样本总体的7.51%；40~50岁（不包括50岁）的有432户，占样本总体的69%；50~60岁（不包括60岁）的有95户，占样本总体的15.18%；60岁及以上的有45户，占样本总体的7.19%。可见，目前农村在家从事农业生产活动的户主主要集中于年龄在40~50岁的人群，40岁以下的年轻户主仅占 8.63%。

2. 户主学历

在户主学历方面，户主学历将直接影响到农户生产决策、技术学习和把握市场机会的能力。第一，户主学历越高，代表户主分析问题和解决问题的能力相对较强，从而会最大限度地选择有利于农户自身利益的生产决策，会最大限度地追求利益最大化，保障自身利益不受到损失，从而有利于农户收入的增长。第二，户主的学历越高，其越容易掌握新技术，从而率先采取新兴技术，并提高谋取技术红利的可能性，进而对农民收入起到正向影响。第三，户主学历越高，其对信息的梳理能力和把握市场机会的能力就越高，从而会极大地降低市场风险，保障家庭经营收益，从而促进农户增收。对 626 户农户的统计数据整理显示，户主未上过学的有 29 户，占样本总体的 4.6%；小学文化程度的有 146 户，占样本总体的 23.3%；初中文化程度的有 320 户，占样本总体的 51.1%；高中或中专文化程度的有 131 户，占样本总体的 20.9%。可见，目前农村在家从事农业生产活动的农户文化程度较低，户主小学及以下文化程度的比例仍然较高。

3. 户主配偶学历

在户主配偶学历方面，户主配偶参加家庭的决策，并且在决策中起到较为重要的作用，因此户主配偶学历越高其越容易提出相对正确的决策建议，进而促使决策的正确率有所提高，促进农户增收。对 626 户农户的统计数据整理显示，户主配偶未上过学的有 41 户，占样本总体的 6.5%；小学文化程度的有 182 户，占样本总体的 29.1%；初中文化程度的有 319 户，占样本总体的 51.0%；高中或中专文化程度的有 84 户，占样本总体的 13.4%。可见，目前农村在家从事农业生产活动的农户文化程度主要集中于初中文化水平，户主配偶学历为小学及以下文化程度的仍占有一定比例。

5.2.2 家庭劳动力情况

农户家庭收入的主要贡献者是家庭劳动力，劳动力数量和素质的好坏决定了农户收入的高低。在此，笔者认为，家庭劳动力因素主要包括劳动力数量、劳动力年龄、劳动力文化程度和劳动力就业情况等。

1. 劳动力数量

一般意义上，家庭劳动力人数越多，代表农户的人力资源越丰富，农户可以较快地完成家庭经营生产，从而获得更多的转移就业机会，进而会促进农民收入的增长。虽然，黑龙江省已经实现机械化作业，劳动力数量对农业生产的影响在逐渐减弱，但是，劳动力数量的多寡仍旧对黑龙江省农民的家庭经营收入有一定影响。在调研中发现，家庭劳动力多的农户往往非农收入较高，而劳动力匮乏的农户则基本很少有非农收入。调研发现，黑龙江省家庭劳动力的具体数量主要集中在2人左右，根据626户农户统计数据显示，劳动力数量为1人的有25户，占样本总体的4.0%；劳动力数量为2人的有359户，占样本总体的57.3%；劳动力数量为3人的有192户，占样本总体的30.7%；劳动力数量为4人的有50户，占样本总体的8.0%。

2. 劳动力年龄

一般意义上讲，劳动力的年龄越大，代表劳动力的劳动能力会有所退化，从事生产获得的收益也会降低。通过调研发现，劳动力年龄越大的农户其参加就业的机会就相对越少，50岁以上的劳动力农闲打工的比例不足20%。究其原因，一方面，雇主不愿意雇用年岁大的劳动力；另一方面，年岁大的劳动力本身不愿意参加打工，认为自己更需要享受生活，而非参加打工换取报酬。根据626户农户统计数据显示，劳动力平均年龄在30岁以下（不包括30岁）的有9户，占样本总体的1.4%；30~40岁（不包括40岁）的有281户，占样本总体的44.9%；40~50岁（不包括50岁）的有287户，占样本总体的45.8%；50~60岁（不包括60岁）的有30户，占样本总体的4.8%；60岁及以上的有19户，占样本总体的3%。可见，目前农村在家从事务农活动的劳动力的平均年龄主要集中于30~50岁。

3. 劳动力文化程度

人力资本理论指出蕴含在人身上的各种生产知识及劳动与管理的技能是人力资本的表现，而人力资本是经济增长和社会进步的决定性因素。该理论还认为，人力资本的积累是投资的结果，而不是免费的。人力资本投资的主要部分是教育投资，其经济收益会远远高于物质资本投资的经济收益。

从年鉴数据来看，黑龙江省农民文化素质已经有了极大的提高。1990—2010年黑龙江省农民文化素质有了明显的提高，每100名劳动力文盲占比由1990年的10.87%下降到2010年的1.50%，平均每年下降0.47%；小学文化程度占比由1990年的39.57%下降到2010年的22.60%，平均每年下降0.85%；初中文化程度占比由1990年的40.62%上升到2010年的65.90%，平均每年上升1.26%；高中文化程度占比由1990年的8.34%下降到2010年的7.20%；中专文化程度占比由1990年的0.49%上升到2010年的1.50%；

大专及以上文化程度占比由 1990 年的 0. 11% 上升到 2010 年的 1. 20% （见表 5 - 1）。从纵向数据来看，黑龙江省农民文化素质有了一定的提高，尤其是文盲比例下降了 9. 37% ，小学文化程度占比下降了近 17% ，从而一定程度上缓解了黑龙江省农民文化程度过低问题。但是，这 20 年的变化主要集中于初中及以下文化程度的改善，在 6 种文化程度中，出现了“两降、一升、三稳定”的局面，高中以上的文化程度占比变动不大。这说明黑龙江省农民素质虽然有所改善，但只是由小学同初中并重过渡到以初中文化程度为主阶段，高素质人才在农村劳动力中仍是凤毛麟角。换句话说，近 20 年黑龙江省在低端文化程度上有所改善，但在高端文化程度上基本保持不变（见表 5 - 1）。

表 5 - 1　　黑龙江省百名劳动力文化状况

年份	不识字或识字很少（%）	小学（%）	初中（%）	高中（%）	中专（%）	大专及以上（%）
1990	10. 87	39. 57	40. 62	8. 34	0. 49	0. 11
1991	9. 88	39. 79	41. 27	8. 37	0. 56	0. 13
1992	9. 19	39. 76	41. 91	8. 45	0. 61	0. 08
1993	8. 84	39. 91	43. 37	8. 08	0. 63	0. 17
1994	10. 42	36. 14	42. 54	10. 00	0. 76	0. 14
1995	3. 97	36. 43	50. 57	7. 80	1. 02	0. 21
1996	4. 16	36. 73	50. 23	7. 48	1. 11	0. 29
1997	3. 89	35. 62	51. 14	7. 81	1. 26	0. 27
1998	4. 01	34. 80	51. 69	7. 74	1. 43	0. 33
1999	3. 79	33. 39	53. 47	7. 55	1. 45	0. 34
2000	2. 78	29. 71	56. 74	8. 29	1. 86	0. 62
2001	2. 26	29. 59	57. 73	8. 18	1. 73	0. 51
2002	2. 34	29. 33	57. 51	8. 31	1. 90	0. 61
2003	2. 52	28. 14	59. 73	7. 45	1. 48	0. 67
2004	3. 17	28. 34	58. 26	7. 90	1. 40	0. 93
2005	2. 44	26. 52	61. 14	6. 93	2. 03	0. 93
2006	2. 32	25. 32	62. 13	7. 05	1. 94	1. 24
2007	2. 15	24. 27	64. 04	6. 75	1. 64	1. 16
2008	1. 90	24. 10	63. 80	7. 40	1. 60	1. 20
2009	1. 80	22. 50	66. 20	6. 90	1. 50	1. 10
2010	1. 50	22. 60	65. 90	7. 20	1. 50	1. 20

资料来源：根据历年《中国农村统计年鉴》整理计算所得。

以2010年数据为例，从横向对比来看，同山东省相比，黑龙江省农民文化素质处于较低水平，其与北京市的农民文化素质存在较大差距，同全国平均水平相比，其文化素质水平仍不占优。山东省农民高中文化程度占比要比黑龙江省高8.1%，中专文化程度占比高于黑龙江省3.3%，大专及以上文化程度占比高于黑龙江省1.8%。黑龙江省同北京市相比，差距更为明显，黑龙江省高中文化程度占比要比北京市低11.9%，中专文化程度占比要比北京市低7.1%，大专及以上文化程度占比要比北京市低12.4%。相对于全国来说，黑龙江省农民文化素质水平仍不占优势，全国高中文化程度占比要比黑龙江省高出4.9%，中专文化程度占比要比黑龙江省高出1.4%，大专及以上文化程度占比要比黑龙江省高出1.2%（见表5-2）。因此，从横向数据对比来看，黑龙江省在国内处于较低水平，农民文化素质亟待提高。

表5-2　　每百名劳动力文化状况比较（2010年）

地区	不识字或识字很少（%）	小学（%）	初中（%）	高中（%）	中专（%）	大专及以上（%）
全国	5.7	24.4	52.4	12.1	2.9	2.4
北京	0.7	4.6	53.4	19.1	8.6	13.6
山东	4.3	16.5	56.0	15.3	4.8	3.0
黑龙江	1.5	22.6	65.9	7.2	1.5	1.2

资料来源：根据历年《中国农村统计年鉴》整理计算所得。

从调研数据来看，农户家中劳动力平均学历为小学以下的样本数为30，占样本总体的4.8%；劳动力平均学历为小学至初中的样本数为164，占样本总体的26.2%；劳动力平均学历为初中至高中的样本数为362，占样本总体的57.8%；劳动力平均学历为高中及以上的样本数为70，占样本总体的11.2%。这说明，农村劳动力的整体学历水平以初中为主，整体素质普遍偏低，高素质人才十分罕见。

4. 劳动力就业情况

年均劳动时间选取了劳动力平均年工作时间来表示。一般意义上讲，当家庭劳动力年工作时间越多时代表其就业相对充分，进而在劳动力数量相当的前提下，年工作时间越多的农户相对收入也会越高。通过对626户农户进行统计得出，农户年均工作月数为6个月以下的有32户，占样本总体的5.1%；工作月数为6~9个月的有473户，占样本总体的75.6%；工作月数为9个月以上的有121户，占样本总体的19.3%。

5.2.3 家庭负担情况

家庭负担因素对黑龙江省农户收入有一定的影响。所谓的家庭负担因素，是指黑龙江省农户家里存在的主要负担。笔者认为，家庭负担因素主要包括负担子女数量和非健康人数。

1. 负担子女数量因素

一般意义上来讲，负担子女数量越多可能对农户增收越具有刺激作用，进而促使农户快速增收，解决未来支出压力。通过调研发现，当农户的未婚子女和上学子女越多时，该户的劳动力更愿意进行打工；相反，压力较小的农户反而不愿意参与农业生产以外的劳动，更有甚者将土地进行流转，谋取地租收入和补贴收入。根据626户农户调研统计数据得出，农户家庭无子女负担的有81户，占样本总体的12.9%；负担1个子女的有314户，占样本总体的50.2%；负担2个子女的有203户，占样本总体的32.4%；负担3个子女的有28户，占样本总体的4.5%。可见，样本地区的农户负担子女人数多集中在1人，其次是2人。

2. 非健康人数因素

一般意义上讲，非健康人数越多就代表家庭劳动力的数量越少，从而降低了农户劳动力从事生产劳动和从事非农劳动的概率，因而制约了农户收入的增长。通过调研发现，非健康人数在2人以上的农户，其从事非农就业的概率不到5%。通过对626户农户样本进行统计得出，家中非健康人数为0人的有393户，占样本总数的62.8%；1人的有73户，占样本总体的11.7%；2人的有141户，占样本总体的22.5%；3人及以上的有19户，占样本总数的3%。总体来看，黑龙江省家庭成员完全健康情况超过了60%，随后是非健康人数为2人的家庭，占样本总数的22.5%。

综上所述，通过对农户自身因素进行分析，发现农户收入水平的高低同农户自身因素有着较为直接的关系。农户自身情况越好，农户的收入水平也就越高。当前，黑龙江省农户文化素质较低成为了农户增收的主要障碍，不论是户主素质还是劳动力素质，都有待提高。黑龙江省农村劳动力的整体文化素质集中在初中文化程度及以下。户主素质也多集中在初中阶段，具有高中以上文化水平的户主人数较少。通过国内比较，黑龙江省农民的文化素质水平都处在较低水平。自身文化素质问题，使其对劳动力转移、经营理念革新以及对市场机会的把握造成负面的影响。并且，这种文化素质问题是一项需要长期解决的问题，该问题的解决甚至会花费几代人的努力，并且需要政府、社会和农民的相互合作和不懈的努力，未来黑龙江省农民收入的增长离不开农民文化素质的提高。这是一条需要长期坚持的农民增收策略，不会因为时间和空间的改变而改变。

5.3 政策因素

政策对农民收入的影响是不言而喻的，惠农政策的有效实施会进一步促进农民生产成本和价格的稳定，通过补贴可以直接拉高农民转移支付收入，进而达到粮食增产和农民增收的目的。

5.3.1 最低收购价政策

最低收购价政策的实施，直接保护了黑龙江省农民生产的积极性，确定了农产品价格的底线，对保障农民增收起到了促进作用。2004 年，国家为了保障国家粮食安全和稳定粮农收入，公布了最低收购价，其中早籼稻 0.7 元/斤（1 斤 =0.5 千克），晚籼稻 0.72 元/斤，粳稻 0.78 元/斤；由于 2008 年生产成本快速上涨，国家 2009 年的最低收购价大幅上升，早籼稻 0.9 元/斤，晚籼稻 0.92 元/斤，粳稻 0.95 元/斤；白小麦最低收购价为 0.87 元/斤，红小麦和混合麦最低收购价格为 0.83 元/斤。截至 2013 年，国家最低收购价再次上调，其中早籼稻 1.32 元/斤，晚籼稻 1.35 元/斤，粳稻 1.50 元/斤，分别比 2012 年每斤提高了 0.12 元、0.1 元和 0.1 元。2013 年三等小麦最低收购价为 1.12 元/斤，比 2012 年每斤上涨 0.1 元。最低收购价的不断上涨，使得农民的生产积极性得到了极大的提高。在调研中发现，农民对种粮收入的预期普遍看涨，有 70% 的农民认为未来粮食收入会继续增加。

5.3.2 临时收储政策

黑龙江省的主要作物为小麦、水稻、玉米和大豆，其中小麦和水稻有最低收购价格托市，玉米和大豆按照具体情况制定临时收储政策，以此来防止玉米和大豆价格大幅波动，造成农户卖粮难和利益受损的情况。2008 年玉米临时收储价格为 0.75 元/斤，大豆临时收储价格为 1.85 元/斤；2009 年玉米临时收储价格为 0.74 元/斤，大豆临时收储价格为 1.87 元/斤，收购期限为

2009 年 12 月 1 日至 2010 年 4 月 30 日；2010 年黑龙江省大豆临时收储价格为 1.9 元/斤；2011 年黑龙江省玉米临时收储价格为 0.98 元/斤，收购期限为 2011 年 12 月 14 日至 2012 年 4 月 30 日；2012 年黑龙江省的大豆（国标三级）临时收储价格为 2.3 元/斤，玉米（国标三级）收储价格为 1.05 元/斤，收购期限为 2012 年 11 月至 2013 年 4 月。

5.3.3 补贴政策

从 2004 年开始国家取消了黑龙江省的农业税，并对黑龙江省农民实施补贴。这一政策的实施，使农民由种地缴税向种地拿补贴转变，这一减一增促进了农民增收，极大地调动了农民的积极性。自 2004 年以来，国家对“三农”的总投入在不断增加，由 2004 年的 2337.6 亿元上升到 2010 年的 8579.7 亿元，共上涨了 6242.1 亿元，平均每年上涨 1040.35 亿元。当前，国家对粮食主产区的补贴主要有粮食直接补贴、农资综合补贴、良种补贴和农机购置补贴四项。2008 年中央财政四项补贴达到 1028 亿元，比 2007 年翻了一番；2009 年中央财政四项补贴支出达到 1274.6 亿元，比 2008 年增加了 246.6 亿元；2010 年中央财政四项补贴支出为 1335 亿元，比 2009 年增加 60.4 亿元；2011 年中央财政四项补贴支出为 1406 亿元，比 2010 年增加 71 亿元；2012 年中央财政用于粮食直接补贴和农资综合补贴的支出为 986 亿元；截至 2013 年，中央财政用于四项补贴的支出高达 1700.55 亿元，其中粮食直接补贴和农资综合补贴高达 1222 亿元，比 2012 年增长了 236 亿元。

按照 2012 年补贴标准，黑龙江省粮食直接补贴和农资综合补贴平均为每亩 70.1 元，这与笔者的调研情况是相符的，农户每亩土地获得的粮食直接补贴和农资综合补贴共计 70 元，水稻良种补贴为每亩 15 元，大豆、玉米和小麦为每亩 10 元。总体来看，政府的补贴是发放到位的，农户获得的补贴和政府公布的数字基本相符。

综上所述，农户收入与国家政策是密切相连的，政策对农户收入的影响是明显而直接的。但是，总体来看，当下的补贴金额仍较为有限，黑龙江省粮食生产外部性补偿机制仍旧缺失。黑龙江省粮食生产的外部性较为明显，2004—2011 年中国粮食产量由 46946.9 万吨上升到 57120 万吨，实现了粮食产量“八连增”，在增产当中粮食主产区起到了主要拉动作用。黑龙江省作为全国最大的商品粮基地，其产量拉动作用更为突出。黑龙江省粮食增产贡献率在 2009 年高达 60.61%，黑龙江省粮食产量在 2010 年达到了 5013 万吨，迈上了千亿斤粮食产能的台阶；2011 年其粮食产量更是达到了 5570.5 万吨，使千亿斤粮食产能得以巩固，相当于全国产量的 1/10。因此，黑龙江省的粮食丰收为全国的粮食丰收奠定了坚实基础，并且黑龙江省农民为保障国家粮食安全做出了极大的贡献。全国粮食“八连增”也打上了明显的黑龙江印记。2011 年黑龙江省的粮食产量、商品粮率和粮食调出率均为全国第一。但是，黑龙江省农民家庭经营外部性却没有得到应有的补偿，在 2000—2011 年，黑龙江省农民收入始终在全国平均水平上下波动。2006 年黑龙江省农民人均收入为 3552 元，比全国人均收入 3587 元低 35 元，2007 年农民人均收入为 4132 元，比全国平均水平低 8 元，直至 2011 年，黑龙江省农民收入还不到北京市和上海市农民的 50% 。现今对黑龙江省农民实行的种粮补贴也是以国家和黑龙江省财政资金为主要来源。并且，补贴的金额仍有待提高，现今黑龙江省还缺少一个根据市场变动和外部性大小进行调整的动态外部性补偿机制。其具体表现形式为机会成本扩大，这里所提到的机会成本是由于粮农将土地、劳动力和其他生产资料都投入粮食生产当中，而失去了进行其他生产投入的机会；如果将这些土地、劳动力和其他生产资料投入粮食生产以外的领域，粮农可能获得更高的收益。也就是说，粮食安全的责任已经由粮食主产区的粮农承担下来，但是应该得到的补偿却尚未兑现。由于这一补偿机制的缺失，黑龙江省农民所产生的正外部性，无法得到合理性补偿。自然，黑龙江省的农民收入增长也受到该问题的制约。

5.4 市场因素

5.4.1 农资价格

农资价格对农民收入的影响是显著的，农资价格上涨过快则农户的产出将被农资成本上涨所吞噬，辛苦劳作一年往往入不敷出。近些年，全国农资价格普遍上涨，生产费用不断攀升。黑龙江省也不例外，这种农资价格和生产费用的飙升，势必会带来生产成本的不断上升。黑龙江省粮食生产的利润空间有所压缩，进而导致农民收入增长乏力。农民辛苦一年，收入却被农资价格的上涨所吞噬。即使农民收入仍有所增加，但是收入增长幅度也会有所限制，致使国家的富农政策和目标得不到有力的支撑。由于黑龙江省粮食作物主要为水稻、玉米、大豆和小麦，而小麦的种植面积极为有限，所以这里只选取历年水稻、玉米和大豆的农资价格变动情况进行比较。

1. 从农资价格变动情况来看

水稻种子价格由2004年的3.01元/千克上升到2011年的7.66元/千克，上涨了1.54倍；玉米种子价格由2004年的6.57元/千克上升到2011年的22.08元/千克，上涨了2.36倍；大豆种子价格由2004年的3.73元/千克上升到2011年的5.81元/千克，上涨了55.76%（见表5-3）。从上涨趋势来看，水稻和玉米种子价格2005—2011年均处于上升趋势；大豆种子价格虽有所下降，但最近两年基本处于上升趋势（见表5-3）。并且，根据2012年黑龙江省调查总队发布的农资价格变动数据来看，2012年黑龙江省水稻种子价格比2011年上涨了10.7%，玉米种子价格上涨了32.1%，大豆种子价格上涨了12.3%。

表5-3 黑龙江省主要粮食作物农资价格情况

年份	种子（元/千克）			化肥（元/千克）			租赁作业费（元/亩）			雇工工价（元/日）		
	水稻	玉米	大豆	水稻	玉米	大豆	水稻	玉米	大豆	水稻	玉米	大豆
2004	3.01	6.57	3.73	4.22	4.26	4.16	90.17	37.50	34.14	27.51	21.66	21.63
2005	3.22	5.76	3.67	4.71	4.72	4.80	103.08	41.04	38.60	33.81	21.58	25.23
2006	3.36	7.10	3.49	4.48	4.46	4.84	108.76	45.49	41.31	40.31	27.11	30.58
2007	3.43	8.97	3.90	4.61	4.56	4.82	113.59	47.98	47.09	46.44	30.89	34.50
2008	4.47	9.59	6.24	6.41	6.32	7.20	170.42	65.16	55.51	69.20	37.13	41.61
2009	6.10	10.03	5.34	5.48	5.52	5.61	148.67	66.90	59.18	77.99	45.54	52.01
2010	6.72	17.17	5.34	5.19	5.01	5.39	189.25	79.20	68.93	95.31	62.02	72.70
2011	7.66	22.08	5.81	6.06	5.90	6.20	216.71	92.62	80.04	120.77	84.35	91.31

数据来源：根据历年《农产品成本收益汇编》整理计算所得。

2. 从化肥价格变动情况来看

黑龙江省水稻施用化肥价格由2004年的4.22元/千克上升到2011年的6.06元/千克，上涨了43.6%；玉米施用化肥价格由2004年的4.26元/千克上升到2011年的5.90元/千克，上涨了38.5%；大豆施用化肥价格由2004年的4.16元/千克上升到2011年的6.20元/千克，上涨了49.04%（见表5-3）。从整体上升趋势来看，黑龙江省粮食作物所施用化肥价格2005—2011年有升有降，其趋势并不稳定（见表5-3）。但是，2011年黑龙江省化肥价格比2010年平均上涨了16.52%（见表5-4）；根据黑龙江省调查总队的数据显示，2012年黑龙江省化肥价格比2011年平均上涨了5%。这说明近两年黑龙江省化肥价格一直处于上升趋势，其对黑龙江省农户生产成本的增加具有推动作用。

3. 从租赁作业费来看

黑龙江省水稻租赁作业费由2004年的90.17元/亩上升到了2011年的216.71元/亩，上涨了1.40倍；玉米租赁作业费由2004年的37.50元/亩上升到2011年的92.62元/亩，上涨了1.47倍；大豆租赁作业费由2004年的34.14元/亩上升到2011年的80.04元/亩，上涨了1.34倍（见表5-3）。从整体变动趋势来看，黑龙江省三大粮食作物的租赁作业费基本保持上涨趋势，其中，水稻平均每年上涨14.76%，玉米平均每年上涨14.22%，大豆平均每年上涨13.02%（见表5-4）。

表5-4　　　　黑龙江省主要粮食作物农资价格变动情况

年份	种子（%）			化肥（%）			租赁作业费（%）			雇工工价（%）		
	水稻	玉米	大豆	水稻	玉米	大豆	水稻	玉米	大豆	水稻	玉米	大豆
2005	7.00	-12.30	-1.61	11.61	10.80	15.38	14.32	9.44	13.06	22.90	-0.37	16.64
2006	4.40	23.26	-4.90	-4.88	-5.51	0.83	5.51	10.84	7.02	19.23	25.63	21.20
2007	2.10	26.34	11.75	2.90	2.24	-0.41	4.44	5.47	13.99	15.21	13.94	12.82
2008	30.30	6.91	60.00	39.05	38.60	49.38	50.03	35.81	17.88	49.01	20.20	20.61
2009	36.50	4.59	-14.40	-14.50	-12.70	-22.10	-12.80	2.67	6.61	12.70	22.65	24.99
2010	10.20	71.19	0	-5.29	-9.24	-3.92	27.30	18.39	16.48	22.21	36.19	39.78
2011	14.00	28.60	8.80	16.76	17.76	15.03	14.51	16.94	16.12	26.71	36.00	25.60
平均	14.90	21.22	8.52	6.52	6.00	7.74	14.76	14.22	13.02	24.00	22.03	23.09

数据来源：根据历年《农产品成本收益汇编》整理计算所得。

4. 从雇工工价来看

黑龙江省水稻雇工价格由2004年的27.51元/日上升到2011年的120.77元/日，上涨了3.39倍；玉米雇工价格由2004年的21.66元/日上升到2011年的84.35元/日，上涨了2.89倍；大豆雇工价格由2004年的21.63元/日上升到2011年的91.31元/日，上涨了3.22倍。从整体变动趋势来看，黑龙江省三大粮食作物的雇工价格基本保持上涨态势，其中，水稻平均每年上涨24.00%，玉米平均每年上涨22.03%，大豆平均每年上涨23.09%。

5.4.2　农产品价格

在产量一定的前提下，农产品价格的高低将直接影响农户的收入水平。

近些年以来，农产品的价格也在不断变化。从水稻价格来看，2004 年水稻价格为 0.82 元/斤，截至 2012 年水稻价格上升到 1.50 元/斤，共计增长了 0.68 元/斤。从水稻价格的整体变动趋势来看，除 2007 年以外，基本呈现出一路上涨的态势。从玉米价格来看，2004 年玉米价格为 0.47 元/斤，截至 2012 年玉米价格为 1.05 元/斤，共上涨了 0.58 元/斤。大豆价格由 2004 年的 1.26 元/斤上涨到 2012 年的 2.30 元/斤，共上涨了 1.04 元/斤（见表 5 -5）。整体来看，除个别年份以外，黑龙江省的三大作物价格基本都保持了上涨态势。

表 5 -5　　黑龙江省主要粮食作物价格变动　　单位：元/斤

年份	水稻	玉米	大豆
2004	0.82	0.47	1.26
2005	0.82	0.47	1.21
2006	0.91	0.57	1.17
2007	0.79	0.62	2.02
2008	0.91	0.68	1.78
2009	1.09	0.70	1.81
2010	1.36	0.84	1.85
2011	1.43	0.98	1.99
2012	1.50	1.05	2.30

数据来源：根据历年《农产品成本收益汇编》、玉米网整理计算所得。

5.4.3 种植结构情况

黑龙江省主要种植作物集中为粮食作物，主要为玉米、大豆、水稻和小麦。因此，此处对种植结构的研究主要集中在粮食种植结构上。粮食种植结构的变化会从粮食产量和单位收益方面促进黑龙江省农民增收。一方面，通过种植结构调整，农民可以选择种植单位产量相对较高的作物，在土地规模不变的前提下，谋求更多的产量，从而促进增收；另一方面，农户根据市场导向原则，追求单位利益最大化，通过调整粮食种植结构谋求利益调整，进而促进农民增收。总体来看，虽然粮食种植结构受到气候、水资源和土地资源的限制，但是随着科技的不断发展，自然环境约束已经逐渐减弱。部分地区摆脱了自然资源对粮食种植结构的调整限制。之后，市场导向原则更为明显，农户对利益最大化的追逐导致农户们会选择单位利益较高的作物进行种植，即使存在气候制约导致减产的风险，农户依然会冒险尝试。例如，近些年的大豆转玉米，旱田改水田，均是市场和政策导向的结果，其中市场导向更为显著。按照大豆每公顷2.5吨、玉米每公顷9吨、水稻每公顷12吨的产量来计算，每减少1公顷大豆的播种面积，种植玉米将会增产6.5吨粮食，种植水稻将会增产9.5吨粮食。按照上述玉米、大豆和水稻的单产进行计算，现今玉米价格定为2000元/吨，大豆价格定为4000元/吨，水稻价格定为2800元/吨，2011年玉米种植成本为9480元/公顷，大豆种植成本为7740元/公顷，水稻种植成本为13920元/公顷，则最终玉米纯收益为8250元/公顷，水稻纯收益为19680元/公顷，大豆纯收益为2260元/公顷。由此可以清晰地看出大豆每公顷纯收益要比玉米少5990元，要比水稻少17420元（见表5－6）。也就是说，大豆的收益最少，且收益同其他两种作物差距巨大，农民自然不愿意种大豆。可以进行旱改水的地区，自然争相种植水田。

表5－6　2011年黑龙江省粮食作物生产成本及收益情况

粮食作物品种	生产成本（元/公顷）	销售价格（元/吨）	单产（吨/公顷）	纯收益（元/公顷）
玉米	9480	2000	9	8250
水稻	13920	2800	12	19680
大豆	7740	4000	2.5	2260

数据来源：根据中华粮网、中国玉米网上的数据整理所得。

从粮食种植结构来看，2001—2011年水稻的播种面积占比基本呈现出一路上涨的趋势，尤其是进入2007年以后，水稻播种面积占比更是一路上涨，4年间共上涨了近5%，平均每年上涨1.2%；截至2011年，黑龙江省水稻播种面积达到了294.6万公顷，水稻成为黑龙江省仅次于玉米和大豆的主要粮食作物。小麦的播种面积占比从2001年的5.32%下降到2011年的2.59%，其占比变化呈现出先下降后平稳的趋势，进入2005年后其基本稳定在2.5%左右；截至2011年，黑龙江省小麦播种面积仅为29.8万公顷。玉米的播种面积占比由2001年的26.81%上升到2011年的39.88%，共上涨了13.07%；黑龙江省的玉米播种面积呈现出先下降后上升的整体趋势；截至2011年，玉米的播种面积达到458.7万公顷，成为播种面积最大的粮食作物。大豆的播种面积占比由2001年的41.8%下降到2011年的29.44%，下降了12.36%，其整体呈现出一路下滑的趋势，尤其是进入2009年以后，下滑的趋势更为明显。截至 2011 年，大豆的播种面积已经下降到 338.7 万公顷（见表 5－7）。

表 5－7 黑龙江省主要粮食作物播种面积 单位：万公顷

年份	粮食播种面积	水稻		小麦		玉米		大豆	
		面积	占比（%）	面积	占比（%）	面积	占比（%）	面积	占比（%）
2001	795.70	156.70	19.69	42.30	5.32	213.30	26.81	332.60	41.80
2002	783.30	156.40	19.97	26.10	3.33	228.60	29.18	293.00	37.41
2003	786.30	129.10	16.42	23.00	2.93	205.40	26.12	324.20	41.23
2004	845.80	167.50	19.80	24.70	2.92	214.20	25.33	340.10	40.21
2005	865.10	185.00	21.38	25.90	2.99	273.00	31.56	421.50	48.72
2006	1052.60	199.20	18.92	24.40	2.32	330.50	31.40	424.60	40.34
2007	1082.10	225.30	20.82	23.30	2.15	388.40	35.89	380.90	35.20
2008	1098.80	245.20	22.32	26.60	2.42	364.70	33.19	397.20	36.15
2009	1139.10	246.10	21.60	29.30	2.57	401.00	35.20	425.10	37.32
2010	1145.50	276.90	24.17	28.00	2.44	436.80	38.13	375.00	32.74
2011	1150.30	294.60	25.61	29.80	2.59	458.70	39.88	338.70	29.44
平均	976.80	207.50	20.97	27.58	2.91	319.50	32.06	368.50	38.23

数据来源：根据历年《黑龙江统计年鉴》和《中国统计年鉴》整理计算所得。

通过以上的分析可以看出，黑龙江省小麦、水稻、玉米和大豆的播种面积占比呈现出了“一降、两升、一平稳”的变动态势。“一降”主要是指黑龙江省大豆的播种面积占比呈下降趋势；“两升”是指玉米和水稻的播种面积占比呈上升趋势；“一稳”是指黑龙江省小麦种植面积占比基本稳定。

通过对 626 户调研样本数据的整理得出，黑龙江省农户种植大豆的样本数为 111 户，占样本总体的 17.7%；种植玉米的样本数为 410 户，占样本总体的 65.5%；种植水稻的样本数为 105 户，占样本总体的 16.8%。

5.5 金融支持因素

按照投入—产出理论，投入越多，产出也会有所增加，资金、人力和土地等生产要素的投入会影响产出水平。而资金在农业生产中会起到极为重要的作用，资金充足代表农户的经营范围和经营规模可以获得进一步扩大的可能，从而农户也可以相对获得更多的收入。但是，由于市场导向的原因，往往资金会按照利益最大化的原则选择流向，银行往往会将农村的资金转贷给非农地区，这直接导致了农村资金的不断外流，农村资金供给来源逐渐短缺；一面是农户借贷难，一面是农村资金大量外流，如何保障农户资金需求，将是未来“三农”发展的关键因素之一。据626户农户统计数据显示，未获得贷款的农户家庭有463户，占样本总体的74%；获得贷款的农户家庭有163户，占样本总体的26%。其中，没获得贷款的农户中多数是利用自有资金进行生产经营，少数是依靠亲属或民间借贷筹集生产资金。在调研当中发现，农户贷款的渠道尚算丰富，农户可以通过五户联保的方式从中国农业银行、农村信用社、龙江银行和哈尔滨银行获得小额农业贷款。但是，从整体信贷资金供给的满意度来看，626户样本中超过50%的农户表示对资金供给现状不满意。

综上所述，市场因素对农户收入的影响较为直接。但是，当前黑龙江省的市场因素对黑龙江省农民收入增长起到了负向作用。

5.5.1 粮食价格上涨速度明显低于农资价格上涨速度，农户收益率在不断降低

通过对农资、租赁作业费和雇工价格变动趋势的分析可以看出，黑龙江省的农资价格及相关生产费用在不断上涨，2011年和2012年上涨的幅度更为明显，尤其是在种子价格上，其上涨的幅度更为明显。这一点在调研当中也得到了体现，对调研数据进行整理后可知，2012年黑龙江省各地区的水稻和大豆种子价格要比2011年同期上涨了10%左右，玉米种子价格上涨幅度最大，高达30%以上，其中，德美亚玉米种子在多个地区已经脱销，其价格更是由2011年的60元/千克上涨到了2012年的90元/千克，上涨幅度高达50%。另外，2012年调研地区的农药价格比2011年同期上涨了7.69%，化肥价格比2011年同期上涨了8.57%，柴油价格比2011年同期上涨了8.6%，人工价格比2011年同期上涨了25%，机耕费比2011年同期上涨了14.28%，土地转包费比2011年同期上涨了6.06%。然而，对比2011年和2012年的粮食价格可以看出，水稻和玉米价格上涨幅度均未超过10%，大豆价格虽然大幅上涨，但是其实际利润率却仍旧不高。通过分析可以看出，随着农资价格的上涨，黑龙江省粮食生产成本不断上升，最终导致粮食种植利润空间不断缩减，进而致使黑龙江省农民收入增长受阻。因此，农资价格和相关费用的上

涨会直接制约黑龙江省农民收入的有效增长。尤其是对于黑龙江省这类以粮食生产为主要经营方式的粮食主产省来说，控制农资价格的合理上涨尤为重要，否则农民增收动力将被逐渐削弱，利润空间将进一步缩减。

5.5.2 “重迎茬”问题越发突出

由于市场的调节，粮食种植结构会有所变化。但是，随之而来的是“重迎茬”问题，所谓的“重迎茬”，是指农民在同一块儿土地上连续种植同一种作物或隔一年再继续种植同一种作物。虽然，黑龙江省近些年通过种植结构调整获得了一定的增收和增产效果。但是，潜在的问题也已经开始显现。“重迎茬”的产生会直接影响农作物的单产，进而影响粮食总产，最终对农民收入增长起到一定的制约作用。黑龙江省的旱田基本种植3种作物，即大豆、玉米和小麦，由于近些年大豆的收益不断下降，致使黑龙江省农户大多改种玉米，并且玉米多为重茬种植，加之大豆农户多是因为气候限制才不得不种植大豆，多年来均未换茬，所以，现今黑龙江省“重迎茬”问题已经较为突出，这势必会影响黑龙江省的粮食生产。通过实地调研，也直接证实了“重迎茬”的普遍性。通过调研发现，土地3年以上不换茬的农户家庭样本数为379，占样本总体的60.5%；土地换茬的样本数为247，占样本总体的39.5%。

5.5.3 黑龙江省农户资金仍相对短缺

调研中，农户普遍反映通过五户联保获得的信贷资金有限，只能在现有规模下勉强经营，根本无法利用信贷资金扩大经营规模。在问及哪些因素制约收入增长时，较多农户认为资金是限制其增收的主要障碍。

5.6 科技因素

科技是第一生产力。一方面，运用科技可以极大地提高劳动生产率；另一方面，通过科技创新可以培育出优良的品种，提高农产品的品质和单产。以下就以技术应用和科技品种为出发点，进行相关分析。

5.6.1 技术应用情况

一般意义上，农户技术应用水平越高，那么在生产经营过程中农户获得的技术优势也就越大，就容易在农产品的产量和质量上获得优势，从而促使农户增收。相反，如果农户技术应用水平较低，那么农户实行科技生产的可能性就越低，从而无法实现优化生产，自然农户的收入也就不高。在调研当中，由于资源限制，本文只选取了土地深翻和土地换茬两项关键栽培技术进行调研。在土地换茬方面，据 626 户农户统计数据显示，土地不换茬的农户家庭有 379 户，占样本总体的 60. 5%；土地换茬的农户家庭有 247 户，占样本总体的 39. 5%。在土地深翻方面，据 626 户农户统计数据显示，土地不深翻的农户家庭有 393 户，占样本总体的 62. 8%；土地深翻的农户家庭有 233 户，占样本总体的 37. 2%。总体来看，这两项生产技术的应用尚不完善。从土地检测施肥情况来看，进行土壤检测施肥的农户尚不足总样本数的 5%，科学施肥更是无从谈起。

5. 6. 2 优良品种普及情况

科技富农，种业先行。运用优良品种可以增加单位面积产量，提高农产品的自身品质，从而获得相对较高的产量和价格，最终促进农民增收。相反，如果农民放弃使用优良品种，那么生产的农产品无论是在品质上还是在产量上都处于劣势，农民收入也将受到负面影响。黑龙江省地处高纬度寒温带，对作物品种的要求较为苛刻。加之黑龙江省共跨越 6 个积温带，其对作物品种的多样性需求也较大。在调研当中发现，626 户农户中，所有农户都种植了良种，获得了良种补贴。但是，良种之间还有较大差距。以玉米为例，“德美亚”种植就成为了玉米明星品种。2012 年其一度被炒到了 50 元一斤，且到了“一种难求”的境地。究其原因在于，该种子的产量稳定，作物生长期符合黑龙江气候，收购价格也相对较高。通过调研得出，在种植玉米的 410 户样本中，选用“德美亚”玉米种子的户数为 269 户，占玉米种植户的 65. 61%。

综上所述，科技对黑龙江省农民收入的影响是显著的，注重科技运用的农户获得的收入相对较高。但是，在科技运用和科技需求方面仍存在一定问题，进而制约了农户收入的增长。

1. 技术应用尚有不足

通过调研发现，样本地区的农户多数不进行土地深翻和换茬，对土地进行科技检测施肥的农户不足 5%。这说明，农户在生产过程中对技术应用的重要性尚不了解，其生产过程往往依靠经验指导。由于土地深翻率过低，黑龙江省土地产出率受到一定的影响，进而制约了黑龙江省农民收入增长。土地换茬率较低也会导致黑龙江省土地产出率有所下降，进而制约黑龙江省农民收入增长。在调研中，多数农户们根本不了解自己的田地到底缺哪种微量元素，基本都是按照以往施肥和打药的方法进行生产，从而容易造成重复施肥，加大了生产成本，进而约束了农民收入增长。

2. 农户科技需求并未得到满足

在调研中发现，农户的技术需求往往得不到满足。造成这一问题的原因在于：第一，农户的需求往往无法传达到科研机构，科研机构尚未形成自下而上的科研体系。农户的需求和科研成果直接的对接效果不佳，这是农户科技需求无法得到满足的主要原因之一。第二，科技推广体系不够完善，直接导致科研成果无法传达到田间地头。

5.7 规模经营因素

5.7.1 土地规模情况

土地规模的大小对黑龙江省农民收入水平起到显著的影响，土地是农民生产经营的主要投入要素之一。规模越大，在单产水平和价格不变的前提下，农户所获得的产量和收入就越多。此处对土地规模的指标界定应该包含土地总规模和单块土地规模两项指标。

1. 土地总规模因素

笔者认为播种面积可以有效地反映家庭经营规模，因此此处的土地总规模以户均播种面积来表示。随着户均播种面积的增加，农户获得的土地经营规模也就不断扩大，在其他条件不变的前提下，农户总收入增长的可能性有所增加。据626户农户统计数据显示，农户土地播种面积在1公顷以下（不包括1公顷）的有21户，占样本总体的3.4%；农户土地播种面积为1~5公顷（不包括5公顷）的有416户，占样本总体的66.5%；农户土地播种面积为5~10公顷（不包括10公顷）的有140户，占样本总体的22.4%；农户土地播种面积为10~15公顷（不包括15公顷）的有33户，占样本总体的5.3%；农户土地播种面积为15公顷以上（包括15公顷）的有16户，占样本总体的2.6%。可见，黑龙江省农户家庭经营规模大部分集中于1~5公顷。

2. 单块土地规模因素

在总播种面积一定的前提下，土地块数越多，代表其经营的土地细碎程度越高，代表其越不符合规模化经营的条件，因此，在总播种面积不变的前提下，单块土地规模越小，农户所花费的耕作和机械成本相对越高，自然获得的整体收益也要低于单块土地规模较大的农户。据626户农户统计数据显示，农户家庭单块土地规模在5亩以下（不包括5亩）的有33户，占样本总体的5.3%；5~10亩（不包括10亩）的有133户，占样本总体的21.2%；10~15亩（不包括15亩）的有87户，占样本总体的13.9%；15~20亩（不包括20亩）的有179户，占样本总体的28.6%；20亩以上（包括20亩）的有194户，占样本总体的31.0%。

5.7.2 机械化情况

机械可以替代劳动力，机械化的普及极大地缓解了农业生产中农民的劳累程度，也实现了机械和人力的替代，使家中人口较少的农户也可以耕种大面积土地。下面从机械化程度和农机规模两方面对机械因素进行分析。

1. 机械化程度

一般意义上讲，机械程度越高，农户越容易从繁重的农业生产中摆脱出来，从而更容易有时间从事非农工作。但是，反过来，机械化的普及代表着农业生产用工量的不断缩减，农业务工收入将会缩减。据626户农户统计数据显示，机械化水平为0~35%（不包括35%）的有111户，占样本总体的17.7%；35%~70%（不包括70%）的有172户，占样本总体的27.5%；70%~100%（包括100%）的有343户，占样本总体的54.8%。可见，黑龙江省农民在从事农业生产活动时机械化程度较高。

2. 大农机情况

黑龙江省的耕地面积位居全国第一，2012年黑龙江省总耕地面积已经达到了2.2亿亩，占到全国耕地面积的1/9。大农机在黑龙江省大有可为，近些年国家又激励农户购买农机设备，并给予补贴。黑龙江省各地区的农机马力呈快速增长态势，据626户农户统计数据显示，农机平均马力在20马力以下（不包括20马力）的有429户，占样本总体的68.5%；20~40马力（不包括40马力）的有132户，占样本总体的21.1%；40马力及以上的有65户，占样本总体的10.4%。

5.7.3 农民组织化程度

组织化的提高可以有效地解决小农户和大市场之间的矛盾，有利于农户与市场的有效对接，有利于从生产到销售过程中保障农民自身利益，进而促进农民收入增长。在产前，合作社可以通过统一采购为农户提供质优价廉的生产资料，保障农民节约生产成本，从而变相增加农民收入。在产中，合作社可以通过为农民提供服务来解放农村劳动力，进一步提高农民的务工概率，利用统一经营来获取规模化经营利润，直接增加作物产出，从增加工资性收入和产出收入两方面来促进农民增收。在产后，合作社可以通过统一销售来谋取相对较高的销售价格，使小农户在市场当中获得一定话语权，进而保障农民利益，促进农民增收；另外，合作社还可以通过深加工来增加农产品的附加值，并以股份分红的方式将利润返还给农户，以此进一步促进农民增收。黑龙江省近些年加大了农村合作组织的建设力度，各地区先后成立了一大批专业合作组织。截至 2011 年，黑龙江省工商部门登记在册的合作社达到了 1.43 万个以上，入社农户达到了 100 万户，占黑龙江省农村总户数的 1/4。其中，种植业合作社有 7000 个，养殖业合作社有 4000 个，其他为农产品加工、销售等方面的合作社。合作社已经成为了为农民服务的有效载体，其对小农户对接大市场起到了关键的纽带作用。通过对调研地区 626 户数据进行统计得出，有 138 户农户加入了合作社，占调研样本的 22%，未加入合作社的农户有 488 户，占调研样本的 78%。同时，调研当中显示，在未加入合作社的 488 户农户中，有超过 80% 的农户愿意加入合作社。总体来看，黑龙江省合作组织发展态势迅猛。

综上所述，规模扩大后农民将获得规模化效益，从而促进收入增长。但是，黑龙江省在农业生产规模化过程中也遇到了一些问题。

1. 局部地区土地细碎化现象不可逆，无法实现规模化经营

在调研当中，笔者发现，一些地区的土地细碎化是不可逆的，土地根本无法实现规模化经营。在调研过程中，有些地区的农户播种面积达到 10 公顷，但是土地块数却多达 16 块，在粮食生产过程中无法实现规模化生产，虚耗较多人力、物力。还有一些地区播种面积不到 3 公顷却有多达 10 块左右的田地。这种土地细碎化现象多发生在人口相对密集的地区，本次调研中，黑龙江省的牡丹江地区多出现这种情况。虽然，黑龙江省农户的家庭经营规模相对于全国水平来说具有明显的优势，但是，作为全国的主要商品粮基地和现代化大农业建设省份，黑龙江省局部地区的土地细碎化程度仍旧十分明显，加之黑龙江省未来粮食生产地位的逐渐突出，这种细碎化问题会阻碍黑龙江省部分地区的粮食生产规模化进程。而土地细碎化会进一步加大粮食生产成本，制约集约化生产的推行，进而对黑龙江省农民收入增长起到一定的制约作用。

2. 局部地区受地形限制，无法实现机械化

在调研中发现，一些地区的耕地开垦到坡度较大的山包上，有一些甚至开垦到耕牛都无法上去的陡坡上。农机具根本无法应用在这种环境的土地上。此处调研的牡丹江阳明区多存在这样的耕地，农户仅能依靠人力进行耕种，生产效率较为低下，农民收入也普遍偏低。

3. 合作社覆盖范围有限

通过调研发现，除个别经济相对发达地区的乡村拥有合作社以外，多数乡村并没有合作社。农户甚至不知道合作组织的具体概念是什么，有些人认为是以往的人民公社。这说明，合作组织不论是在宣传上还是在实际的覆盖上均有较长的路要走。农户对合作组织具体作用和形式的不了解，致使黑龙江省农户组建合作社和加入合作社的热情不高，进而制约了农民组织化程度的提高，间接阻碍了农民收入增长。

4. 一些合作社并未发挥实际作用

一些农户反映，其村里的合作社只管收钱，但是并未组织农户进行统一农产品购买和销售，也没有规范生产技术，更谈不上搞农产品加工了。也有一些农户反映，合作社往往是由大户牵头，然而无论是农机服务，还是农资、农产品的买卖，均掌握在大户手中，利润也基本被大户拿走，其他农户并没有得到相应的利润。这样一来，由于现有合作社的作用有限，并且利益分配机制仍存在缺陷，黑龙江省农民不愿意加入合作组织，从而致使农民的组织化程度无法有效提高，进而阻碍农民收入增长。

5.8 基础设施

5.8.1 水利设施情况

一般意义上讲，水利设施的优劣，将直接影响到农民的作物产量，在价格不变的前提下，引起收入的增减。尤其是，当自然灾害频发时，水利设施的作用将尤为显著。通过调研发现，农业生产用水得到保障的农户，要比没有得到保障的农户亩产多出 20% 以上。在 2009 年的大旱当中，有灌溉设施的农户损失普遍较小，而没有灌溉设施的农户只能“靠天吃饭”，损失惨重。黑龙江省经过多年建设其水利设施已经得到明显改善。从水库数量来看，黑龙江省 2001 年水库数量为 610 座，经历 10 年建设，截至 2011 年黑龙江省水库已达到 922 座。2001 年四川省水库为 6658 座，比黑龙江省多 6048 座；2011

年四川省水库达到了6759座，比黑龙江省多5837座。2001年山东省水库数为5568座，比黑龙江省多4958座；2011年山东省水库达到了6291座，比黑龙江省多5369座。2001年河南省水库为2352座，比黑龙江省多1742座；2011年河南省水库达到了2478座，比黑龙江省多1556座。2001年辽宁省水库为916座，比黑龙江省多306座；2011年辽宁省水库达到了922座，与黑龙江省持平。从总体情况上来看，黑龙江省水库建设速度相对来说较快，黑龙江省同山东省、四川省、河南省以及辽宁省之间的数量差距均有所缩小。但是，相对于四川省、山东省、河南省来说，黑龙江省水库数量仍十分有限。按水库数量由多到少排列，分别为四川省、山东省、河南省、辽宁省及黑龙江省（见表5－8）。

表5－8　　黑龙江省水库及容量情况　　单位：座、亿立方米

年份	黑龙江		辽宁		山东		河南		四川	
	水库数	容量	水库数	容量	水库数	容量	水库数	容量	水库数	容量
2001	610	84.2	916	303.7	5568	191.2	2352	396	6658	98.3
2002	612	84.6	917	304.1	5570	191.2	2347	395.2	6668	99.2
2003	622	85.1	951	331	5555	194.2	2348	396.2	6673	100.3
2004	623	86.6	942	330.5	5572	193.3	2345	396.5	6684	159
2005	628	88.3	967	356.2	5555	195.7	2344	397.1	6683	162.6
2006	679	95.9	918	359.3	5558	198.4	2340	398.9	6685	173.8
2007	660	155.6	955	358	6243	214.5	2338	400.6	6717	174.3
2008	697	158.4	952	357.5	6244	225.5	2344	400.8	6728	208.5
2009	737	175.1	952	359.9	6283	226.8	2352	402.3	6752	210.6
2010	913	178.7	951	359.3	6291	227.6	2352	402.2	6759	214.9
2011	922	178.6	922	358.3	6291	227.4	2478	403.1	6759	215.1

数据来源：根据历年《农产品成本收益汇编》整理计算所得。

从具体容量上来看，黑龙江省2001年水库容量为84.2亿立方米，经历10年建设，截至2011年黑龙江省水库容量已达到178.6亿立方米。2001年河南省水库容量为396亿立方米，比黑龙江省容量多311.8亿立方米；2011年河南省水库容量达到403.1亿立方米，比黑龙江省多224.5亿立方米。2001年辽宁省水库容量为303.7亿立方米，比黑龙江省水库容量多219.5亿立方米；

2011 年辽宁省水库容量达到 358.3 亿立方米，比黑龙江省多 179.7 亿立方米。2001 年山东省水库容量为 191.2 亿立方米，比黑龙江省水库容量多 107 亿立方米；2011 年山东省水库容量达到 227.4 亿立方米，比黑龙江省多 48.8 亿立方米。2001 年四川省水库容量为 98.3 亿立方米，比黑龙江省水库容量多 14.1 亿立方米；2011 年四川省水库容量达到 215.1 亿立方米，比黑龙江省多 36.5 亿立方米。从总体情况来看，10 年间黑龙江省水库容量在不断攀升，由 2001 年的 84.2 亿立方米上升到 2011 年的 178.6 亿立方米，上涨了 1.12 倍。同期的四川省水库容量也一路上涨，由 2004 年的 98.3 亿立方米上升到 2011 年的 215.1 亿立方米，上涨了 1.19 倍。辽宁省、山东省和河南省的库容量变化不大。按照 2011 年水库容量大小排序，分别为河南省、辽宁省、山东省、四川省和黑龙江省。

通过调研发现，调研样本中有 178 户拥有农业灌溉设施，占总样本的 28.4%，没有灌溉设施的样本为 448 户，占样本总数的 71.6%。其中，178 户有农业灌溉设施的样本中有 105 户是种植水稻的，其余 73 户种植旱田。

5.8.2 信息设施情况

信息不对称往往成为农户销售和购买环节受骗的关键，进而影响生产成本和销售所得，限制农户收入增长。一方面，如果信息设施完备，农户可以较为便捷地获得相应的农资价格信息，农户就可以货比三家，优中选优，获得物美价廉的生产资料。另一方面，如果农户通过信息设施获得及时的农产品价格信息，农户则会极大地降低市场风险，相对来讲，减少了贱价出售农作物的可能性，对农民收入起到一定的稳定作用。相反，如果信息设备不完善，且水平较低，农户由此获得的信息就会较少，因此就容易产生信息不对称的情况，从而农户就容易被商家欺骗，以高价购入生产资料或低价将粮食卖给粮商，造成不必要的损失。

通过调研发现，在样本地区广播和电视已经实现全覆盖，网络则没有实现全面覆盖，只有少数靠近乡镇的村、屯可以上网。网络对黑龙江省农户来说，还是个新媒体。据 626 户农户统计数据显示，不上网的家庭有 446 户，占样本总体的 71.2%；上网的家庭有 180 户，占样本总体的 28.8%。造成上网农户过少的主要原因在于以下两个方面：第一，由于上网费用太高，农户自身不愿意上网；第二，网络设施并没有覆盖该地区，农户无法上网。在 446 户农户当中，由于设施不全无法上网的农户有 236 户，占到了 52.9%。

综上所述，基础设施因素对农民收入的影响是长久性的，并具有一定基础特性。从对比分析来看，黑龙江省的水利设施和信息设施处于落后状态，局部地区的机械化程度也较落后。

1. 黑龙江省水利设施水平较低，抵御自然灾害的能力有待提高

虽然，黑龙江省在2007年以后库容量有了较大飞跃，但是相比之下水库的规模还远不及辽宁省。调研数据显示，在样本地区至少还有61.66%的农户在靠天吃饭。正是黑龙江省农业基础设施过于薄弱，尤其是农田水利设施的缺失，导致黑龙江省的成灾率居高不下。2001—2011年，黑龙江省的水灾平均受灾面积为613.18千公顷，平均成灾面积为295.91千公顷，平均成灾率达到48.26%。其中，水灾成灾率最高的年份为2003年，高达76%，最低年份为2006年，为22.55%。旱灾的平均受灾面积为2657.18千公顷，平均成灾面积为1315千公顷，平均成灾率为49.49%。其中，旱灾成灾率最高的年份为2010年，高达76.68%，最低年份为2004年，为23.55%。

2. 网络覆盖范围有限，堵塞了农户获取即时信息的有效渠道

网络是信息时代的产物，也是买卖信息及时交汇的平台。农户通过网络可以获得即时的买卖信息，尽管该信息同农户所在地区存在差异，但是，该信息也可以成为农户卖粮时的基本参考信息。在调研当中，仍有236户农户由于网络无法覆盖而不能上网，占所有样本的37.7%。这说明，黑龙江省的网络覆盖率仍需加强，只有实现了网络全覆盖，才能为农民获取即时信息打通"最后一千米"。

5.9 城镇化及乡镇企业发展

农业自身是具有一定弱质性的产业，其投入回报率低，且受自然灾害等不可抗力风险较大。因此，非农发展因素将对农户收入起到重要影响，一般意义上来讲，非农产业相对发达的地区，农户的收入也会普遍偏高。鉴于当前农村的发展背景，本书将分别从城镇化水平和乡镇企业发展情况对非农发展的影响方面进行分析。

5.9.1 城镇化水平

从国内外经验来看，城镇化的有序推进会不断促进当地经济发展，带动当地农民收入不断上涨。按照城镇人口占比来看，黑龙江省的城镇化率在不断提高，从1990年的48%上升到2010年的55.70%，共上升了7.7%，平均每年上升 0.39%（见图 5-2）。对 626 户农户的统计数据显示，无小城镇建设的村域农户有 530 户，占样本总体的 84.7%；有小城镇建设的村域农户有 96 户，占样本总体 15.3%。

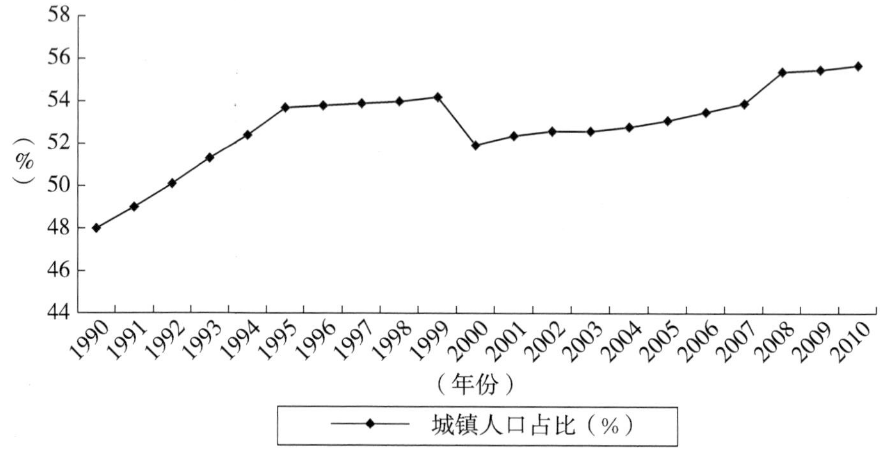

图 5-2　黑龙江省城镇人口占比情况

5.9.2　乡镇企业发展情况

以往的研究表明，乡镇企业对农民收入增长的影响是显著的。一方面，乡镇企业可以为所在地区的农民提供更多的就业机会，这极大地拉动了工资收入的增长；另一方面，乡镇企业一般就近采购生产资料，而该地区农民的农产品就可能成为采购的对象，从而可以节省一部分销售成本，就地解决农户销售问题。从企业数量方面来看，以 2009 年的相关数据为例，黑龙江省乡镇企业个数为 6.05 万个，而同期山东省乡镇企业个数为 55.42 万个，是黑龙江省的 9.16 倍；河南省乡镇企业个数为 25.84 万个，是黑龙江省的 4.27 倍；四川省乡镇企业个数为 24.94 万个，是黑龙江省的 4.12 倍；辽宁省乡镇企业个数为 14.58 万个，是黑龙江省的 2.41 倍。通过同粮食主产区的比较可以看出，黑龙江省乡镇企业数量远低于这几个粮食主产区，其比同为东北地区的辽宁省还要少 8.53 万个。同期的广东省乡镇企业个数为 39.51 万个，比黑龙江省多出 33.46 万个。这说明，无论是同粮食主销区相比还是同粮食主产区相比，黑龙江省乡镇企业数量均处于较低水平，并且差距较大。

1. 从解决就业情况来看

2009 年黑龙江省通过乡镇企业解决了 79.6 万人的就业，同期的山东省通过乡镇企业解决了1215.64万人的就业，比黑龙江省多提供1136.04万个就业机会；河南省通过乡镇企业解决了558.41万人的就业，比黑龙江省多提供了487.81万个就业机会；四川省通过乡镇企业解决了485.38万人的就业，比黑龙江省多提供405.78万个就业机会；辽宁省通过乡镇企业解决了345.28万人的就业，比黑龙江省多提供265.68万个就业机会。同期，广东省乡镇企业解决了1006.77万人的就业，比黑龙江省多提供了927.17万个就业机会（见表5-9）。同其他粮食主产区和主销区相比，黑龙江省乡镇企业的就业带动能力并不突出，其中，山东省的就业带动能力最强，其次分别为广东省、河南省、四川省、辽宁省和黑龙江省。这说明，黑龙江省同所选取的粮食主产区和主销区省份相比，其乡镇企业就业带动能力较为有限，仍处于较低水平。

表5-9　　乡镇企业基本情况比较（2009年）

地区	乡镇企业个数（万个）	从业人员数量（万人）	企业总产值（亿元）	企业平均产值（万元）	利润总额（亿元）	企业平均利润（万元）	劳动者报酬（亿元）	劳动者平均报酬（元）
黑龙江	6.05	79.60	1893.33	312.95	14.62	2.42	70.45	8850.50
辽宁	14.58	345.28	18183.84	1247.18	204.09	14.00	516.02	14944.97
山东	55.42	1215.64	55087.03	993.99	1116.96	20.15	1545.88	12716.59
河南	25.84	558.41	12770.39	494.21	133.48	5.17	676.73	12118.87
四川	24.94	485.38	10650.39	427.04	194.87	7.81	576.57	11878.73
广东	39.51	1006.77	22147.90	560.56	172.13	4.36	1430.81	14211.89

资料来源：根据《中国乡镇企业及农产品加工年鉴2010》整理计算所得。

2. 从企业产值来看

2009年黑龙江省企业总产值为1893.33亿元，企业平均产值为312.95万元，山东省企业总产值为55087.03亿元，是黑龙江省的29.1倍，山东省企业平均产值为993.99万元，是黑龙江省的3.18倍；河南省企业总产值为12770.39亿元，是黑龙江省的6.7倍，河南省企业平均产值为427.04万元，是黑龙江省的1.36倍；四川省企业总产值为10650.39亿元，是黑龙江省的6.7倍，企业平均产值为494.21万元，是黑龙江省的1.58倍；辽宁省企业总产值为18183.84亿元，是黑龙江省的9.6倍，企业平均产值为1247.18万元，是黑龙江省的3.99倍；广东省企业总产值为22147.90亿元，是黑龙江省的11.7倍，企业平均产值为560.56万元，是黑龙江省的1.79倍。按照总产值从高到低排序，分别为广东省、山东省、河南省、四川省、辽宁省和黑龙江省；按照企业平均产值从高到低排序，分别为辽宁省、山东省、广东省、河南省、四川省和黑龙江省。同粮食主产区和主销区省份相比，黑龙江省乡镇企业无论是在总产值上还是在企业平均产值上都处于劣势，相对来讲，在总产值上的劣势更为明显，企业平均产值的劣势相对较小。

3. 从企业利润来看

2009年黑龙江省企业的总利润为14.62亿元，企业平均利润为2.42万元。同期，山东省企业的总利润为1116.96亿元，是黑龙江省的76.40倍，企业平均利润为20.15万元，是黑龙江省的8.33倍；辽宁省企业的总利润为204.09亿元，是黑龙江省的13.96倍，企业平均利润为14万元，是黑龙江省的5.79倍；四川省企业的总利润为194.87亿元，是黑龙江省的13.33倍，企业平均利润为7.81万元，是黑龙江省的3.23倍；广东省企业的总利润为172.13亿元，是黑龙江省的11.77倍，企业平均利润为4.36万元，是黑龙江省的1.8倍；河南省企业的总利润为133.48亿元，是黑龙江省的9.13倍，企业平均利润为5.17万元，是黑龙江省的2.14倍。按照总利润从高到低排序，分别为山东省、辽宁省、四川省、广东省、河南省和黑龙江省；按照企业平均利润从高到低排序，分别为山东省、辽宁省、四川省、河南省、广东省和黑龙江省。这说明，无论是总利润还是企业平均利润，黑龙江省都要比粮食主产区其他省份和主销区省市低，并且相差的程度均较大。相对来讲，黑龙江省企业平均利润差距要明显小于总利润差距。这说明，黑龙江省在总利润的获取上与其他地区乡镇企业存在较大差距，在企业平均利润获取上虽与其他地区乡镇企业也存有差距，但差距不及总利润差距大。

4. 从劳动报酬方面来看

黑龙江省乡镇企业支付的劳动者报酬为70.45亿元，劳动者平均报酬为8850.50元。同期，山东省乡镇企业支付的劳动者报酬为1545.88亿元，是黑龙江省的21.94倍；劳动者平均报酬为12716.59元，比黑龙江省高出3866.09元。广东省乡镇企业支付的劳动者报酬为1430.81亿元，是黑龙江省的20.31倍；劳动者平均报酬为14211.89元，比黑龙江省高出5361.39元。河南省乡镇企业支付的劳动者报酬为676.73亿元，是黑龙江省的9.61倍；劳动者平均报酬为12118.87元，比黑龙江省高出3268.37元。四川省乡镇企业支付的劳动者报酬为576.57亿元，是黑龙江省的8.18倍；劳动者平均报酬为11878.73元，比黑龙江省高出3028.23元。辽宁省乡镇企业支付的劳动者报酬为 516.02 亿元，是黑龙江省的 7.32 倍；劳动者平均报酬为 14944.97 元，比黑龙江省高出 6094.47 元。按照总劳动报酬由高到低排序，分别为山东省、广东省、河南省、四川省、辽宁省和黑龙江省；按照人均劳动报酬由高到低排序，分别为辽宁省、广东省、山东省、河南省、四川省和黑龙江省。黑龙江省的总劳动报酬和人均劳动报酬均为 6 省中最低，而同为东北部地区省份、同为粮食主产省的辽宁省却是 6 省中人均劳动报酬最高的省份，其比黑龙江省人均劳动报酬高出 6094.47 元，这值得黑龙江省政府深思。这说明，黑龙江省乡镇企业在劳动报酬上要远低于其他地区，这一问题必须得到重视。

综上所述，发展特征因素对农民收入影响较大，非农产业水平越高，农民增收的可能性就越大；相反，农户生产经营主要以农业为主，生产回报率也就相对越低，其收入也会越低。通过对比发现，黑龙江省的发展特征具有一定的缺陷，主要表现：黑龙江省的乡镇企业发展仍处于低水平阶段。从数量、提供就业、个体规模、产值、利润以及劳动报酬 6 方面来比较，黑龙江省乡镇企业均不占任何优势，而且，同其他地区还存在较大差距。从总体情况来看，黑龙江省乡镇企业发展水平低下，其主要体现为“两少三低”，即数量少、人数少、产值低、利润低和报酬低。从个体情况来看，黑龙江省乡镇企业发展仍不乐观，单个乡镇企业平均规模、产值、利润和劳动人均报酬均为 6 省最低。所以，通过多方面比较来看，黑龙江省的乡镇企业发展滞后的现实毋庸置疑，乡镇企业发展水平尚处于较低水平，并且同其他粮食主产区的差距已十分明显。黑龙江省乡镇企业发展滞后，致使黑龙江省农民就近转移劳动力受阻，致使黑龙江省收入来源过于单一、农民的工资性收入增长缓慢，进而直接影响了黑龙江省农民整体收入的提高。这种滞后问题必须得到应有的重视，否则黑龙江省农民收入增长动力将不断减弱，未来劳动力向第二、第三产业转移也将不畅，后果就是农民增收缓慢或停滞倒退。

5.10 本章小结

(1) 总体来看，各因素对农民收入均有明显影响。金融支持因素和政策因素对农民收入的影响相对较大，二者是农民增收的关键因素；农户自身因素、规模经营因素、基础设施因素和科技因素是生产投入特征因素，其是农民收入的重要影响因素。自然因素和城镇化水平及乡镇企业发展情况是一种外部环境因素，该类因素对收入的影响具有相对的长期性和潜在性，但是其对未来黑龙江省农民持续增收具有极为重要的基础意义。

（2）通过梳理发现，各类因素都存在一定的问题，直接或间接制约着黑龙江省农民收入增长，具体问题如下：①水资源承载力不断下降；②土地质量下降较快，水土流失严重；③农户自身文化素质偏低；④补贴金额有限，粮食生产外部性补偿机制缺失；⑤农资价格上涨过快，利润空间逐渐压缩；⑥“重迎茬”问题突出；⑦资金供给尚无法满足农户需求；⑧技术需求未满足，技术应用不到位；⑨局部地区土地细碎化明显；⑩局部地区机械化水平仍旧不高；⑪合作社覆盖范围有限，实际作用有待加强；⑫水利设施相对不足；⑬网络覆盖范围较为有限；⑭乡镇企业发展滞后；⑮坑农、害农现象依旧存在。

6　黑龙江省农民收入影响因素实证分析——基于626户样本的调查

通过对黑龙江省农民收入相关文献的整理，本部分在研究需要和调研限制低的前提下，选取了地域因素、户主因素、家庭因素、劳动强度因素、生产特征因素和外部环境因素这六大类因素对黑龙江省农民收入进行分析，力图从微观视角探寻促进农民收入增长的主要影响因素，并对其进行详尽分析。

6.1　样本选取、调查方式及样本区基本情况

6.1.1　样本的选取

本部分的主要目的是横向分析黑龙江省农民收入相关数据，所以在样本的选取上采取了抽样调查的方式，即主要按照黑龙江省不同地理位置选取了哈尔滨、齐齐哈尔、牡丹江、佳木斯和鹤岗的农村地区进行调研（见图6－1）。在地域上对黑龙江省农户收入进行分析，求同存异，深入探讨影响农户收入增长的因素。

1. 县（市、区）样本选取

在县、市、区样本的选取上，本书采取了抽样调查方法，哈尔滨市选取了巴彦和五常市为样本县，二者都是农业大县，并且农业发展状况都较好。在齐齐哈尔选取了龙江县和泰来县作为样本县。在牡丹江市选取了阳明区和穆棱市为样本县，其中阳明区是牡丹江的新区，穆棱市是县级市；二者的农业发展水平并不高，并且土地规模偏小。在佳木斯市选取了桦南县和汤原县为样本县。在鹤岗市选取了萝北县和绥滨县为样本县，两个县的农业水平适中，土地规模相对较大。

2. 乡镇及村庄样本选取

在乡镇的选取上，每个县选择两个乡镇进行调研，在每个乡镇中，选取2～5个村庄进行调研。其经济水平大体按低、中、高来选取。

3. 农户样本选取

在对农户样本选取时采取的是随机抽查方法，按照农户收入的高、中、

图 6－1　调研地区

低水平进行抽查。每个行政村基本抽查 8～15 份调查问卷，平均每个县调查 60～120 户。

通过上述的调查方法，最终选取 5 市，10 县，20 个乡镇，近 60 个村进行了调研，共计发放调查问卷 1200 份，回收问卷 950 份，经过筛选最终获得有效问卷 626 份，其具体样本分布如表 6－1 所示。

表 6－1　样本分布情况

地市	县（市、区）	乡镇	访问样本数（个）	有效样本数（个）
哈尔滨市	巴彦县	龙泉镇	70	38
		镇东乡	70	39
	五常市	拉林镇	70	40
		龙凤山镇	70	40
齐齐哈尔市	龙江县	龙兴镇	60	37
		广厚乡	60	41
	泰来县	和平镇	60	35
		克利镇	60	31

续　表

地市	县（市、区）	乡镇	访问样本数（个）	有效样本数（个）
牡丹江市	阳明区	磨刀石镇	30	23
		五林镇	40	21
	穆棱市	穆棱镇	40	35
		马桥河镇	40	32
佳木斯市	汤原县	鹤立镇	30	25
		胜利乡	30	20
	桦楠县	闫家镇	40	17
		孟家岗镇	40	26
鹤岗市	萝北县	鹤北镇	35	34
		团结镇	35	32
	绥滨县	连生乡	35	31
		北山乡	35	29
合计	10	20	950	626

6.1.2　调查方式

本书的调研方式分为两类：一类是调研员逐村、逐户一对一进行问卷调查，采取采访问答的方式由调研员填写调查问卷；另一类是通过辅导员将调查问卷发放给调查区域的在校农村大学生进行调研填写。

两种调研方式各有利弊，第一类调研方式的优点在于有效问卷率较高，缺点在于人力、物力和所耗费的时间较长；第二类调研方式的优点在于调研速度较快、节省时间，缺点主要是有效问卷率较低。在调研当中，有40%的调查问卷是由第一类调研方法进行调研，60%的调查问卷由第二类调查方法进行调研。

6.1.3　样本地区基本情况

1. 萝北县基本情况

萝北县地处黑龙江省东北部、小兴安岭南麓与三江平原交汇处。1987年11月6日，经国务院批准，划归鹤岗市领导，因位于托罗山之北而得名。全县南北长131千米，东西宽108千米，面积为6761平方千米，总人口为23万人，包括汉、朝鲜、满、回、蒙等 19 个民族，下辖 5 个镇、2 个乡、1 个民族乡和 63 个行政村，还包括宝泉岭分局所辖的 6 个国营农场和鹤北林业局所辖的 19 个森工林场。萝北县不仅拥有丰富的森林资源，面积达 21.8 万公顷，而且拥有广阔的天然草场、湿地，面积达 5395 公顷，作为黑龙江省稀有的保存较好的湿地之一，萝北县为天鹅、丹顶鹤等珍贵野生鸟类、动物提供了良好的栖息场所。同时，其还拥有独特的人文自然景观，如龙江三峡、国家森林公园、名山岛综合旅游区等著名景区。县内矿场资源也十分丰富，金属和非金属矿产多达 39 种，现已探明储量的有黄金、石墨、硅石、腐植酸等 10 余种，其中，石墨储量超过 6 亿吨，作为亚洲最大的石墨矿床，富有开采价值并被国家列入石墨重点开发项目中，产品销往世界各地。萝北县地域比较偏远，以种植水稻、大豆、玉米、小麦等农作物为主，凭借其较好的地缘优势和独特的资源优势，大力实施开放、开发政策与项目牵动战略，形成了以外向型产业、旅游产业为辅的特色经济发展新格局，为国民经济与社会事业的快速发展奠定了基础，现已成为全省著名的绿色食品基地、省级生态示范县和国家级生态示范区建设试点县。

2. 绥滨县基本情况

绥滨县位于萝北县的东南方向，地处黑龙江省东北部的三江平原。该县边界三线相接，酷似菱形，东西宽 117 千米，南北长 46 千米，面积约为 3344 平方千米，总人口为 20 万人，包括绥滨、绥东、忠仁 3 个镇，北山、连生、新富、北岗、福兴、富强 6 个乡和 109 个行政村，还包括宝泉岭农场管理局所辖的绥滨、二九〇、普阳 3 个国营农场。矿产资源丰富，已探明煤矿储量 5.39 亿吨，被列为国家储备煤田，还有储量大、品位高、有待开发的油气田。黑龙江和松花江两大水系流经该县，交通十分便利；大量河流石、砾砂蕴藏在松花江、黑龙江两河河床上，为修路和建筑提供了优质原料。现有耕地面积 260 万亩，大部分是草甸土和白浆土，地势低平，土壤肥沃，盛产大豆、玉米、小麦、水稻等粮食作物，并适宜种植烤烟、甜菜、亚麻等经济作物。县内湿地面积达 120 万亩，被评为省级生态示范县，具有发展绿色食品产业的自然优势。

3. 桦楠县基本情况

桦南县隶属黑龙江省佳木斯市，位于黑龙江省东北部完达山麓，面积达 4415.6 平方千米，总人口为 46.1 万人，辖 6 镇、4 乡，具体为桦南镇、石头河子镇、土龙山镇、孟家岗镇、闫家镇、驼腰子镇和梨树乡、明义乡、金沙乡、大八浪乡。县内拥有丰富的自然资源，素有“地上林和粮，地下黑白黄

（煤炭、白石、黄金）”之称。煤炭、黄金和石灰石储量十分丰富，约占佳木斯市总储量的70%，并拥有得天独厚的风力、山产品、矿产、农副产品和旅游资源，其开采条件好、开发潜力大、经济效益好，形成了该县的五大支柱产业。人文资源历史悠久，依托万亩人工林的资源优势，开辟了森林旅游业。现有耕地342.1万亩，东部是连绵起伏的山峦，中部是丘陵漫岗，西部是广阔的平原，土质肥沃，有利于农、林、牧、副、渔等产业的综合发展，盛产大豆、玉米、水稻、小麦、红小豆、白瓜子、向日葵、甜菜、烟叶、蔬菜和瓜果等作物。

4. 汤原县基本情况

汤原县隶属黑龙江省佳木斯市，位于黑龙江省东北部，三江平原西部边缘。汤原县面积为3420平方千米，森林覆盖率为33%，全县总人口为26.5万人，辖4镇、6乡和134个行政村，还包括3个国有农场（香兰监狱、汤原农场、梧桐河农场）和1个国家林业局（鹤立林业局）。汤原县幅员辽阔，自然资源和矿产资源都十分丰富。活立木蓄积量达375万立方米，有松、柞、桦、杨、椴等20多个树种；大亮子河国家红松原始母树林保护区，占地7171公顷；现已探明的矿产资源包括褐煤、矿泉水、大理岩、白云岩、天然气、黄金等，其储量丰富、质地优良，可供长期开采利用。农业生产以种植玉米、水稻等粮食作物为主。

5. 阳明区基本情况

牡丹江市阳明区位于牡丹江市区东部，西起东四条路，南至东牡丹街，与东安区毗邻，北以图佳铁路为界与爱民区接壤，东至穆棱市，东北与林口县、海林市交界。全区总面积为1345平方千米，其中城区面积为12平方千米，人口为25.2万人，包括汉、朝鲜、满、蒙、回、苗等13个民族。辖铁岭、桦林、磨刀石、五林4个镇，阳明、前进2个街道办事处，59个行政村和30个社区居委会。该区地域辽阔、土壤肥沃，盛产玉米、大豆、水稻、白瓜子、向日葵等作物。地处哈—牡—绥东产业前沿地带，201和301国道穿区而过，其不仅是牡丹江市的东部门户，同时也是牡丹江市的工业区、国家级民营科技企业示范区和省级可持续发展实验区。

6. 穆棱市基本情况

穆棱市地理位置优越，位于黑龙江省东南部。东与俄罗斯接壤，南连绥芬河、东宁等国家一级口岸，西接闻名遐迩的牡丹江市、风光旖旎的镜泊湖，北靠煤城鸡西市。总面积为6187平方千米，辖6镇、2乡和127个行政村。该市属于北温带大陆性季风气候，冬季漫长寒冷干燥，夏季多雨湿热，春、秋季风交替，气温变化显著。地势南高北低，东西两侧高、中部低，以种植玉米、大豆、白瓜子、向日葵为主，其辽阔的地域、适宜的气温、适中的雨量和疏松的土质也为烟叶的生长提供了便利条件。市内交通线路纵横交错、四通八达，穆棱市不仅处在东北亚的“金三角”之中，而且位于对俄出口的黄金通道上，紧密依托得天独厚的地域优势，发展对俄贸易。

7. 巴彦县基本情况

巴彦县隶属哈尔滨市，是哈尔滨市的近郊县，地处黑龙江省中部偏南、松嫩平原腹地、松花江中游北岸，距离哈尔滨市区 87 千米。全县南北长 85 千米、东西宽 72.7 千米，幅员 3137.7 平方千米，辖 10 镇、8 乡和 116 个行政村，总人口 70 万人，包括汉族、朝鲜族、回族、蒙古族、壮族等 15 个民族，以汉族为主。土地总面积为 3135.22 公顷，耕地占总面积的 65.8%，林地占 14.52%，园地占 0.15%，牧草地占 2.25%，水域占 3.64%，交通用地占 1.82%，村镇用地占 5.45%，未利用土地占 6.47%。该县属于中温带大陆性气候，土地资源丰富，平原占总面积的 2/3，山区、水域及其他土地占 1/3。该县农业发达，拥有 330 万亩沃土良田，盛产水稻、大豆、玉米和多种经济作物。其中，水稻、大豆、玉米已取得绿色标识。同时，该县畜牧业发展迅速，生猪饲养量超过 160 万头，是“龙江生猪生产第一县”。作为全国商品粮、商品猪、大豆出口基地县，巴彦县曾多次被评为全国、全省粮食生产先进县。

8. 五常市基本情况

五常市位于哈尔滨市南部，距离哈尔滨约 120 千米，是全国最大的水稻田超过百万亩的县级市之一，面积为 7512 平方千米，人口约 104 万，辖 11 镇、13 乡。地势东南高、西北低。西北部是松嫩平原，地势较为平坦，是主要的农业区，盛产水稻、玉米、大豆、高粱、谷子、小麦、甜菜等粮食和经济作物。其肥沃的土壤、丰富的水利资源、适宜的气候，对农业发展十分有利。五常市，作为典型的农业大县（市）和国家重要的商品粮基地，因盛产大米而名闻天下，被誉为张广才岭下的“水稻王国”。五常大米质上乘、米粒均匀、色泽光亮、醇厚绵长、芳香四溢。其水稻面积占哈尔滨市的 1/4，占全省的 1/10，被评为“全国粮食生产十大先进县”之一和“全国水稻五强县”之一。

9. 泰来县基本情况

泰来县位于黑龙江省西南部，地处黑龙江、吉林、内蒙古三省交界处，有“鸡鸣三省”之称。地域面积 3996 平方千米，人口 32 万，下辖 8 镇、2 乡、83 个行政村和 532 个自然屯，包括汉、蒙、满、回、朝鲜等 20 个民族。

泰来县地处松嫩平原西部边缘地带，地势由西北向东南倾斜，中部较为平坦，有“塞北江南”之称。现有耕地269万亩，盛产水稻、玉米、花生、绿豆等粮食和经济作物，年种植水稻90万亩、玉米120万亩、花生35万亩、绿豆20万亩；荒山荒地109.8万亩，林地60.8万亩，草原150万亩。自然资源丰富（石油和天然气），含油面积达135平方千米，含气面积达118平方千米。

10. 龙江县基本情况

龙江县位于大兴安岭南麓与松嫩平原的过渡地带。面积为6197平方千米，总人口为60万，下辖5个镇、9个乡，分别为龙江镇、景星镇、山泉镇、龙兴镇、七棵树镇和白山乡、广厚乡、华民乡、黑岗乡、哈拉海乡、杏山乡、头站乡、鲁河乡、济沁河乡。县内具有得天独厚的自然与地域优势，山峰耸峙，江河蜿蜒，阡陌纵横，沃野千里，交通线路纵横交错、四通八达。农副产品资源丰富，盛产玉米、大豆等粮食作物，是全国著名的玉米产区。

6.2 调研样本特征描述

6.2.1 户主特征

1. 户主年龄

据626户农户统计数据显示，30岁以下（不包括30岁）的有7户，占样本总体的1.12%；30~40岁（不包括40岁）的有47户，占样本总体的7.51%；40~50岁（不包括50岁）的有432户，占样本总体的69%；50~60岁（不包括60岁）的有95户，占样本总体的15.18%；60岁及以上的有45户，占样本总体的7.19%。可见，目前农村在家从事农业生产活动的户主主要是年龄为40~50岁的人群，大部分40岁以下的年轻人选择外出打工。

2. 户主学历

据626户农户统计数据显示，户主未上过学的有29户，占样本总体的4.6%；小学文化程度的有146户，占样本总体的23.3%；初中文化程度的有320户，占样本总体的51.1%；高中或中专文化程度的有131户，占样本总体的20.9%。可见，目前农村在家从事农业生产活动的农户文化程度较低，户主小学及以下文化程度的比例仍然较高。

3. 户主配偶学历

据626户农户统计数据显示，户主配偶未上过学的有41户，占样本总体的6.5%；小学文化程度的有182户，占样本总体的29.1%；初中文化程度的有319户，占样本总体的51.0%；高中或中专文化程度的有84户，占样本总体的13.4%。可见，目前农村在家从事农业生产活动的农户文化程度主要集中于初中文化水平，户主配偶学历在小学及以下文化程度的仍占有一定比例。

6.2.2 家庭人员特征

1. 劳动力人数

据626户农户统计数据显示，劳动力数量为1人的有25户，占样本总体的4.0%；劳动力数量为2人的有359户，占样本总体的57.3%；劳动力数量为3人的有192户，占样本总体的30.7%；劳动力数量为4人的有50户，占样本总体的8.0%。上述调查数据表明，一方面，我国农村家庭规模不断缩小，这缘于我国长期实施的计划生育政策，进而使得农村家庭的劳动力数量也在不断减少；另一方面，近年来黑龙江省农村外出务工的劳动力规模不断扩大，使得在家务农的劳动力数量不断减少。

2. 劳动力平均年龄

据626户农户统计数据显示，劳动力平均年龄在30岁以下（不包括30岁）的有9户，占样本总体的1.4%；30~40岁（不包括40岁）的有281户，占样本总体的44.9%；40~50岁（不包括50岁）的有287户，占样本总体的45.8%；50~60岁（不包括60岁）的有30户，占样本总体的4.8%；60岁及以上的有19户，占样本总体的3%。可见，目前农村在家从事务农活动的劳动力的平均年龄主要集中于30~50岁。

3. 劳动力平均学历

据626户农户统计数据显示，农户家中劳动力平均学历为小学以下的有30户，占样本总体的4.8%；小学至初中文化程度的有164户，占样本总体的26.2%；初中至高中文化程度的有362户，占样本总体的57.8%；高中及以上文化程度的有70户，占样本总体的11.2%。这说明，目前农村在家从事农业生产活动的农户的平均文化程度主要集中于初中或高中文化水平，其他文化程度的人群仍占有一定比例。

4. 负担子女人数

据626户农户统计数据显示，农户家庭无子女负担的有81户，占样本总体的12.9%；负担1个子女的有314户，占样本总体的50.2%；负担2个子女的有203户，占样本总体的32.4%；负担3个子女的有28户，占样本总体的4.5%。

5. 户中最高学历

据626户农户统计数据显示，农户家中最高学历为小学的有24户，占样本总体的3.8%；初中文化程度的有129户，占样本总体的20.6%；高中及中专文化程度的有231户，占样本总体的36.9%；大专及以上文化程度的有242户，占样本总体的38.7%。

6. 非健康人数

据626户农户统计数据显示，家中非健康人数为0人的有393户，占样本总数的62.8%；1人的有73户，占样本总体的11.7%；2人的有141户，占样本总体的22.5%；3人及以上的有19户，占样本总数的3%。

6.2.3 劳动强度特征

1. 劳动力年均工作月数

据626户农户统计数据显示，农户年均工作月数为6个月以下的有32户，占样本总体的5.1%；年均工作月数为6~9个月的有473户，占样本总体的75.6%；年均工作月数为9个月以上的有121户，占样本总体的19.3%。

2. 人均劳动强度

据626户农户统计数据显示，农户人均劳动强度在9个小时以下的有248户，占样本总体的39.6%；劳动强度在9~11小时的有294户，占样本总体的47%；劳动强度在11个小时以上的有84户，占样本总体的13.4%。

6.2.4 家庭生产经营特征

1. 土地是否换茬

据626户农户统计数据显示，土地不换茬的农户家庭有379户，占样本总体的60.5%；土地换茬的农户家庭有247户，占样本总体的39.5%。

2. 土地是否深翻

据626户农户统计数据显示，土地不深翻的农户家庭有393户，占样本总体的62.8%；土地深翻的农户家庭有233户，占样本总体的37.2%。

3. 是否单一作物

据626户农户统计数据显示，种植非单一作物的有123户，占样本总体的19.6%；种植单一作物的有503户，占样本总体的80.4%。可见，所调查农户中种植单一作物的户数居多。

4. 是否主要种植水田

据626户农户统计数据显示，种植大豆的有111户，占样本总体的17.7%；种植玉米的有410户，占样本总体的65.5%；种植水稻的有105户，占样本总体的16.8%。可见，所调查农户在从事农业生产活动时以种植旱田为主。

5. 播种面积

据626户农户统计数据显示，农户土地播种面积在1公顷以下（不包括1公顷）的有21户，占样本总体的3.4%；1~5公顷（不包括5公顷）的有416户，占样本总体的66.5%；5 ~ 10公顷（不包括10公顷）的有140户，占样本总体的22.4%；10~15公顷（不包括15公顷）的有33户，占样本总体的5.3%；15公顷以上（包括15公顷）的有16户，占样本总体的2.6%。可见，黑龙江省农户家庭经营规模大部分集中于1~5公顷。

6. 单块土地规模

据626户农户统计数据显示，农户家庭单块土地规模在5亩以下（不包括5亩）的有33户，占样本总体的5.3%；5~10亩（不包括10亩）的有133户，占样本总体的21.2%；10~15亩（不包括15亩）的有87户，占样本总体的13.9%；15~20亩（不包括20亩）的有179户，占样本总体的28.6%；20亩以上（包括20亩）的有194户，占样本总体的31.0%。

7. 平原地占比

据626户农户统计数据显示，农户家庭土地平原占比在0~20%（不包括20%）的有65户，占样本总体的10.4%；20% ~40%（不包括40%）的有14户，占样本总体的2.2%；40% ~60%（不包括60%）的有35户，占样本总体的5.6%；60% ~80%（不包括80%）的有124户，占样本总体的19.8%；80% ~100%（包括100%）的有388户，占样本总体的62%。可见，黑龙江省农村农户种植作物的土地以平原为主。

8. 低产田面积占比

据626户农户统计数据显示，低产田面积占比在5%以下（不包括5%）的有6户，仅占样本总体的1%；5% ~10%（不包括10%）的有206户，占样本总体的32.9%；10% ~15%（不包括15%）的有226户，占样本总体的36%；15% ~20%（不包括20%）的样本数为81，占样本总体的12.9%；20%以上（包括20%）的有107户，占样本总体的17.2%。

9. 农产品价格

据626户农户统计数据显示，农产品价格在1元以下（不包括1元）的有330户，占样本总体的52.7%；1～1.5元（不包括1.5元）的有156户，占样本总体的24.9%；1.5～2元（不包括2元）的有75户，占样本总体的12%；2元以上（包括2元）的有65户，占样本总体的10.4%。

10. 机械化水平

据626户农户统计数据显示，机械化水平为0～35%（不包括35%）的有111户，占样本总体的17.7%；35%～70%（不包括70%）的有172户，占样本总体的27.5%；70%～100%（包括100%）的有343户，占样本总体的54.8%。可见，黑龙江省农民在从事农业生产活动时机械化程度较高。

11. 每公顷化肥成本

据626户农户统计数据显示，每公顷化肥成本在1000元以下（不包括1000元）的有30户，占样本总体的4.8%；1000～1500元（不包括1500元）的有132户，占样本总体的21.1%；1500～2000元（不包括2000元）的有219户，占样本总数的35%；2000元以上（包括2000元）的有245户，占样本总体的39.1%。

12. 每公顷农药成本

据626户农户统计数据显示，每公顷农药成本在300元以下（不包括300元）的有427户，占样本总体的68.2%；成本为300～500元（不包括500元）的有91户，占样本总体的14.5%；成本在500元以上（包括500元）的有108户，占样本总数的17.3%。

13. 总投入

据626户农户统计数据显示，农户总投入在3万元以下的有434户，占样本总体的69.3%；3万～6万元的有111户，占样本总体的17.7%；6万～9万元的有49户，占样本总体的7.8%；9万～12万元的有17户，占样本总体的2.7%；12万元以上的有15户，占样本总体的2.4%。

6.2.5　外部环境特征

1. 是否为平原

据626户农户统计数据显示，490户处于平原区，占农户样本总体的78.3%；136户处于山区，占农户样本总体的21.7%。可见，调查农户所处的村域有一半以上属于平原地区。

2. 所处村作物生长期

据626户农户统计数据显示，作物生长期在115天以下的有117户，占样本总体的 18.7%；生长期为 115～120 天的有 170 户，占样本总体的 27.2%；生长期在 120 天以上的有 339 户，占农户样本总体的 54.2%。

3. 是否获得贷款

据 626 户农户统计数据显示，未获得贷款的农户有 463 户，占样本总体的 74%；获得贷款的农户有 163 户，占样本总体的 26%。

4. 是否可以上网

据 626 户农户统计数据显示，不上网的家庭有 446 户，占样本总体的 71.2%；上网的家庭有 180 户，占样本总体的 28.8%。

5. 城镇距离

据 626 户农户统计数据显示，与城镇的距离在 20 千米以下（不包括 20 千米）的有 208 户，占样本总体的 33.2%；20～40 千米（不包括 40 千米）的有 238 户，占样本总体的 38%；40～60 千米（不包括 60 千米）的有 88 户，占样本总体的 14.1%；60 千米及以上的有 92 户，占样本总体的 14.7%。

6. 是否进行小城镇建设

据 626 户农户统计数据显示，无小城镇建设的村域农户有 530 户，占样本总体的 84.7%；有小城镇建设的村域农户有 96 户，占样本总体的 15.3%。

7. 村镇是否有企业

据 626 户农户统计数据显示，无企业的村域农户有 386 户，占样本总体的 61.7%；有企业的村域农户有 240 户，占样本总体的 38.3%。

6.2.6 家庭财产特征

1. 农机平均马力

据 626 户农户统计数据显示，农机平均马力在 20 马力以下（不包括 20 马力）的有 429 户，占样本总体的 68.5%；20～40 马力（不包括 40 马力）的有 132 户，占样本总体的 21.1%；40 马力及以上的有 65 户，占样本总体的 10.4%。

2. 补贴耕地规模

据 626 户农户统计数据显示，农户补贴规模在 2 公顷以下（不包括 2 公顷）的有 176 户，占样本总体的 28.1%；2～4 公顷（不包括 4 公顷）的有 293 户，占样本总体的 46.8%；4～6 公顷（不包括 6 公顷）的有 74 户，占样本总体的 11.8%；6～8 公顷（不包括 8 公顷）的有 37 户，占样本总体的 5.9%；8 公顷及以上的有 46 户，占样本总体的 7.3%。

6.2.7 家庭收入特征

1. 农户纯收入

据626户农户统计数据显示，农户纯收入在1万元以下（不包括1万元）的有5户，占样本总体的0.8%；1万~5万元（不包括5万元）的有388户，占样本总体的62%；5万~10万元（不包括10万元）的有195户，占样本总体的31.2%；10万~15万元（不包括15万元）的有15户，占样本总体的2.4%；15万元及以上的有23户，占样本总体的3.7%。可见，黑龙江省农村农民的纯收入主要集中于1万~5万元。

2. 粮食收入占比

据626户农户统计数据显示，粮收占比在20%以下（不包括20%）的有83户，占样本总体的13.26%；20%~40%（不包括40%）的有166户，占样本总体的26.52%；40%~60%（不包括60%）的有125户，占样本总体的19.97%；60%~80%（不包括80%）的有124户，占样本总体的19.81%；80%及以上的有175户，占样本总体的27.96%。

3. 工资收入占比

据626户农户统计数据显示，工资收入占比在2以下（不包括2）的有159户，占样本总体的25.4%；2~4（不包括4）的有143户，占样本总体的22.8%；4~6（不包括6）的有139户，占样本总体的22.2%；6~8（不包括8）的有124户，占样本总体的19.8%；8及以上的有61户，占样本总体的9.7%。

6.3 相关因素与样本农户收入关系分析

6.3.1 自然环境因素与收入关系

1. 作物生长期与收入关系

从样本作物生长期情况来看，生长期在120天及以上的样本数为339，占农户样本总体的54.2%；生长期为115~120天（不包括120天）的样本数为170，占样本总体的27.2%；生长期在115天以下（不包括115天）的样本数为117，占样本总体的18.7%。其中，生长期在115天以下（不包括115天）的农户家庭平均收入最高，为61639.71元；其次是生长期为115~120天（不包括120天）的农户家庭，平均收入为49159.79元；生长期在120天及以上的农户家庭，平均收入最低，仅为48140.35元（见表6－2）。可见，随着作物生长期的增加，农户的平均收入逐渐减少。

表6－2　　　　作物生长期及收入情况

生长期	样本数（个）	百分比（%）	平均收入（元）
115天以下（不包括115天）	117	18.7	61639.71
115～120天（不包括120天）	170	27.2	49159.79
120天及以上	339	54.2	48140.35

数据来源：根据调查问卷整理所得。

2. 土地质量与收入关系

从样本农户低产田面积占比情况来看，低产田面积占比为10%～15%（不包括15%）的农户家庭数量多，样本数为226个，占样本总体的36%；低产田面积在5%以下（不包括5%）的样本数为6个，仅占样本总体的1%；低产田面积为5%～10%（不包括10%）的样本数为206个，占样本总体的32.9%；低产田面积为15%～20%（不包括20%）的样本数为81个，占样本总体的12.9%；低产田面积占比在20%及以上的样本数为107个，占样本总体的17.1%。其中，低产田面积占比在5%以下（不包括5%）的农户平均收入最高，达到107862.5元；其次是低产田面积为10%～15%（不包括15%）的农户家庭，平均收入为55616.53元；再次是低产田面积为15%～20%（不包括20%）的农户，平均收入为55036.86元；第四是低产田面积占比为5%～10%（不包括10%）的农户，平均收入为47509.47元；低产田面积占比在20%及以上的农户，平均收入最低，为41375.17元（见表6－3）。可见，除低产田面积为5%～10%的农户平均收入略低以外，随着农户家庭易受灾面积的增加，农户的平均收入逐渐减少。

表6－3　　　　低产田面积占比及收入情况

低产面积占比	样本数（个）	百分比（%）	平均收入（元）
5%以下（不包括5%）	6	1	107862.5
5%～10%（不包括10%）	206	32.9	47509.47
10%～15%（不包括15%）	226	36.0	55616.53
15%～20%（不包括20%）	81	12.9	55036.86
20%及以上	107	17.1	41375.17

数据来源：根据调查问卷整理所得。

6.3.2　农户自身因素与收入关系

1. 户主因素与收入关系

（1）农户家庭户主年龄与收入关系

从样本农户家庭户主年龄情况来看，大多数样本农户户主年龄为40～50岁（不包括50岁），样本数为432个，占样本总体的69%；样本农户户主年龄为50～60岁（不包括60岁）的样本数为95个，占样本总体的15.18%；样本农户户主年龄为30～40岁（不包括40岁）的样本数为47个，占样本总体的7.51%；样本农户户主年龄在60岁以上（包括60岁）的样本数为45个，占样本总体的7.19%；样本农户户主年龄在30岁以下（不包括30岁）的样本数为7个，占样本总体的1.12%。其中，户主年龄为30～40岁（不包括40岁）的农户家庭平均收入最高，达到60394.13元；其次为户主年龄为40～50岁（不包括50岁）的农户家庭，平均收入为55888.43元；第三为户主年龄在30岁以下（不包括30岁）的农户家庭，平均收入为53600元；第四为户主年龄为50～60岁（不包括60岁）的农户家庭，平均收入为50089.49元；户主年龄为60岁及以上的农户家庭平均收入最低，仅为38373.43元（见表6－4）。可见，随着农户年龄的增长，农户家庭平均收入经历了先增加后减少的过程。其对黑龙江省农户的具体影响情况仍不明朗。

表6－4　　户主年龄及收入情况

年龄	样本数（个）	百分比（%）	平均收入（元）
30岁以下（不包括30岁）	7	1.12	53600
30～40岁（不包括40岁）	47	7.51	60394.13
40～50岁（不包括50岁）	432	69.00	55888.43
50～60岁（不包括60岁）	95	15.18	50089.49
60岁及以上	45	7.19	38373.43
合计	626	100	

数据来源：根据调查问卷整理所得。

（2）农户家庭户主学历与收入关系

从样本农户家庭户主学历情况来看，大多数农户家庭户主学历为初中，样本数为320，占样本总体的51.1%；户主学历为小学的样本数为146，占样本总体的23.3%；户主学历为高中或中专的样本数为131，占样本总体的

20.9%；户主未上过学的样本数为29，占样本总体的4.6%。其中，农户家庭户主未上过学的平均收入最低，仅为36230.36元；其次是农户户主学历为小学的农户家庭，平均收入为46852.70元；再次是农户户主学历为初中的农户家庭，平均收入为49701.04元；农户户主学历为高中或中专的农户家庭平均收入最高，达到61779.25元（见表6－5）。可见，农户家庭户主学历水平与农户家庭平均收入呈正相关关系。

表6－5　户主学历及收入情况

学历	样本数（个）	百分比（%）	平均收入（元）
没上过学	29	4.6	36230.36
小学	146	23.3	46852.70
初中	320	51.1	49701.04
高中或中专	131	20.9	61779.25

数据来源：根据调查问卷整理所得。

2. 农户家庭户主配偶学历与收入关系

从样本农户家庭户主配偶学历情况来看，大多数农户家庭户主配偶学历为初中，样本数为319，占样本总体的51.0%；户主配偶学历为小学的样本数为182，占样本总体的29.1%；户主配偶学历为高中或中专的样本数为84，占样本总体的13.4%；户主配偶未上过学的样本数为41，占样本总体的6.5%。农户家庭户主配偶未上过学的平均收入最低，仅为39157.81元；其次是农户户主配偶学历为小学的农户家庭，平均收入为49162.55元；再次是农户户主配偶学历为初中的农户家庭，平均收入为51706.17元；农户户主配偶学历为高中或中专的农户家庭平均收入最高，达到57634.14元（见表6－6）。可见，随着农户家庭户主配偶学历水平的提高，农户家庭平均收入不断增加。

表6－6　户主配偶学历及收入情况

学历	样本数（个）	百分比（%）	平均收入（元）
没上过学	41	6.5	39157.81
小学	182	29.1	49162.55
初中	319	51.0	51706.17
高中或中专	84	13.4	57634.14

数据来源：根据调查问卷整理所得。

3. 家庭劳动力因素与收入关系

（1）农户家庭劳动力数量与收入关系

从样本农户家庭劳动力数量情况来看，大多数家庭劳动力数量为2人，样本数为359，占样本总体的57.3%；劳动力数量为3人的样本数为192，占样本总体的30.7%；劳动力数量为4人的样本数为50，占样本总体的8.0%；劳动力数量为1人的样本数为25，占样本总体的4.0%。劳动力数量最多的农户家庭平均收入最高，达到64640.30元；其次是劳动力数量为3人的农户家庭，平均收入为51982.32元；再次是劳动力数量为2人的农户家庭，平均收入为49694.67元；劳动力数量为1人的农户家庭平均收入最低，为33423.37元（见表6－7）。由此可见，随着农户家庭劳动力数量的增多，农户家庭的平均收入逐渐增加。

表6－7　家庭劳动力数量及收入情况

劳动力数量（人）	样本数（个）	百分比（%）	平均收入（元）
1	25	4.0	33423.37
2	359	57.3	49694.67
3	192	30.7	51982.32
4	50	8.0	64640.30

数据来源：根据调查问卷整理所得。

（2）劳动力平均年龄与收入关系

从样本劳动力平均年龄情况来看，样本中劳动力年龄为40～50岁（不包括50岁）的居多，样本数为287，占样本总体的45.8%；其次是样本劳动力平均年龄为30～40岁（不包括40岁）的，样本数为281，占样本总体的44.9%；样本劳动力平均年龄为50～60岁（不包括60岁）的，样本数为30，占样本总体的4.8%；样本劳动力年龄在60岁及以上的样本数为19，占样本总体的3.0%；样本劳动力年龄在30岁以下（不包括30岁）的样本数为9，占样本总体的1.4%。其中，劳动力平均年龄为30～40岁（不包括40岁）的农户家庭平均收入最高，达到55613.11元；其次为劳动力平均年龄在30岁以下（不包括30岁）的农户家庭，平均收入为52699.11元；第三为劳动力平均年龄为40～50岁（不包括50岁）的农户家庭，平均收入为49849.84元；第四为劳动力平均年龄为50～60岁（不包括60岁）的农户家庭，平均收入为35693.77元；劳动力平均年龄在60岁及以上的农户家庭平均收入最低，仅为24330.39元（见表6-8）。可见，随着农户年龄的增长，农户家庭平均收入经历了先增加后减少的过程。其对黑龙江省农户具体影响情况仍不明朗。

表6-8　　劳动力平均年龄及收入情况

年龄	样本数（个）	百分比（%）	平均收入（元）
30岁以下（不包括30岁）	9	1.4	52699.11
30~40岁（不包括40岁）	281	44.9	55613.11
40~50岁（不包括50岁）	287	45.8	49849.84
50~60岁（不包括60岁）	30	4.8	35693.77
60岁及以上	19	3.0	24330.39

数据来源：根据调查问卷整理所得。

（3）劳动力平均学历与收入关系

从样本劳动力平均学历情况来看，农户家中劳动力平均学历为小学以下的样本数为30，占样本总体的4.8%；劳动力平均学历为小学至初中的样本数为164，占样本总体的26.2%；劳动力平均学历为初中至高中的样本数为362，占样本总体的57.8%；劳动力平均学历为高中及以上的样本数为70，占样本总体的11.2%。其中，劳动力平均学历为高中及以上的平均收入最高，为60850.61元；其次是劳动力平均学历为初中至高中的农户家庭，平均收入为55420.23元；再次是劳动力平均学历为小学至初中的农户家庭，平均收入为40584.60元；平均收入最低的是劳动力平均学历为小学以下的农户家庭，仅为32134.35元（见表6-9）。可见，农民家庭平均收入与家中劳动力平均学历水平呈正相关关系。

表6-9　　劳动力平均学历及收入情况

学历	样本数（个）	百分比（%）	平均收入（元）
小学以下	30	4.8	32134.35
小学至初中	164	26.2	40584.60
初中至高中	362	57.8	55420.23
高中及以上	70	11.2	60850.61

数据来源：根据调查问卷整理所得。

（4）劳动力人均工作天数与收入关系

从样本农户每年劳动力人均工作天数情况来看，人均工作天数在180天以下（不包括180天）的样本数为32，占农户样本总体的5.1%；人均工作天数为180～270天（不包括270天）的样本数为473，占农户样本总体的75.6%；人均工作天数在270天及以上的样本数为121，占样本总体的19.3%。其中，劳动力人均工作天数在270天及以上的农户家庭平均收入最高，为54579.49元；其次为人均工作天数为180～270天（不包括270天）的农户家庭，平均收入为50727.96元；人均工作天数在180天以下（不包括180天）的农户家庭平均收入最低，为50663.91元（见表6－10）。可见，随着农户每年劳动力人均工作天数的增加，农户家庭的平均收入不断提高。

表6－10　每年劳动力人均工作天数及收入情况

天数	样本数（个）	百分比（%）	平均收入（元）
180天以下（不包括180天）	32	5.1	50663.91
180～270天（不包括270天）	473	75.6	50727.96
270天及以上	121	19.3	54579.49

数据来源：根据调查问卷整理所得。

4. 家庭负担因素

（1）农户家庭负担子女数量与收入关系

负担子女数是指尚未结婚或上学的子女总数。从样本农户家庭负担子女数量情况来看，大多数农户家庭负担1个子女，样本数为314，占样本总体的50.2%；农户家庭负担2个子女的样本数为203，占样本总体的32.4%；农户家庭负担3个子女的样本数为28，占样本总体的4.5%；农户家庭无子女负担的样本数为81，占样本总体的12.9%。其中，负担1个子女的农户家庭平均收入最高，为54032.02元；其次为负担2个子女的农户家庭，平均收入为49748.60元；再次是无子女负担的农户家庭，平均收入为46606.84元；农户家庭负担3个子女的平均收入最低，仅为37443.39元（见表6－11）。可见，随着农户家庭负担子女数量的增加，农户家庭平均收入经历了先增加后减少的过程。除去无子女负担的农户家庭，负担1个、2个、3个子女的农户家庭的平均收入随着负担子女人数的增加而逐渐减少。

表 6-11　　负担子女数量及收入情况

负担子女数	样本数（个）	百分比（%）	平均收入（元）
0 人	81	12.9	46606.84
1 人	314	50.2	54032.02
2 人	203	32.4	49748.60
3 人	28	4.5	37443.39

数据来源：根据调查问卷整理所得。

（2）家中非健康人数与收入关系

从样本农户家中非健康人数情况来看，家中非健康人数为 0 人的样本数为 393，占样本总数的 62.8%；非健康人数为 1 人的样本数为 73，占样本总体的 11.7%；非健康人数为 2 人的样本数为 141，占样本总体的 22.5%；非健康人数为 3 人及以上的样本数为 19，占样本总体的 3.0%。其中，家中非健康人数为 0 人的农户家庭平均收入最高，达到 56707.49 元；其次是非健康人数为 1 人的农户家庭，平均收入为 50781.58 元；再次是非健康人数为 2 人的农户家庭，平均收入为 41171.55 元；平均收入最低的是非健康人数为 3 人及以上的农户家庭，平均收入仅为 38801.50 元（见表 6-12）。可见，家中非健康人数同农户家庭平均收入有负相关关系。

表 6-12　　户中非健康人数及收入情况

人数	样本数（个）	百分比（%）	平均收入（元）
0 人	393	62.8	56707.49
1 人	73	11.7	50781.58
2 人	141	22.5	41171.55
3 人及以上	19	3.0	38801.50

数据来源：根据调查问卷整理所得。

6.3.3　政策因素与收入关系

政策因素对黑龙江省农户收入的影响是直接可见的，直接补贴政策将直接拉动农民收入增长，2004 年以来，国家对农业的补贴标准一直在上涨，截至 2013 年，国家的四项补贴已经达到 1700.55 亿元，其中粮食直接补贴和农资综合补贴数额达到1222亿元，比2012年的986亿元整整高出236亿元，上升23.9%。按照此上升速度，2013年黑龙江省的平均每亩补贴水平应从2012年的70元上升到2013年的86.73元。以黑龙江省人均耕地面积为10亩，每户3口人来计算，2013年黑龙江省户均将获得2601.9元的粮食直接补贴和农资补贴。另外，农户还可以获得良种补贴，补贴标准为水稻15元/亩，其他作物10元/亩，这样种植水稻的农户还可以获得450元的良种补贴，其他农户还可以获得300元的良种补贴。那么2013年，黑龙江省每户农户将获得2901.9～3051.9元的补贴。由此可见，补贴的上涨将直接带动农户收入的上涨，国家政策对农户收入的影响是十分显著的。

6.3.4 市场因素与收入关系

1. 农资及农产品价格与收入关系

市场因素对农户收入的影响也是十分直接的，当农资价格上涨、粮食价格疲软时，或者农资价格上涨速度快于粮食价格上涨速度时，农户将直接面对成本高涨和收益下滑的双向挤压，利润空间将迅速减少。

以2012年生产和销售情况为例，2012年黑龙江省的农资价格普遍上涨，其中主要的农资涨幅超过了20%，2012年调研地区的农药价格比2011年同期上涨了7.69%，化肥价格比2011年同期上涨了8.57%，柴油价格比2011年同期上涨了8.64%，人工价格比2011年同期上涨了25%，机耕费比2011年同期上涨了14.29%，土地转包费比2011年同期上涨了6.06%。

以种植玉米为例，每公顷要投入50斤玉米种子，共计2250元；10袋化肥，共计1900元；如果是除收割之外均自己耕种，则一公顷土地要消耗75千克的柴油，共计792元；加上农药费280元，转包费3500元，机耕费800元，2012年农户种植一公顷玉米需要花费掉9522元。按照2012年1.05元/斤的价格和一公顷土地产8吨玉米来算，农户可以获得毛收入16800元，纯收入7278元。

2011年耕种一公顷玉米农户要花费8239元，按照2011年0.98元/斤的价格和一公顷土地产8吨玉米来算，农户可获得纯收入7441元（见表6－13）。

表6－13　市场因素及收入情况

市场因素	2011年	2012年	上涨幅度（%）
玉米种子（元/千克）	60	90	50.00
化肥（元/袋）	175	190	8.57
农药（元/公顷）	260	280	7.69
转包费（元/公顷）	3300	3500	6.06
机耕费（元/公顷）	700	800	14.29
人工（元/日）	80	100	25.00
柴油（元/千克）	9.72	10.56	8.64

数据来源：根据调研材料整理所得。

可见，虽然玉米价格上涨了，但是农资价格上涨得更快。2011年的农户纯收入要比2012年少163元。因此，一旦农资价格快速上涨，造成成本增速高于收益增速，农户的利润空间就会被压缩。反之，农户的收入将会进一步增加，市场对农户收入的影响是直接而显著的。

2. 种植品种与收入的关系

从样本农户家庭主要种植品种情况来看，种植大豆的样本数为111，占样本总体的17.7%；种植玉米的样本数为410，占样本总体的65.5%；种植水稻的样本数为105，占样本总体的16.8%。其中，种植水稻的农户家庭平均收入最高，达到73302.54元；其次是种植玉米的农户，平均收入为48222.92元；平均收入最低的是大豆种植户，仅为39823.67元（见表6－14）。可见，不同的种植品种的选取对农户家庭的平均收入有很大影响。

表6－14　家庭主要种植品种及收入情况

种植品种	样本数（个）	百分比（%）	平均收入（元）
大豆	111	17.7	39823.67
玉米	410	65.5	48222.92
水稻	105	16.8	73302.54

数据来源：根据调查问卷整理所得。

6.3.5　金融支持情况与收入关系

从样本农户家庭是否获得贷款情况来看，未获得贷款的农户家庭样本数为463，占样本总体的74%；获得贷款的农户家庭样本数为163，占样本总体的26%。其中，获得贷款的农户家庭平均收入较高，为72488.04元；未获得贷款的农户家庭平均收入较少，仅为43354.30元（见表6－15）。可见，获得贷款对于农户家庭的平均收入增长具有积极的促进作用。

表6－15　　　　金融支持及收入情况

是否获得贷款	样本数（个）	百分比（%）	平均收入（元）
否	463	74	43354.30
是	163	26	72488.04
合计	626	100	

数据来源：根据调查问卷整理所得。

6.3.6　科技因素与收入关系

1. 土地深翻与收入关系

从样本农户家庭土地是否深翻情况来看，土地不深翻的农户家庭样本数为393，占样本总体的62.8%；土地深翻的样本数为233，占样本总体的37.2%。其中，进行土地深翻的农户家庭平均收入较高，为59575.21元；不深翻土地的农户家庭平均收入较少，为45820.78元（见表6－16）。可见，土地深翻对于农户家庭的平均收入具有正向的促进作用。

表6－16　　　　土地深翻及收入情况

土地是否深翻	样本数（个）	百分比（%）	平均收入（元）
不深翻	393	62.8	45820.78
深翻	233	37.2	59575.21

数据来源：根据调查问卷整理所得。

2. 土地换茬与收入关系

从样本农户家庭土地是否换茬情况来看，土地不换茬的农户家庭样本数为379，占样本总体的60.5%；土地换茬的样本数为247，占样本总体的39.5%。其中，土地换茬的农户家庭平均收入较高，为52997.22元；土地不换茬的农户家庭平均收入较少，为49599.67元（见表6－17）。可见，土地换茬对于农户家庭的平均收入具有正向的促进作用。

表 6－17　　土地换茬及收入情况

土地是否换茬	样本数（个）	百分比（%）	平均收入（元）
不换茬	379	60.5	49599.67
换茬	247	39.5	52997.22

数据来源：根据调查问卷整理所得。

6.3.7　规模经营与收入关系

1. 土地规模与收入关系

（1）播种面积与收入关系

从样本农户家庭土地播种面积情况来看，播种面积在 1 公顷以下（不包括 1 公顷）的样本数为 21，占样本总体的 3.4%；播种面积为 1～5 公顷（不包括 5 公顷）的样本数为 416，占样本总体的 66.5%；播种面积为 5～10 公顷（不包括 10 公顷）的样本数为 140，占样本总体的 22.4%；播种面积为 10～15 公顷（不包括 15 公顷）的样本数为 33，占样本总体的 5.3%；播种面积在 15 公顷以上（包括 15 公顷）的样本数为 16，占样本总体的 2.6%。其中，播种面积在 15 公顷及以上的农户家庭平均收入最高，达到 159375.80 元；其次是播种面积为 10～15 公顷（不包括 15 公顷）的农户家庭，平均收入为 86873.85 元；第三是播种面积为 5～10 公顷（不包括 10 公顷）的农户家庭，平均收入为 65375.09 元；第四是播种面积为1～5公顷（不包括 5 公顷）的农户家庭，平均收入为 40313.37 元；播种面积在 1 公顷以下（不包括 1 公顷）的农户家庭的平均收入最少，仅为 26136.52 元（见表 6－18）。可见，随着农户播种面积的不断扩大，农户家庭的平均收入也随之不断增加。尤其是当播种面积达到 15 公顷及以上时，农民的平均收入大幅度提高。

表 6－18　　播种面积及收入情况

播种面积	样本数（个）	百分比（%）	平均收入（元）
1 公顷以下（不包括 1 公顷）	21	3.4	26136.52
1～5 公顷（不包括 5 公顷）	416	66.5	40313.37
5～10 公顷（不包括 10 公顷）	140	22.4	65375.09
10～15 公顷（不包括 15 公顷）	33	5.3	86873.85
15 公顷及以上	16	2.6	159375.80

数据来源：根据调查问卷整理所得。

（2）单块土地规模与收入关系

从样本农户家庭土地规模程度情况来看，单块土地规模在5亩以下（不包括5亩）的样本数为33，占样本总体的5.3%；单块土地规模为5~10亩（不包括10亩）的样本数为133，占样本总体的21.2%；单块土地规模为10~15亩（不包括15亩）的样本数为87，占样本总体的13.9%；单块土地规模为15~20亩（不包括20亩）的样本数为179，占样本总体的28.6%；单块土地规模在20亩以上（包括20亩）的样本数为194，占样本总体的31.0%。其中，单块土地规模在20亩及以上的农户家庭的平均收入最高，达到79708.24元；其次是单块土地规模为15~20亩（不包括20亩）的农户家庭，平均收入为41659.39元；第三是单块土地规模为10~15亩（不包括15亩）的农户家庭，平均收入为36865.10元；第四是单块土地规模为5~10亩（不包括10亩）的农户家庭，平均收入为35892.46元；单块土地规模在5亩以下（不包括5亩）的农户家庭的平均收入最少，仅为29915.15元（见表6-19）。可见，随着农户单块土地规模的不断扩大，农户家庭的平均收入也随之不断增加。

表6-19　　单块土地规模及收入情况

单块土地规模	样本数（个）	百分比（%）	平均收入（元）
5亩以下（不包括5亩）	33	5.3	29915.15
5~10亩（不包括10亩）	133	21.2	35892.46
10~15亩（不包括15亩）	87	13.9	36865.10
15~20亩（不包括20亩）	179	28.6	41659.39
20亩及以上	194	31.0	79708.24

数据来源：根据调查问卷整理所得。

2. 机械化情况与收入关系

（1）机械化程度与收入关系

从样本农户农业生产机械化水平来看，机械化水平为0~35%（不包括35%）的样本数为111，占样本总体的17.7%；机械化水平为35%~70%（不包括70%）的样本数为172，占样本总体的27.5%；机械化水平为70%~100%（包括100%）的样本数为343，占样本总体的54.8%。其中，机械化水平为70%~100%（包括100%）的农户家庭平均收入最高，为59977.84元；其次是机械化水平为35%~70%（不包括70%）的农户家庭，平均收入为45065.74元；机械化水平为0~35%（不包括

35%）的农户家庭平均收入最低，为32116.07元（见表6－20）。可见，随着农户家庭机械化程度的增加，农户的平均收入水平不断提高。

表6－20 农业生产机械化水平及收入情况

机械化程度	样本数（个）	百分比（%）	平均收入（元）
0～35%（不包括35%）	111	17.7	32116.07
35%～70%（不包括70%）	172	27.5	45065.74
70%～100%（包括100%）	343	54.8	59977.84

数据来源：根据调查问卷整理所得。

（2）农机平均马力与收入关系

从样本农机平均马力来看，农机平均马力在20马力以下（不包括20马力）的样本数为429，占样本总体的68.5%；农机平均马力为20～40马力（不包括40马力）的样本数为132，占样本总体的21.1%；农机平均马力在40马力及以上的样本数为65，占样本总体的10.4%。其中，农机平均马力在40马力及以上的农户家庭平均收入最高，为96783.88元；其次是农机平均马力为20～40马力（不包括40马力）的农户家庭，平均收入为57462.70元；农机平均马力在20马力以下（不包括20马力）的农户家庭平均收入最低，为42110.82元（见表6－21）。可见，随着农机平均马力的增加，农户的平均收入水平不断提高。

表6－21 农机平均马力及收入情况

农机平均马力	样本数（个）	百分比（%）	平均收入（元）
20马力以下（不包括20马力）	429	68.5	42110.82
20～40马力（不包括40马力）	132	21.1	57462.70
40马力及以上	65	10.4	96783.88

数据来源：根据调查问卷整理所得。

3. 组织化程度与收入关系

从样本农户是否加入合作社的情况来看，未加入合作社的农户样本数为488，占样本总体的78%；加入合作社的农户样本数为138，占样本总体的22%。前者农户的平均收入为49327.09元，后者农户的平均收入为57028.64元（见表6－22）。可见，农户加入合作社，提高组织化水平，对农户的平均收入有正向促进作用。

表6－22　　组织化及收入情况

合作组织	样本数（个）	百分比（%）	平均收入（元）
未加入	488	78	49327.09
加入	138	22	57028.64

数据来源：根据调查问卷整理所得。

6.3.8　基础设施与收入关系

1. 水利设施与收入关系

从样本农户家庭水利设施情况来看，没有水利设施的农户样本数为448，占样本总体的71.6%；有水利设施的农户样本数为178，占样本总体的28.4%。前者的农户平均收入为48187.65元，后者的农户平均收入为58165.75元（见表6－23）。通过上述分析可知，水利设施对于农户家庭的平均收入起到正向的促进作用。

表6－23　　水利设施及收入情况

是否有水利设施	样本数（个）	百分比（%）	平均收入（元）
否	448	71.6	48187.65
是	178	28.4	58165.75

数据来源：根据调查问卷整理所得。

2. 信息设施与收入关系

从样本农户家庭是否上网情况来看，不上网的农户样本数为446，占样本总体的71.2%；上网的农户样本数为180，占样本总体的28.8%。前者的农户平均收入为48949.07元；后者的农户平均收入为56128.37元（见表6－24）。通过上述分析可知，能够上网对于农户家庭的平均收入起到正向的促进作用。

表6－24　　信息设施及收入情况

是否上网	样本数（个）	百分比（%）	平均收入（元）
否	446	71.2	48949.07
是	180	28.8	56128.37

数据来源：根据调查问卷整理所得。

6.3.9 城镇化及乡镇企业发展水平与收入关系

1. 城镇化与收入关系

从样本农户所在村域是否有小城镇建设情况来看，无小城镇建设的村域农户样本数为530，占样本总体的84.7%；有小城镇建设的村域农户样本数为96，占样本总体的15.3%。前者农户的平均收入为51373.52元；后者农户的平均收入为48548.19元（见表6－25）。可见，农户所在村域是否有小城镇建设对农户的平均收入存在一定影响。

表6－25　　小城镇建设及收入情况

是否有小城镇建设	样本数（个）	百分比（%）	平均收入（元）
没有	530	84.7	51373.52
有	96	15.3	48548.19

数据来源：根据调查问卷整理所得。

2. 乡镇企业与收入关系

从样本农户所在村域是否有企业情况来看，无企业的村域农户样本数为386，占样本总体的61.7%；有企业的村域农户样本数为240，占样本总体的38.3%。前者农户的平均收入为48675.12元；后者农户的平均收入为54583.32元（见表6－26）。可见，农户所在村域有企业对农户的平均收入呈现出正方向的促进作用。

表6－26　　村镇企业及收入情况

村镇是否有企业	样本数（个）	百分比（%）	平均收入（元）
没有	386	61.7	48675.12
有	240	38.3	54583.32

数据来源：根据调查问卷整理所得。

6.4 基于线性回归分析的黑龙江省农民收入影响因素分析

6.4.1 模型的选取

1. 多元线性回归模型

本研究的目的是对横向数据中的农户收入的影响因素进行分析，找出影响农户收入的主因，所以在模型的应用上，本书选取多重线性回归模型对所选取的数据进行分析，模型的具体形式如下：

$$Y = C + \sum_{i=1}^{n} \beta_i X_i + \varepsilon$$

其中，Y 所表示的是农户收入，C 为常数项，β_i 是对应变量的回归系数，X_i 是所对应的变量，ε 是随机扰动项，n 的取值范围为 1～626。

2. 简单相关系数

本部分应用的简单相关系数为 Pearson 简单相关系数，本部分借鉴张红兵的分析方法（张红兵等，2007），其具体计算公式如下：

$$r = \frac{\sum_{i=1}^{n} (x_i - \bar{x})(y_i - \bar{y})}{\sqrt{\sum_{i=1}^{n} (x_i - \bar{x})^2 (y_i - \bar{y})^2}}$$

其中，n 为样本容量，x_i 和 y_i 是两个变量样本值，$\bar{x}$ 和 $\bar{y}$ 分别为变量 x 和 y 的平均值。

6.4.2 变量界定及假设

对截面数据进行分析，自然水资源因素、市场价格因素和政策因素对农户收入的影响是较小的，因此并未将这些因素纳入回归模型；另外，调研地区均实现了良种种植，因此科技因素的优良品种变量未选入进行分析。但是，未进入模型分析的各因素和变量对农民收入的影响是显而易见的，农户收入增长离不开政策的支持和市场的调节，水资源的约束同样不能忽视，良种的作用也十分显著。

利用微观调研数据，通过对变量的筛选，按照上一章的具体分析框架的界定，对影响农户收入的自然因素、农户自身因素、种植结构因素、金融支持因素、科技因素、规模经营因素、基础设施因素和城镇化及乡镇企业因素进行微观数据界定，最终得到共计 8 类、24 个变量，具体变量定义和分类情况如表 6－27 所示。

表 6－27　　模型变量定义及假设方向

<table>
<tr><th colspan="4"></th><th>变量定义</th><th>预期方向</th></tr>
<tr><td rowspan="20">变量</td><td rowspan="20">解释变量</td><td rowspan="2">自然因素</td><td>X_1（作物生长期）</td><td>一年当中作物生长期限（单位：天）</td><td>不确定</td></tr>
<tr><td>X_2（低产田面积占比）</td><td>低产田占播种面积比例（单位：%）</td><td>负</td></tr>
<tr><td rowspan="9">农户自身因素</td><td>X_3（户主年龄）</td><td>户主实际年龄（单位：岁）</td><td>负</td></tr>
<tr><td>X_4（户主学历）</td><td>没上过学＝1；小学＝2；初中＝3；高中或中专＝4；大专及以上＝5</td><td>正</td></tr>
<tr><td>X_5（户主配偶学历）</td><td>没上过学＝1；小学＝2；初中＝3；高中或中专＝4；大专及以上＝5</td><td>正</td></tr>
<tr><td>X_6（家庭劳动力数量）</td><td>家庭实际劳动力人数（单位：人）</td><td>正</td></tr>
<tr><td>X_7（劳动力平均年龄）</td><td>家庭劳动力的平均年龄（单位：10 岁）</td><td>负</td></tr>
<tr><td>X_8（劳动力平均学历）</td><td>没上过学＝1；小学＝2；初中＝3；高中或中专＝4；大专及以上＝5</td><td>正</td></tr>
<tr><td>X_9（年劳动力人均工作天数）</td><td>一年劳动力人均工作天数（单位：天）</td><td>正</td></tr>
<tr><td>X_{10}（负担子女人数）</td><td>未婚或上学子女总人数（单位：人）</td><td>不确定</td></tr>
<tr><td>X_{11}（非健康人数）</td><td>家中身体不健康人数（慢性疾病或重大疾病）（单位：人）</td><td>负</td></tr>
<tr><td>种植结构因素</td><td>X_{12}（家庭主要种植品种）</td><td>大豆＝1；玉米＝2；水稻＝3</td><td>正</td></tr>
<tr><td>金融支持因素</td><td>X_{13}（是否获得贷款）</td><td>是＝1；否＝0</td><td>正</td></tr>
<tr><td rowspan="2">科技因素</td><td>X_{14}（土地是否深翻）</td><td>是＝1；否＝0</td><td>正</td></tr>
<tr><td>X_{15}（土地是否换茬）</td><td>是＝1；否＝0</td><td>正</td></tr>
<tr><td rowspan="5">规模经营因素</td><td>X_{16}（播种面积）</td><td>经营农作物的播种面积（单位：公顷）</td><td>正</td></tr>
<tr><td>X_{17}（单块土地规模）</td><td>单块土地规模大小（单位：亩）</td><td>正</td></tr>
<tr><td>X_{18}（机械化水平）</td><td>农业生产中机械化率（单位：%）</td><td>正</td></tr>
<tr><td>X_{19}（农机平均动力）</td><td>拥有农机的平均马力（单位：%）</td><td>正</td></tr>
<tr><td>X_{20}（是否加入合作社）</td><td>是＝1；否＝0</td><td>正</td></tr>
</table>

续 表

				变量定义	预期方向
变量	解释变量	基础设施因素	X_{21}（是否有农业灌溉设施）	是=1；否=0	正
			X_{22}（家中能否上网）	是=1；否=0	不确定
		城镇化及乡镇企业因素	X_{23}（是否进行小城镇建设）	是=1；否=0	正
			X_{24}（村镇是否有企业）	是=1；否=0	正
	被解释变量	Y（农户收入）		农户所获的纯收入（单位：元）	

6.4.3 数据获取

本部分的数据是笔者对哈尔滨、齐齐哈尔、牡丹江、佳木斯和鹤岗5市、10县（市、区）进行调研所取得的626份有效调查问卷整理所得。从整体上来看，获取的数据基本满足了模型分析的需要，在大部分情况下可以体现农户收入的真实水平。各变量特征如表6－28所示。

表6－28　　　　模型变量及假设方向

				N	最小值	最大值	平均值	标准差
变量	解释变量	自然因素	X_1（作物生长期）	626	110.00	125.00	116.9569	4.14301
			X_2（低产田面积占比）	626	0	80.00	11.29	8.04
		农户自身因素	X_3（户主年龄）	626	28.00	75.00	46.37	7.59
			X_4（户主学历）	626	1.00	4.00	2.88	0.78
			X_5（户主配偶学历）	626	1.00	4.00	2.71	0.78
			X_6（家庭劳动力数量）	626	1.00	5.00	2.43	0.70
			X_7（劳动力平均年龄）	626	1.00	4.30	3.0081	0.69237
			X_8（劳动力平均学历）	626	26.00	70.00	41.2010	6.61326
			X_9（年劳动力人均工作天数）	626	140.00	350.00	232.38	34.94
			X_{10}（负担子女人数）	626	0	3.00	1.28	0.74
			X_{11}（非健康人数）	626	0	4.00	0.67	0.97

续 表

				N	最小值	最大值	平均值	标准差
变量	解释变量	种植结构因素	X_{12}（家庭主要种植品种）	626	1.00	3.00	1.99	0.59
		金融支持因素	X_{13}（是否获得贷款）	626	0	1.00	0.27	0.59
		科技因素	X_{14}（土地是否深翻）	626	0	1.00	0.37	0.48
			X_{15}（土地是否换茬）	626	0	1.00	0.39	0.49
		规模经营因素	X_{16}（播种面积）	626	0.50	30.00	4.25	4.13
			X_{17}（单块土地规模）	626	2.50	180.00	18.18	15.46
			X_{18}（机械化水平）	626	0	100.00	64.22	32.01
			X_{19}（农机平均动力）	626	0	80.00	13.89	15.21
			X_{20}（是否加入合作社）	626	0	1.00	0.22	0.41
		基础设施因素	X_{21}（是否有农业灌溉设施）	626	0	1.00	0.28	0.45
			X_{22}（家中能否上网）	626	0	1.00	0.28	0.45
		城镇化及乡镇企业因素	X_{23}（是否进行小城镇建设）	626	0	1.00	0.15	0.36
			X_{24}（村镇是否有企业）	626	0	1.00	0.38	0.49
	被解释变量		Y（农户收入）	626	6307.50	327150.00	51024.87	36013.42

6.4.4 模型结果分析

利用 SPSS 软件对选取的数据进行相关分析和多元线性回归分析。在分析之前已经通过影响因素统计描述将一些差别不大、无法进一步分析的因素剔除出多元回归模型。最后通过多重线性回归的 Stepwise 方法对影响因素逐步筛选，将最有代表性的影响因素保留，对一些存在多重共线性和对农户收入影响不明显的因素进行剔除，完成最后一步剔除工作。最终，通过相关分析和多元线性回归分析得到如表 6 – 29 至表 6 – 31 所示的结果。

表 6 – 29　　相关系数（1）

	作物生长期	低产田面积占比	户主年龄	户主学历	户主配偶学历	家庭劳动力数量	劳动力平均年龄	劳动力平均学历
农户收入	−0.081	−0.067	−0.073	0.163	0.106	0.132	−0.188	0.262
显著性	0.044	0.095	0.067	0.000	0.008	0.001	0.000	0.000
样本数量	626	626	626	626	626	626	626	626

表 6 – 30　　相关系数（2）

	年劳动力人均工作天数	负担子女人数	非健康人数	家庭主要种植品种	是否获得贷款	土地是否深翻	土地是否换茬	播种面积
农户收入	0.102	−0.039	−0.16	0.271	0.31	0.19	0.046	0.691
显著性	0.011	0.334	0.000	0.000	0.000	0.000	0.249	0.000
样本数量	626	626	626	626	626	626	626	626

表 6 – 31　　相关系数（3）

	单块土地规模	机械化水平	农机平均动力	是否加入合作社	是否有农业灌溉设施	家中能否上网	是否进行小城镇建设	村镇是否有企业
农户收入	0.582	0.32	0.41	0.089	0.125	0.089	−0.028	0.080
显著性	0.000	0.000	0.000	0.026	0.002	0.026	0.480	0.046
样本数量	626	626	626	626	626	626	626	626

通过相关分析结果可以看出，X_4（户主学历）、X_5（户主配偶学历）、X_6（家庭劳动力数量）、X_8（劳动力平均学历）、X_9（年劳动力人均工作天数）、X_{12}（家庭主要种植品种）、X_{13}（是否获得贷款）、X_{14}（土地是否深翻）、X_{15}（土地是否换茬）、X_{16}（播种面积）、X_{17}（单块土地规模）、X_{18}（机械化水平）、X_{19}（农机平均动力）、X_{20}（是否加入合作社）、X_{21}（是否有农业灌溉

设施)、X_{22}(家中能否上网)和 X_{24}(村镇是否有企业)的相关系数为正，说明这些影响因素与农户收入正相关。其中，X_{15}(土地是否换茬)的显著性值为0.249，说明其并未通过5%的显著水平下的t检验，说明其可信性并不高。除此影响因素以外，其他因素均通过了5%显著水平下的t检验，说明这些影响因素同农户收入之间存在着明显的相关性。

另外，农户收入同 X_1(作物生长期)、X_2(低产田面积占比)、X_3(户主年龄)、X_7(劳动力平均年龄)、X_{10}(负担子女人数)、X_{11}(非健康人数)和 X_{23}(是否进行小城镇建设)的相关系数为负，说明这些因素同农户收入负相关。其中，X_2(低产田面积占比)、X_3(户主年龄)、X_{10}(负担子女人数)和 X_{23}(是否进行小城镇建设)的显著值分别为0.095、0.067、0.334和0.480，说明其并未通过5%的显著水平下的t检验，说明其可信性有待商榷。除这4个影响因素以外，其他负向影响因素均通过了5%的显著水平下的t检验。

从整体的相关方向来看，同之前预期的方向基本一致。只是其中有些因素同农户收入相关的可信度仍要进一步检验。以下通过多元线性回归进行分析，进一步讨论相关影响下该因素对农户收入的影响方向和程度。

从逐步回归分析结果中可以看出，24个变量共保留了13个变量，具体变量为 X_{16}(播种面积)、X_{12}(家庭主要种植品种)、X_9(年劳动力人均工作天数)、X_6(家庭劳动力数量)、X_{11}(非健康人数)、X_{19}(农机平均动力)、X_{14}(土地是否深翻)、X_2(低产田面积占比)、X_{17}(单块土地规模)、X_8(劳动力平均学历)、X_7(劳动力平均年龄)、X_{13}(是否获得贷款)和 X_{20}(是否加入合作社)，如表6-32所示。

表6-32　　变量筛选

模型	变量进入	变量剔除
1	播种面积	—
2	家庭主要种植品种	—
3	年劳动力人均工作天数	—
4	家庭劳动力数量	—
5	非健康人数	—
6	农机平均动力	—
7	土地是否深翻	—
8	低产田面积占比	—

续 表

模型	变量进入	变量剔除
9	单块土地规模	—
10	劳动力平均学历	—
11	劳动力平均年龄	—
12	是否获得贷款	—
13	是否加入合作社	—

从总体来看，最能解释黑龙江省农户收入的变量是播种面积，其一个变量就可以解释农户收入47.7%的变动。另外12个因素一共解释25.8%的农户收入变动。

第一个进入模型的是X_{16}（播种面积），模型1的判定系数为0.477，这说明X_{16}（播种面积）对黑龙江省农户收入的影响十分显著，在30个变量中，X_{16}（播种面积）最能解释农户收入的变动情况。第二个进入模型的是X_{12}（家庭主要种植品种），模型2的判定系数为0.577，判定系数增加了0.1，该因素是30个变量中解释黑龙江省农户收入情况的第二显著变量。第三个进入模型的是X_9（年劳动力人均工作天数），模型3的判定系数为0.633，判定系数增加了0.056。第四个进入模型的是X_6（家庭劳动力数量），模型4的判定系数为0.667，判定系数增加了0.034。第五个进入模型的是X_{11}（非健康人数），模型5的判定系数为0.682，判定系数增加了0.015。第六个进入模型的是X_{19}（农机平均动力），模型6的判定系数为0.697，判定系数增加了0.015。第七个进入模型的是X_{14}（土地是否深翻），模型7的判定系数为0.707，判定系数增加了0.010。第八个进入模型的是X_2（低产田面积占比），模型8的判定系数为0.711，判定系数增加了0.004。第九个进入模型的是X_{17}（单块土地规模），模型9的判定系数为0.715，判定系数增加了0.004。第十个进入模型的是X_8（劳动力平均学历），模型10的判定系数为0.719，判定系数增加了0.004。第十一个进入模型的是X_7（劳动力平均年龄），模型11的判定系数为0.722，判定系数增加了0.003。第十二个进入模型的是X_{13}（是否获得贷款），模型12的判定系数为0.724，判定系数增加了0.002。第十三个进入模型的是X_{20}（是否加入合作社），模型13的判定系数为0.726，判定系数增加了0.002（见表6-33）。

表 6-33 模型摘要

模型	判定系数	调整后判定系数	估计误差
1	0.477	0.477	26055.89771
2	0.577	0.576	23451.69715
3	0.633	0.631	21868.52681
4	0.667	0.664	20860.38262
5	0.682	0.680	20479.60750
6	0.697	0.695	19866.72115
7	0.707	0.704	19730.91256
8	0.711	0.706	19512.26961
9	0.715	0.710	19407.86375
10	0.719	0.713	19283.81743
11	0.722	0.720	19073.15735
12	0.724	0.723	18956.84545
13	0.726	0.724	18903.03713

通过多元线性回归分析结果可以看出，经过14次模拟，最终模型的R^2为0.726，调整过后的判定系数为0.724，因为是截面数据，R^2超过0.7其拟合效果就较为显著，所以该模型的拟合情况令人满意。方差检验=130.361，且显著性值=0.000<0.05，这就说明该模型已经通过F检验，拒绝0假设，说明该模型中的解释变量和被解释变量之间存在明显的线性关系（见表6-34）。最终，黑龙江省农户收入的主要影响因素为X_{16}（播种面积）、X_{12}（家庭主要种植品种）、X_9（年劳动力人均工作天数）、X_6（家庭劳动力数量）、X_{11}（非健康人数）、X_{19}（农机平均动力）、X_{14}（土地是否深翻）、X_2（低产田面积占比）、X_{17}（单块土地规模）、X_8（劳动力平均学历）、X_7（劳动力平均年龄）、X_{13}（是否获得贷款）和X_{20}（是否加入合作社）（见表6-35）。

表 6-34 方差分析

模型		平方和	自由度	均方根	方差检验	显著性值
13	回归	595537958160.623	13	45810612166.202	130.361	0.000(m)
	残留	215065857067.906	612	351414799.131		
	总计	810603815228.529	625			

表6-35 回归系数

模型		非标准化系数		标准化系数	t值	显著性值
		影响系数	误差	影响系数		
13	(常数)	-83517.090	10779.337		-7.748	0.000
	播种面积	5347.729	294.066	0.613	18.185	0.000
	家庭主要种植品种	25239.785	1579.431	0.412	15.980	0.000
	年劳动力人均工作天数	150.016	25.007	0.144	5.999	0.000
	家庭劳动力数量	6044.691	1221.662	0.122	4.948	0.000
	非健康人数	-4252.482	909.649	-0.115	-4.675	0.000
	农机平均动力	250.392	64.661	0.106	3.872	0.000
	土地是否深翻	4158.582	1912.582	0.056	2.174	0.030
	低产田面积占比	-338.623	98.304	-0.076	-3.445	0.001
	单块土地规模	255.092	71.301	0.110	3.578	0.000
	劳动力平均学历	5882.740	1398.369	0.113	4.207	0.000
	劳动力平均年龄	-445.736	139.479	-0.082	3.196	0.001
	是否获得贷款	4117.620	1434.423	0.067	2.871	0.004
	是否加入合作社	6358.917	2457.197	0.080	2.588	0.010

这些因素在5%的显著水平下通过了t检验，其显著性值分别为0.000、0.000、0.000、0.000、0.000、0.000、0.030、0.001、0.000、0.000、0.001、0.004和0.010，均小于0.05。其系数分别为5347.729、25239.785、150.016、6044.691、-4252.482、250.392、4158.582、-338.623、255.092、5882.740、-445.736、4117.620和6358.917。最终，黑龙江省农户收入决定方程为:

$$Y = -83517.090 + 5347.729X_{16} + 25239.785X_{12} + 150.016X_9 + 6044.691X_6 - 4252.482X_{11} + 250.392X_{19} + 4158.582X_{14} - 338.623X_2 + 255.092X_{17} + 5882.740X_8 - 455.736X_7 + 4117.620X_{13} + 6358.917X_{20} + \varepsilon$$

通过以上方程可以看出，在其他相关因素保持不变时，当X_{16}（播种面积）增加1单位即1公顷时，黑龙江省农户收入将增长5347.729元。当X_{12}（家庭主要种植品种）增加1单位时，黑龙江省农户收入将增长25239.785元。当X_9（年劳动力人均工作天数）增加1单位即1天时，黑龙江省农户收入将增长 150.016 元。当 X_6（家庭劳动力数量）增加 1 单位即 1 个劳动力时，黑龙江省农户收入将增长 6044.691 元。当 X_{11}（非健康人数）每增加 1 单位即 1 人时，黑龙江省农户收入将减少 4252.482 元。当 X_{19}（农机平均动力）每增加 1 单位即 1 马力时，黑龙江省农户收入将增长 250.392 元。当 X_{14}（土地是否深翻）为深翻时，黑龙江省农户收入将增加 4158.582 元。当 X_2（低产田面积占比）增加 1 单位即 1% 时，黑龙江省农户收入将减少 338.623 元。当 X_{17}（单块土地规模）每增加 1 单位即 1 亩时，黑龙江省农户收入将增长 255.092 元。当 X_8（劳动力平均学历）每上升一个层次时，黑龙江省农户收入将增长 5882.740 元。当 X_7（劳动力平均年龄）每增加 1 岁，黑龙江省农户收入减少 445.736 元。当 X_{13}（是否获得贷款）为获得贷款时，其收入要高出未获得贷款农户 4117.620 元。当 X_{20}（是否加入合作社）为加入合作社时，其收入要高出未加入农户 6358.917 元。

6.4.5 模型结果讨论

通过分析可以看出，影响黑龙江省农户收入的主要因素集中在 X_{16}（播种面积）、X_{12}（家庭主要种植品种）、X_9（年劳动力人均工作天数）、X_6（家庭劳动力数量）、X_{11}（非健康人数）、X_{19}（农机平均动力）、X_{14}（土地是否深翻）、X_2（低产田面积占比）、X_{17}（单块土地规模）、X_8（劳动力平均学历）、X_7（劳动力平均年龄）、X_{13}（是否获得贷款）和 X_{20}（是否加入合作社）这 13 个变量上。最终，8 类影响因素中，基础设施因素和城镇化及乡镇企业因素被排除在模型之外，其他 6 类因素均有代表变量进入模型。本部分主要针对截面数据进行分析，主要研究横向差异性对农户收入的影响。以下将对各变量对农户收入的具体影响方式进行探讨。

1. 规模经营因素是影响农户收入的主要因素

代表规模经营因素的 X_{16}（播种面积）、X_{17}（单块土地规模）、X_{19}（农机平均动力）和 X_{20}（是否加入合作社）进入最终收入模型，这说明规模经营因素对农户收入的影响是极为显著的，规模经营在农户收入的影响方面代表性极佳。

（1）土地规模

代表土地规模的 X_{16}（播种面积）和 X_{17}（单块土地规模）变量进入最终模型。X_{16}（播种面积）和 X_{17}（单块土地规模）是规模因素的主要表现指标，其各自增加 1 单位时，黑龙江省农户收入将分别增加 5347.729 元和 255.092

元。这说明，规模因素对黑龙江省农户收入增长具有正向拉动作用。这一点在调研当中也得到了验证，在调研当中，经营规模较大的农户其收入往往要高于规模较小的农户收入。而且，在整个经营过程中，黑龙江省农户仍以粮食生产为主要经营项目，其一旦获得规模优势，未来收入将会有显著的提高，同时，对资源的占有量也在不断扩大。调查显示，调研村中收入较高的农户，其播种面积也相对较多，土地单块面积也较大。但是，未来这种规模化增收的情况也会发生变化。土地是稀缺的，无论是新开垦土地还是租用土地进行扩大生产，其所要付出的成本都在不断上升。因此，简单地依赖规模扩张获得经济效益增长是有一定局限性的。

（2）代表机械化水平

代表机械化水平的变量 X_{19}（农机平均动力）进入最终模型，机械化因素是农户收入的主要影响因素之一，其增加 1 单位，黑龙江省农户收入将增加 250.392 元。这说明，随着机械化水平的不断提高，农户收入会呈现出正向增长。这里要提及的是平均农机动力指标，它是按照家中拥有农机的平均动力大小进行界定的，往往家中农机平均动力较大的农户其应用机械进行生产的可能性就越大，其生产的机械化水平也相对较高。一方面，机械化水平高可以直接提高劳动生产率和劳动质量；另一方面，可以使农户劳动力得以解放，使其可以向其他产业转移，从而增加收益率和工资收入，进而促使农户增收。在调研中，也证实了这一结论；当农户拥有的机械平均马力越高时，农户的收入水平普遍较高，并且二者呈双向促进作用。该因素的提高并不是简单地购买大马力机械设备，该指标其实暗含了机械化水平影响，随着机械化水平的提高，农户可以从农业生产中得以解放，从而拥有更多的机会增加工资收入。

（3）组织化程度

代表组织化程度的变量 X_{20}（是否加入合作社）进入最终模型，这说明组织化的提高对农户收入有显著影响。加入合作社的农户比没有加入合作社的农户要多收入 6358.917 元。农户加入合作社可以获得组织化程度的提升，可以在农资和农产品两个市场获得一定的话语权，从而可以抵御来自两个市场的双向压力，有利于利润空间的逐步扩大。但是，组织化需要放权和规范化两手都要硬；调研时发现，多数农户具有加入合作社的意愿，但是，农户自身顾虑也有不少，主要集中在土地经营权归属和合作社的具体实效上。因此，组织化的提高仍需要政府的扶持和监管，以保证合作社的健康成长，保证其为民服务。

2. 金融支持因素是影响农户收入的关键支撑因素

代表资金供给的变量 X_{13}（是否获得贷款）进入最终模型，获得资金贷款的农户要比没获得贷款的农户收入高出 4117.620 元。获得贷款的农户可以将资金用于生产或其他领域，相对没有获得贷款的农户来讲，其资金更加富余，可以利用更多的资金成本扩大经营规模，进而获得更多的收入。但是，这也仅是相对而言，农户自身的发展资金仍没有得到有效满足。调研当中，农户也普遍表示贷款数额过少，农户借款难问题仍有待解决。

3. 种植结构因素是影响农户收入的重要因素

代表种植结构的 X_{12}（家庭主要种植品种）进入最终模型，这说明种植结构对农户收入的影响是显著的。X_{12}（家庭主要种植品种）每增长一单位，黑龙江省农户收入将增长 25239.785 元。这是由于 X_{12}（家庭主要种植品种）指标的界定是基于黑龙江省农户种植特点设立的效益替代指标。因为黑龙江省主要种植作物为粮食作物，主要品种为大豆、玉米和水稻，所以在指标的设计上就按照各种作物的单位效益进行序数赋值，令大豆为 1，玉米为 2，水稻为 3。在调研中，该情况得到了证实，种植大豆的农户收入最低，有些豆农甚至入不敷出，相反，种植玉米和水稻的农户收入较高。这说明，通过种植结构的适当调整，黑龙江省农户收入仍具有较大的增长空间。而实际调研中发现，种植经济作物的农户往往较少，究其原因在于粮食价格的稳定。所以，在适当调整种植结构的同时，保证市场的稳定是当务之急。

4. 农户自身因素是影响农户收入的基础因素

代表农户自身因素的 X_6（家庭劳动力数量）、X_8（劳动力平均学历）、X_7（劳动力平均年龄）、X_9（年劳动力人均工作天数）和 X_{11}（非健康人数）均进入最终模型。这说明，农户自身因素对农户收入的影响是极为重要的，农户可以通过劳动力因素、家庭负担因素对农户收入产生影响。

（1）劳动力因素

代表劳动力因素的 X_9（年劳动力人均工作天数）、X_6（家庭劳动力数量）、X_8（劳动力平均学历）和 X_7（劳动力平均年龄）均进入最终模型，这说明劳动力因素对农户收入起到直接影响。

代表就业因素的变量 X_9（年劳动力人均工作天数）第三个进入最终模型，其增长 1 单位时，黑龙江省农户收入将增加 150.016 元。这说明只要农村劳动力有工作机会就可以促使黑龙江省农户收入不断增长。换句话说，只要保持农村劳动力的充分就业，就可以保证农户收入的稳定增长。但是，如何保障农户家庭劳动力就业机会的稳定增长将是一大难题，劳动力城乡转移和内部产业转移的壁垒亟须破除。在未来，保障农村劳动力相对充分的就业水平，将是农民收入增长的关键。这一点，在调研当中也得到了验证，收入过低的农户有三方面特点：一是土地经营规模（播种面积）较小；二是家中劳动力匮乏或劳动力患病；三是自身惰性较强，不愿意工作。另外，村镇中有工厂的农户收入要普遍高于没有工厂的农户收入。提高年劳动力人均工作天数之前，需要创造就业的机会，尤其是农村劳动力的就业机会，并且要解决劳动力的后顾之忧，否则劳动力的就业效果仍不乐观。

X_6（家庭劳动力数量）、X_8（劳动力平均学历）和 X_7（劳动力平均年龄）可以较好地反映出劳动力因素的基本情况，当其各自增加1单位时，X_6（家庭劳动力数量）和 X_8（劳动力平均学历）将分别带动农户收入增长6044.691元和5882.740元；X_7（劳动力平均年龄）将促使农户收入降低445.736元。这是由于劳动力数量越多其可以进行劳动转移的人数也会增多，从而获得更多的就业机会，促进户均工资收入的增长；劳动力平均学历的增加会使劳动力转移就业机会和经营决策更为合理化，进而促使工资收入和家庭经营收入不断增加，最终促进农户收入增长；劳动力平均年龄增加到一定程度后会直接影响到劳动力的工作机会和经营情况，进而促使农户收入降低。在调研中发现，从样本农户家庭劳动力数量情况来看，大多数家庭劳动力数量为2人，占样本总体的57.3%；其次为劳动力数量为3人的样本数，占样本总体的30.7%；劳动力数量为4人的样本占样本总体的8.0%；劳动力数量为1人的样本占样本总体的4.0%。并且，劳动力数量最多的农户家庭平均收入最高，达到64640.3元；劳动力数量为1人的农户家庭平均收入最低，为33423.37元，农户收入同家庭劳动力数量整体呈同向变动。另外，调研结果也证实了劳动力平均学历同农户收入存在着同向变动。劳动力平均年龄多集中在30~40岁（不包括40岁）和40~50岁（不包括50岁），但是从其收入水平上来看，30~40岁（不包括40岁）人群占优。从这三个因素来看，能够进行调整的只有 X_8（劳动力平均学历），其他两个因素的调整必须得到国家政策的允许，年龄和人口数量的调整需要国家宏观人口政策的微调，计划生育政策将会进一步促使劳动力的不断减少，老龄化问题也会逐渐突出，但这需要按照中国的现实情况来衡量利弊。所以，唯一可以肯定的是 X_8（劳动力平均学历）是农户增收的主要劳动力指标，通过提高劳动力的整体素质，可以带来十分可观的农户收入增长。

（2）家庭负担因素

X_{11}（非健康人数）是家庭因素的主要指标之一，家中每增加一个非健康人口（长期慢性疾病人口），农户收入将减少 4252. 482 元。这说明，非健康人数对农户收入有较强的负向作用。非健康人数增加代表着农户家中的负担加重，健康劳动力数量减少。一方面，劳动力数量的相对减少会直接导致农户收入的缩减；另一方面，家中有慢性病人将间接造成健康劳动力外出就业机会减少、家庭种植规模受限、生产投入资金匮乏等困难，进而导致农户收入减少。调研中发现，家中有病人的农户 80% 以上不会选择外出打工。只有在劳动力相对充裕，生病家人可以得到良好照顾的前提下，家中有病人的农户才会选择外出打工。并且，通过调研发现，家中非健康人数为 0 人的农户家庭平均收入最高，达到 56707. 49 元；其次是非健康人数为 1 人的农户家庭，平均收入为 50781. 58 元；第三是非健康人数为 2 人的农户家庭，平均收入为 41171. 55 元；平均收入最低的是非健康人数为 3 人及以上的农户家庭，仅为 38801. 50 元，这直接证实了非健康人数对农户收入的负向影响。

5. 科技因素是影响农户收入的发展因素

代表科技因素的主要变量 X_{14}（土地是否深翻）进入最终模型，说明种植技术的应用对农户收入具有明显影响。当 X_{14}（土地是否深翻）为深翻时，黑龙江省农户收入将增加 4158. 582 元。土地进行深翻的农户比不进行深翻的农户更注重技术的应用，通过技术应用可以在固定规模下获得更多的产出，由此可以进一步促进农民增收。但是，对科技的应用同样受到农户自身因素和自然条件的限制，一方面，农户自身素质不高会制约技术的学习和应用；另一方面，农户所处的自然环境和土地质量过于贫瘠，技术的应用条件和效果也将大打折扣。例如，牡丹江地区陡峭贫瘠的山地，根本无法实现深翻，土层厚度也仅有 20 厘米，土层下为岩石，这样的地区根本无法采取深翻的耕作方法来提高单位产量，因此坚持因地制宜和提高农民整体素质仍是科技种田的前提。

6. 自然因素是影响农户收入的潜在因素

代表自然因素的变量 X_2（低产田面积占比）最终进入模型。低产田面积占比每增加 1 亩，农户收入将减少 338. 623 元。低产田面积定义是容易受灾的产出不稳定的田地面积占总播种面积的比例。因此，低产田面积占比的增加会直接导致农产品产量的减少，进而从量上影响农户收入的增长。在调研中发现，低产田现象较为普遍，几乎所有调研样本都存在一定比例的低产田。其中，低产田面积占10%以下（不包括10%）的样本比例为33.9%；低产田面积占比在20%及以上的比例为17.1%。并且，低产田面积占比在5%以下（不包括5%）的农户平均收入最高，达到107862.5元；低产田面积占比在20%及以上的农户平均收入最低，为41375.17元。可见，随着农户低产田面积占比的增加，农户的平均收入在逐渐减少。低产田的产生主要分为两种情况：一种是本身就是贫瘠或不利于种植的土地，另一种是肥沃土地逐渐贫瘠。针对第一种情况，政府应该组织农民放弃种田，另谋出路；针对第二种情况，可以通过实施环境保护策略，进一步缓解土地资源恶化问题，逐步改良土地质量，谋求可持续长远发展利益。

7. 其他因素

除以上进入模型的变量以外，其余被剔除的变量依然对农户收入有明显的影响。户主因素、自然气候因素、基础设施因素和城镇化及乡镇企业因素没有进入最终模型。这并不代表这些因素对农户收入没有影响或影响不显著，关键在于多元线性回归分析讨论的是多因素的混合影响。相对而言，这些因素比进入模型因素的代表性稍弱，或者进入模型的因素同它们有一定的相关性，所以，为了排除共线性影响它们被排除在模型之外。

（1）户主因素

X_3（户主年龄）、X_4（户主学历）和X_5（户主配偶学历）同农户收入的相关系数分别为-0.073、0.163和0.106，其显著性值分别为0.067、0.000和0.008。这说明，这些变量对农户收入的影响是显著的，在10%的水平下显著。可见，户主年龄对农户收入具有负向作用，户主年龄越大，农户的收入越少。户主和户主配偶学历越高，农户的收入也越高。

（2）自然气候因素

自然因素当中的气候变量被排除在模型之外，该变量对农户收入的影响为负值，相关系数为-0.081，且在5%的水平下显著。这说明，作物生长期越长，农户收入越少，这与预期有一定出入。原因在于，作物生长期长的地区，其耕地面积也较为有限。调研当中发现，牡丹江地区的作物生长期普遍偏长，但是农户的土地规模过于有限，因此收入反而不高。其被排除在模型之外，也是由于作物生长期和土地规模具有显著相关性。

（3）基础设施因素

基础设施因素中的两个变量均未进入模型，X_{21}（是否有农业灌溉设施）

和 X_{22}（家中能否上网）对农户收入的相关系数为 0.125 和 0.089，且在 5% 的水平下显著，这说明两个变量与农户收入是有显著相关性的。

（4）城镇化及乡镇企业因素

非农产业因素相关变量同样没有进入模型，X_{23}（是否进行小城镇建设）和 X_{24}（村镇是否有企业）与农户收入的相关系数分别为 -0.028 和 0.080，其中，城镇化变量对农户影响未通过显著性检验，说明该相关性不可信；X_{24}（村镇是否有企业）同农户收入有正相关性，并且在 5% 的水平下显著，这说明乡镇企业会对农户收入增长产生一定的促进作用。

综上所述，通过利用调研数据，运用 Stepwise 方法对 7 类影响因素进行逐步筛选，最终得出规模经营因素、市场因素和农户自身因素对农户收入的影响极大的结论，它们分别第一、第二和第三个进入模型，这与上一章影响因素的定性分析结论较为相符。相对来说，自然因素中的土地质量和科技因素对农户收入影响较为明显，也先后进入了最终收入决定模型。另外，基础设施因素和非农产业因素对农户收入的影响相对较弱，没有进入最终模型。最终，X_{16}（播种面积）、X_{12}（家庭主要种植品种）、X_9（年劳动力人均工作天数）、X_6（家庭劳动力数量）、X_{11}（非健康人数）、X_{19}（农机平均动力）、X_{14}（土地是否深翻）、X_2（低产田面积占比）、X_{17}（单块土地规模）、X_8（劳动力平均学历）、X_7（劳动力平均年龄）、X_{13}（是否获得贷款）和 X_{20}（是否加入合作社）进入最终回归模型当中。其中，除了 X_{11}（非健康人数）、X_2（低产田面积占比）和 X_7（劳动力平均年龄）的回归系数为负以外，其他变量均为正。在连续变量中，X_{12}（家庭主要种植品种）、X_{16}（播种面积）、X_6（家庭劳动力数量）和 X_8（劳动力平均学历）对农民收入的影响系数较大。在虚拟变量中，X_{20}（是否加入合作社）对收入的影响系数最大。

最后，政策因素、市场价格因素和行为因素，虽然并没有被纳入模型进行对比分析，但是，通过分析可以看出，这三个因素对收入的影响是最直接有效的。

6.5 本章小结

（1）通过案例对比分析得出，政策和价格因素对农户收入的影响是直接而显著的。通过分析可以看出，补贴金额的不断上涨，将使黑龙江省农户获得转移支付增长动力，2013 年，黑龙江省拥有 30 亩土地的 3 口之家的农户将获得3051.9元或2901.9元的补贴。市场价格因素，同样对农户收入有直接影响。假设还是30亩土地经营规模的农户，2012年由于农资价格上涨过快，虽然粮食价格也在上涨，但在相同的粮食产量下，2012年农户要比2011年减少163元收入。

（2）从选定的8类因素的截面数据分析结果可以看出，黑龙江省农户收入的关键因素为规模经营因素、金融支持因素、种植结构因素和农户自身因素；农户收入的主要影响因素为自然因素和科技因素。8类因素当中，基础设施因素和城镇化及乡镇企业发展因素被排除在外。

最终进入模型的变量有13个，其分别为X_{16}（播种面积）、X_{12}（家庭主要种植品种）、X_9（年劳动力人均工作天数）、X_6（家庭劳动力数量）、X_{11}（非健康人数）、X_{19}（农机平均动力）、X_{14}（土地是否深翻）、X_2（低产田面积占比）、X_{17}（单块土地规模）、X_8（劳动力平均学历）、X_7（劳动力平均年龄）、X_{13}（是否获得贷款）和X_{20}（是否加入合作社）。其中，除了X_{11}（非健康人数）、X_2（低产田面积占比）和X_7（劳动力平均年龄）的回归系数为负以外，其他变量均为正。在连续变量中，X_{12}（家庭主要种植品种）、X_{16}（播种面积）、X_6（家庭劳动力数量）和X_8（劳动力平均学历）对农民收入的影响系数较大。在虚拟变量中，X_{20}（是否加入合作社）对农民收入的影响系数最大。

7　提高黑龙江省农民收入的对策

7.1　大力发展农民合作组织并不断提高农民素质

7.1.1　大力发展农民合作组织以提高农民组织化程度

黑龙江省近些年一直在加强农民合作组织的发展，以此来不断提高农民的组织化程度。然而，调研发现，黑龙江省局部地区农民合作组织的具体功能和覆盖范围十分有限，农民对合作组织的信赖程度不高，致使农民的组织化程度受到制约。因此，黑龙江省应该进一步发展实效合作组织，提高农民组织化程度，保障小农户同大市场的对接。首先，加大农民合作组织的宣传力度，使农民真正了解合作组织的特性。尤其要明确合作组织的选举制度，让农民了解到合作社是为农民提供相应生产服务的相关组织，农民有权参与和监督合作社的运营。通过宣传打消农户的疑虑，使农户充分了解合作社的具体功能和管理模式。其次，制定合理的奖惩机制，确保农民合作组织的实效性。政府应该对各地区的农民合作组织进行排查调研，掌握第一手的合作组织运营情况，对真正发挥实际效用的合作组织要给予奖励，并将支持资金向这类农民合作组织倾斜，着力建成一批真正服务农户的合作组织。对没有发挥实际作用的农民合作组织应该酌情对其进行整改，或者取消其合作社资格，实现支持资金的集中运用，防止资金的浪费。通过这种筛选方式，可以集中力量发展一批具有示范功能的农民合作组织，为黑龙江省农民合作组织的发展打下坚实基础。

7.1.2　提高农民整体素质，培育黑龙江省新型农民

从研究中得出，黑龙江省农民收入水平同农民的文化素质具有明显的正向相关性。因此，建议政府加大教育投入，明确培养目标，提高黑龙江省农民的整体素质，重点培育出一批善经营、懂技术、素质高的新型农民。在提高农民素质的过程中，建议要有针对性，既要照顾到全面性，又要明确现实的需要，更要为长远提高农民素质打下坚实基础。

1. 要提高农村管理者和带头能人的整体素质

在调研中发现，黑龙江省村干部的文化素质并不高。而在农村的生产和经营中，能人效应体现得较为突出，村干部素质的高低将直接关系该村的未来发展。因此，建议在提高农民素质的同时，要格外重视村干部素质和带头能人素质的提高。一方面，通过自身培养的方式可以不断加强村干部和带头能人的自身素质，促使其开阔眼界，提高其组织管理和把握市场机会的能力。另一方面，也可以采取人才引进的方式来提高村干部的整体素质。在人才引进时，政府要加强引进人员的思想教育工作，制定合理的用人机制和提拔机制。人性化地解决引入人才的后顾之忧，并且充分发挥人才的带动效应，从观念和实践方面打造出一支高素质的农村领导队伍，为今后黑龙江省农村的发展注入新鲜血液。

2. 实施符合现实的技术培训

建议黑龙江省农民素质的提升要坚持因人而异，因环境而异。也就是说，对农民的培训既要符合农民自身的需要，也要符合黑龙江省发展大环境的需要。根据农民自身条件的不同，可以对农民按照各自的需要和行业进行培训，例如，当农民需要外出打工时，可以按照农民的打工意愿和接受能力分批次进行培训。同时，黑龙江省政府应充分利用农业院校和科研院所的人才高地，建立起由下至上的培训需求和供给机制。黑龙江省农业科学院实施的“农民点菜，专家下厨”就是一个很好的典范。只有通过有针对性的培训，才能高效地提高农民的自身素质，使农民短时期内获得急需的技能，进而满足其生产需要。

3. 坚定不移地加强农村基础教育

未来农民素质的高低，关键还是要看农村“九年义务教育”的普及情况，这直接关系到未来农村人口素质的提升情况。在基础教育方面，建议黑龙江省政府在加大投入的同时，也要尽可能多地争取中央财政拨款，为黑龙江省农村基础教育打下坚实的物质基础。一方面，通过加大教育投入，逐步完善黑龙江省农村基础教育设施。另一方面，可以逐步提高黑龙江省农村教师的工资待遇，解决乡村教师的生活困难，稳定乡村教育资源。同时，号召更多的志愿者向黑龙江省农村支教，黑龙江省政府应为这些志愿者提供应有的便利，并对这种奉献行为加以表彰，给予更为优厚的补偿待遇，由此形成稳定的支教队伍，不断产生辐射带动作用，为黑龙江省农村教育添加新鲜的血液。

7.2 建立黑龙江省农民利益补偿机制并争取更多国家优惠政策

7.2.1 构建黑龙江省农民利益补偿机制

黑龙江省对国家粮食安全贡献较大，但农民收入与粮食产量对国家的贡献相比，十分不匹配。黑龙江省农民将土地的绝大部分用于粮食生产，而由此得到的收入却十分有限。相反，粮食主销区可以将土地用于非粮食生产领域，从而获得更多的利润，这形成了一种资源的转移。黑龙江省将为粮食生产付出高昂的机会成本，而这种机会成本却无法得到粮食主销区的补偿。因此，建议黑龙江省政府向国家积极争取在原有补贴的基础上，再建立合理的农民利益补偿机制，该补偿机制所需资金要由粮食主销区省份财政全额承担。同时，要转变补贴由国家财政和地方财政共同负担的局面，要做到谁消费谁埋单，明确按照黑龙江省粮食调出量和具体流向，向相关主销区省份索要合理的利益补偿，为黑龙江省农民的粮食生产贡献做出经济上的奖励和补偿。首先，黑龙江省要明确粮食调出方向。在建立利益补偿机制之前，要针对黑龙江省粮食调出方向进行确定，明确黑龙江省粮食的主要外调方向，确定利益补偿机制的出资来源。其次，黑龙江省要建立粮食生产外部性核算机构，明确黑龙江省利益补偿额度。黑龙江省应该根据国际市场价格和粮食生产所损失的机会成本对黑龙江省粮食生产外部性进行核算，并通过专家论证构建黑龙江省粮食生产利益补偿额度测度框架和指标体系，保证黑龙江省的利益补偿诉求有理论和数据支撑。最后，建立动态补偿和协调机制，保证利益补偿的合理性。黑龙江省要通过信息收集和反馈，形成利益补偿核算的动态自我调节机制，使其根据国内外市场环境的变化来对利益补偿金额进行调整，保证利益补偿的合理性和实效性。

7.2.2 争取更多的国家优惠政策向黑龙江省倾斜

黑龙江省是中国主要的商品粮基地，对国家粮食安全贡献大，粮农也应该得到相应的待遇和补偿。中央政府有义务为黑龙江省农民提供合理、有利的政策并加大对粮食生产的扶持力度，保护粮农的利益。黑龙江省农民在其粮食生产过程中，在发挥了主体作用的同时也是农业生产的获益者。首先，黑龙江省应该争取更多国家补贴，稳定增加农民转移支付收入。在粮食直接补贴方面，尽管我国近些年对农业的粮食直接补贴力度逐年上升，但是相对于黑龙江省的粮食生产贡献来说仍有较大的差距。黑龙江省政府要争取中央财政加大对黑龙江省农民的粮食直接补贴力度，让农民切实感受到付出和回报成正比，进一步提高农民的生产积极性。在良种补贴方面，黑龙江省良种补贴仅为10元/亩，粮种的补贴力度还有待加强，以玉米为例，每亩种子费用高达100元左右，补贴金额却仅为10元，相比之下，农民并没有感受到补贴的实际效用。因此，建议政府适当提高良种补贴额度。在农资综合补贴方面，随着农资价格的不断上涨，国家理应向黑龙江省农户提供更多的农资综合补贴，黑龙江省农业生产的快速发展仍需要国家的长期支持。在农机购置补贴方面，大型农机器具的购置补贴力度仍需加强，但是要注重补贴的实效性，防止政策在实施中打折扣。其次，争取扩大黑龙江省粮食最低收购价格覆盖范围，稳定粮食收购价格。现今国家针对水稻和小麦实施粮食最低收购价格，然而黑龙江省的主要粮食作物玉米和大豆并未包含在最低收购价政策中，国家仅对玉米和大豆制定了临时收储政策。另外，黑龙江省已经成为我国最大的大豆生产基地，玉米产量位列全国前几位，这两种作物价格的高低，将直接影响黑龙江省农民的收入水平。因此，为了稳定黑龙江省农民收入，有必要进一步争取国家政策将黑龙江省的玉米和大豆临时收储政策常态化，使其向最低收购价政策转变。

7.2.3 通过建立“换茬”补贴有效调整种植结构

通过以上分析，已经得出“重迎茬”问题的产生是由追求产量和效益所引起的，关键还是效益引导作用促使农民故意忽略“重迎茬”问题。解决经济问题还需要利用经济手段，农民就是因为其他作物收益低，才会连年种植玉米，而不愿意进行轮作；农民深知轮作的重要性，只是农民不愿意自身承担全部的经济损失。通过调研发现，由于农户不愿意轮作，导致一些地区的土地产出受到一定程度影响，农户收入也受到一定的负面影响。出于这一点，建议黑龙江省政府应该制定合理的轮作补偿机制，为换茬农民提供换茬补贴，尽量弥补农民由于换茬带来的经济损失。农民必定会积极响应，通过轮作改良自家的耕地质量。这样既保障了农民自身的经济利益，又为今后黑龙江省粮食可持续生产和农民增收打下了基础。所以，建立换茬补贴是一项可行的策略，需要政府重视并加以实施。

7.3 积极推进适度规模经营以实现规模效益

黑龙江省整体土地规模虽然在全国领先，但是黑龙江省局部农村土地却较为零碎。这与黑龙江省实施现代化大农业的战略并不相符。因此，黑龙江省需要进一步促进土地规模化经营，发挥黑龙江省土地规模化优势。第一，政府应该建立土地使用权转让市场，培育土地使用权中介组织。黑龙江省应该建立起透明、公平的土地市场，进一步促进土地使用权的合理转让，充分利用市场机制获得合理的土地使用权价格。通过建立中介组织，扩大供需双方的对接机会，促使农地使用权正常流转。第二，建立黑龙江省土地公司，促进土地规模化经营。黑龙江省可以效仿国外土地规模经营的做法，由政府建立土地公司，以高价收购农民的土地使用权，然后以较低价格将土地使用权再转向生产大户，以此促进土地使用权流转，实现规模化经营。第三，建立健全的社会保障制度，解决土地使用权流出农民的后顾之忧。只有不断完善社会保障制度，使农民具有最低生活保障、养老保障、医疗保障和失业保障，农民才可能将作为最低生活保障的土地使用权进行流转。第四，制定最低土地使用权出租年限。黑龙江省政府可以制定最低土地使用权流转年限，比如，规定黑龙江省土地最低出租年限为 5 年。这样一来，农户如果要将土地使用权流转，至少 5 年内不能收回，因此可以在局部时间内保证土地规模经营。第五，利用企业和合作组织提高土地的经营规模。通过转变经营方式，推进适度规模经营。企业和合作组织可以和农户进行合作，将农户的土地使用权作为股份参与经营，进一步推进黑龙江省土地适度规模经营。

7.4 完善农业基础设施，夯实农业发展物质基础

7.4.1 完善水利设施建设，增强抵御自然灾害能力

黑龙江省水利设施同其他粮食主产省相比相对落后，在水库容量和数量上均不占优。加之近些年极端天气频发，黑龙江省农业生产受到了一定影响，致使黑龙江省农户蒙受损失。因此，建议黑龙江省政府加大财政支出对农业水利设施的投入力度，完善农业水利基础设施，不断提高抵御自然灾害的能力。

1. 加大政府对农业水利设施的投入力度

一方面，黑龙江省政府可以将国家调拨的“三农”资金向农业水利设施

建设倾斜。另一方面，黑龙江省政府也要加大水利设施建设的投入力度。多渠道筹集资金，支援黑龙江省农业水利设施建设。

2. 发展因地制宜型水利设施

黑龙江省水利设施建设要与黑龙江省各地区的具体情况相结合。一方面，在一些条件较为优越的地区，可以集中资金，建设一批规模较大、功能全面的水利设施。另一方面，黑龙江省也要注重发展微型水利设施，对一些自然条件并不优越的地区，可以根据其自身的需要，有选择性地建立一些实用性强的农田水利设施。

7.4.2 有序推进信息基础设施建设

黑龙江省信息化建设仍需要进一步加强，从调研结果来看，农户获取信息的渠道是多种多样的。但是，信息来源多集中于商贩发布的信息，这种信息多存在一定水分。另外，农户从电视和广播获取的信息又存在一定的延时，致使信息准确性存在出入。因此，建立一个及时的、信息覆盖面广的网络基础设施，就显得尤为重要了。首先，政府要继续加大农村网络信息建设投资，在未来10~20年实现农村网络全覆盖。其次，要建立为黑龙江省农民提供及时、有效信息的发布平台。最后，要进一步整合网络服务资源，降低农户网络使用费用，让普通农户也可以支付起网络费用。

7.4.3 提高机械化水平，促进单位劳动生产率的提高

黑龙江省局部地区由于土地特征限制，无法实现大机械化耕作。所以，选择适合当地农户使用的农业机械就显得尤为关键。首先，根据不同地区的自身特点，规划农业机械的选用。比如，一部分地区山地较多，地块分散，那么就应该选取一批中小型农业机械进行运用，以此来满足当地农户的自身机械需求。其次，在农机补贴方面，可以将此类地区的农机补贴力度向小微农机具倾斜，切实解决农户的农机购置困难问题。

7.5 通过积极发挥科技作用实现科技富农

7.5.1 构建自下而上的科研体系，加大推广力度

科技是第一生产力，黑龙江省农业的发展离不开科技支撑。黑龙江省在农业科技研发和推广方面已有一定的成绩，但通过调研发现，局部地区农民

主要还处于经验生产层面，并没有将科技成果运用到农业生产中。究其原因，一方面，科技成果并非农民所需；另一方面，科技成果无法顺畅到达田间地头。因此，建议黑龙江省农业发展仍要紧密围绕科技实用性展开，从根本上解决科技成果实用性问题，实现科技富农。

1. 制定合理激励机制，引导科研立项实用化

（1）黑龙江省政府应该划拨专项科研资金，对农民现实的生产技术和管理问题进行研究。

（2）在职称评定上向实用性科研成果倾斜，引导高校和科研机构从农民的实际需求出发，使科研真正回归到实用性。

2. 建立主次分明的多主体科技推广体系

建立以原有科技推广机构为基础，地方农业院校和科研院所为骨干，企业和合作组织为辅助的多元化科技推广体系。

（1）加大政府投入力度，保证农业科技推广人员的工资待遇。只有基本工资待遇得到保障，才能使基层科技推广人员安心进行农业推广工作，从而保证农业科技推广质量。

（2）利用地方院校和科研院所科技高地的特性，加强农民和基层农业科技人员的技术培训。一方面，可以直接将先进、实用的农业技术传授给农民；另一方面，可以提高基层农业科技人员的科技知识，为基层农业科技服务打下一定基础。

（3）政府应该通过免税等优惠政策，促使农业龙头企业和农民合作组织承担一定的农业科技推广职能，使其成为新型民间农业科技推广主体。

3. 采用多种推广模式，注重实用性农业技术的推广

黑龙江省应该继续利用专家大院、远程指导和科技示范园区等新型模式加快农业技术展示和培训，使农民更加直观、及时、方便地进行技术学习和咨询。

7.5.2 积极发展种业，培育地方良种

在科技兴农的战略当中，种业是重中之重。科技兴农，良种先行。有了适应黑龙江省种植的优良品种，黑龙江省才能成为真正的农业强省。以玉米种子为例，黑龙江省种植的多为“德美亚”品种。并且，该品种的价格居高不下。造成这种情况的主要原因在于，黑龙江省尚没有一种本土品种可以与“德美亚”相竞争，致使供给和需求失衡，导致种子价格水涨船高。所以，黑

龙江省迫切需要培育出适合黑龙江省的高寒、高产优良品种。只有通过科技的力量，加大种子研发力度，才能从根本上解决黑龙江省种子的需求，不再受制于人，从而在成本和品质上获得一定优势，不断提高黑龙江省粮食产业的竞争力，为黑龙江省农民增收提供科技支撑。

7.6 依托自身优势，发展乡镇企业并积极推进跨国农业生产

7.6.1 依托自身优势发展乡镇企业，就地转移农村剩余劳动力

黑龙江省乡镇企业无论是在规模上还是在数量上，都要低于其他粮食主产区和主销区省份。黑龙江省的收入仅有20%来自工资收入，远低于其他粮食主产区40%的工资收入占比，与主销区工资收入占比更是相差甚远。从根本上来说，是因为就业机会短缺、劳动力转移就业不畅。因此，建议黑龙江省依托自身优势，进一步搞活乡镇企业，加快农村剩余劳动力就业转移，促使黑龙江省农民工资收入快速增长。注重乡镇企业的鲜明特色和可持续发展能力，力争发展一批具有明显生命活力的乡镇企业。第一，政府应为乡镇企业的发展提供良好的发展环境。政府要在税收、资金和政策上予以支持。第二，发挥自身优势，打造活力企业。在发展乡镇企业之前，不可以盲目地招商引资，将一些高污染、高能耗的项目盲目上马。这只能短时期见到一些效益，无法提供长远的经济效益，并且极大地浪费黑龙江省自身的资源。所以，发挥地区优势将是黑龙江省乡镇企业发展成功与否的关键。政府要组织有关部门对申报的项目进行可行性论证，为乡镇企业立项筛选把关，争取建立起一批具有地方特色、具有良好发展前景的乡镇企业。第三，引导当地农民创业，树立创业典型。乡镇企业的规模需要同当地资源和项目相适应，不必以马上实施大项目为主要目标。相反，政府更应该鼓励当地农民创业，为有创业能力和意愿的农民提供政策和资金便利。引导农民发展微型乡镇企业，以地区特色为卖点，创建一批有样板效应的农民企业，为其他农民树立创业榜样，从而直接激发黑龙江省农民的创业热情。第四，政府要为乡镇企业的特色产品销售创造有利条件和交流平台。政府可以组织形式多样的产品展销会和外贸会，为黑龙江省乡镇企业产品销售开拓渠道，促进黑龙江省乡镇企业又好又快地发展。因此，可以通过本地乡镇企业就地解决农民就业问题，这将极快地增加黑龙江省农民工资收入，进一步弥补黑龙江省农民工资收入占比过低问题，促进农民收入跨越式增长。

7.6.2 发挥边境地理优势推进跨境农业生产

黑龙江省与俄罗斯接壤，具有得天独厚的边境资源，黑龙江省可以从俄罗斯获得相应的市场和土地资源等。因此，建议黑龙江省政府深化对俄贸易和投资，深化东北亚地区贸易合作，为黑龙江省开辟出贸易增长点。第一，明确发展目标，争取国家政策。黑龙江省的边贸生产主要目的有两个：一是寻求稳定的境外粮食生产基地；二是开拓相对稳定的国外市场。鉴于以上两个目标，黑龙江省应该向国家争取相应的对外贸易优惠政策。第二，制定优惠政策，引导有条件的企业和农民发展异地种植业。可以对有实力的企业和个人提供免税、扩大贷款额度、实施补贴等政策，以此激励对外粮食生产投资热情。第三，提供稳定的销售渠道，保障国内粮食安全。黑龙江省可以利用转换原则，利用发展其他高附加值农产品获得的部分利润去反向购买国外投资生产的粮食和农产品，为其提供相对稳定的销售渠道。第四，坚持诚信为本，大力发展对外贸易，开拓东北亚市场。诚信是贸易发展的根基，黑龙江省的对外贸易要坚守诚信原则。对外提供品质优良的农业产品，建立可追溯体系，逐渐提高黑龙江省农业产品诚信品牌信誉。

7.7 严打害农行为并稳定农资价格

7.7.1 严打“坑农害农”行为，保障农民正常收益

黑龙江省仍旧存在恶意压低农产品收购价格的现象，在面对这些问题时，农户的经济利益根本无法得到保障。农户辛苦一年的利润就被这种恶意行为造成的损失吞噬殆尽，这将极大地影响到农民的生产热情。因此，建议政府对“坑农害农”行为实施严厉打击，必要的时候要运用法律的手段加以解决。农户作为弱势群体，往往采取消极的处理方式，认为吃亏是理所应当的，反抗意识薄弱。政府应当严打“坑农害农”行为，严防这种现象的产生和扩大。首先，政府应该加大维权宣传力度。通过加大维权宣传力度，可以使农民知晓维权的重要性，进一步培养农民的维权意识。同时，也是对一些不良奸商和个人的警告，使其不敢直接危害农民利益。其次，政府应设立多种免费举报渠道。通过设立免费举报渠道，可以直接降低举报成本，方便农民举报“坑农害农”行为，使政府第一时间掌握事件的具体情况，方便政府相应执法部门采取进一步行动。最后，要制定相对严厉的惩罚措施，对“坑农害农”

行为实行零容忍，一旦发现，坚决惩处，决不姑息。只有这样，才能从根本上减少此类事件的发生，使农民合理的经济利益得到保障，也为农户下一年增收吃下一颗“定心丸”。

7.7.2 建立生产成本控制机制，以利于农资价格的稳定

近年来，黑龙江省农资价格不断攀升，农民增收受到极大的制约。农资价格不断上涨，无疑会增加种粮农户的种植成本，降低他们对种粮收益的预期估算。因此，黑龙江省政府应加强对农资价格的监测，一旦出现农资上涨过快的现象，就应及时采取临时的干预措施，抑制农业生产资料价格的上涨，稳定农业生产资料的价格，保护种粮农民的利益，不能让农民辛苦劳作的收益被上涨的物价所抵消。

第一，政府要宏观调控生产资料市场，特别是化肥厂、农药厂、种子公司等大型农业生产资料厂家，对其采取减少税收、直接财政补贴等政策扶持，降低农资生产成本。第二，政府通过市场准入机制，强化生产资料经营者的市场责任，完善对农业生产资料的市场管理以及对化肥、种子和农药等生产资料价格的合理调控，建立农业生产资料的储备制度，保证农资产品的有效供应和农资价格的基本稳定。第三，政府要投入人力、物力，加强对农业生产资料的监督与检查，严厉打击农资经营中的价格欺诈、牟取暴利以及贩卖假冒农资的行为，确保农资产品的质量。第四，政府要完善农资成本审核工作并健全农资价格监管系统。密切关注农民农资成本的变化，控制农资价格的过快上涨，同时，在各县、乡、村设立单独的农资监管人员，保证各环节有统一的农资购销价格。第五，政府要建立动态的农资综合补贴机制。对于不断上涨的农资价格，政府需及时调整农资综合补贴，由政府承担种粮农户因农资价格上涨而增加的粮食生产成本。对农业生产资料成本的严格控制，在一定程度上会提高黑龙江省农业产品的市场竞争力并为其农业生产保驾护航。

7.8 开拓多主体资金供给模式，解决农民资金需求

现今，农户主要通过五户联保方式进行贷款。黑龙江省农民主要从农村信用社、中国农业银行、龙江银行和哈尔滨银行获得农业贷款。然而，农户普遍反映贷款额度偏低。因此，解决农民资金需求，需要得到各方的充分重

视。首先，政府可以大力推进民间非正规金融改革。政府可以通过适当放宽地方非正规金融的生存空间和政策环境，促进黑龙江省民间金融的有序改革，并逐渐使其合法化，利用民间金融的介入来拓宽农村信贷渠道，增加农村信贷供给。其次，积极利用企业和农业合作组织，为农户提供资金支持。一方面，龙头企业进入农村进行订单生产时，农民的生产成本可以由企业负责，农户只付出劳动即可，农户的生产资金可以得到解决。建议政府帮助农户论证利润分配模式的合理性，防止农户利益损失。另一方面，政府可以积极鼓励农民合作组织开展金融业服务，为本地区农户提供生产资金，使农村资金用于农村，防止资金外流。最后，政府还可以通过减税贴息等方式，促进中国农业银行、龙江银行和哈尔滨银行等商业银行向农村贷款倾斜，进一步稳定黑龙江省农民贷款的供给基础。

7.9 实施自然生态保护政策，促进农业可持续发展

7.9.1 实施退耕还林政策

对于一些地区的山坡地和靠近河流的水土易于流失的田地，政府应该加大财政投入力度，坚决实施退耕还林政策。

（1）做好思想工作。对要进行退耕还林地区的农户要做好思想工作，保证农民自愿进行退耕还林，以免造成不必要的冲突和矛盾。

（2）保证粮农利益，给予应有的补偿。政府要充分考虑农民的利益损失，对于退耕的农民，政府要给予合理的补偿。

（3）积极调研，引导农民发展非农产业。政府要组织专家论证，制定合理的发展规划，投入资金，为退耕农户寻找新的出路。

7.9.2 适度发展水稻生产

近10年来，黑龙江省水稻面积在不断扩大，水稻生产的耗水量也在不断加大，这日益加大了黑龙江省用水压力，建议黑龙江省政府出台政策，控制水稻播种面积的扩张。

（1）合理论证黑龙江省水稻种植的资源承载能力。黑龙江省应该组织专家对黑龙江省各地区水稻种植的资源承载能力进行论证，实地调研各地区生态恶化情况。

（2）按照比较优势和资源情况，界定适宜种植区。通过比较优势和资源

环境检测，界定黑龙江省水稻种植区的合理性，划分种植适宜性等级。

（3）对不宜种植水稻的地区，坚决缩减水稻种植面积。

7.9.3 加强农业节水设施建设

调研中发现，一些地区的灌溉设施陈旧且不注重水资源的节约利用，因此，建议黑龙江省发展农业节水设施，实现农业节约用水。

（1）加大农业节约用水宣传力度。通过宣传让农户了解水资源的重要性，培养农户节约用水意识。

（2）加大农业节水灌溉补贴力度。黑龙江省政府应该出台节水设施的优惠政策，可以对实施节水灌溉的农户进行奖励和补贴。

（3）研发推广节水设备和技术。利用农业高校和科研院所的人才优势，加快研发节水设备和技术，为农民提供物美价廉的节水灌溉设备，定期组织培训，帮助农民尽快掌握节水灌溉设备的使用方法。

7.9.4 发展黑龙江省绿色有机高附加值农业，促进产业融合

通过研究发现，黑龙江省农民收入主要集中在种植业收入上，而且该趋势在近些年表现得尤为突出，这与黑龙江省的粮食生产地位有着极大的关系。未来黑龙江省还需担负保证国家粮食安全的重任，因此粮食生产仍是黑龙江省农业发展的主要支撑。然而，粮食生产的弱质性仍是阻碍黑龙江省农民增收的难题。黑龙江省需要制订合理的粮食生产目标，而不能无限制地以粮食增产为目标，过度消耗黑龙江省的自然资源。因此，黑龙江省应将发展绿色高附加值农业作为未来促进农民增收的长期战略，形成以绿色粮食生产为主、绿色养殖业和绿色经济作物种植为辅的绿色大农业。

1. 以龙头企业为基础，着力打造绿色高附加值粮食产业

可以以现有的粮食龙头企业为基础，将已有的地标性粮食品牌进一步升级，主打绿色有机牌，例如，五常、北大荒等。借助龙头企业，将黑龙江省的绿色有机粮食产业链进一步延伸，以“公司＋农户”的模式谋求深加工的附加利润。发挥黑龙江省的绿色有机品牌带动效应，进一步提高黑龙江省的粮食产品附加值，促进当地农户收入的快速增长。

2. 在保证粮食安全的前提下，有序推进绿色经济作物种植

粮食生产的弱质性从根本上制约了农民收入的增长，因此，在保证完成粮食生产任务的前提下，建议黑龙江省适当发展绿色经济作物种植。为了保

障粮食安全，在发展绿色经济作物时，首先应该保证粮食生产用地。一方面，黑龙江省可以利用优越的土地资源做进一步的土地开垦，以此来满足绿色经济作物的耕地需求；另一方面，黑龙江省还可以利用地域优势，有序推进国外粮食种植，以此来弥补黑龙江省的粮食产出。同时，黑龙江省可以依托自身的资源优势，发展独具特色的经济作物种植，例如，人参、野菜等。在一些近郊地区，还可以有序发展农业观光业和采摘业，进一步带动黑龙江省农民收入的快速提高。

3. 在不适合种植的山区，适时发展特殊品种绿色养殖业

黑龙江省草场和森林资源丰富，而且黑龙江省优异的生态环境使得黑龙江省具有发展绿色养殖业的优势，加之一些山区土地并不适宜种植业发展，因此，黑龙江省应当对这些地区实施退耕还林政策，转变发展方式，适当发展绿色养殖业。明确黑龙江省特殊品种绿色养殖业，一方面，要在品种方面具有一定的特色优势，比如，藏香猪、野鸡、绿色家禽等；另一方面，要在养殖方式上实行放养模式，充分发挥黑龙江省的自然优势，极大限度降低饲养成本，由此通过转变养殖方式，主打绿色牌，谋取超额利润。

8 结　论

8.1 黑龙江省农民收入动态变动及对比结论

（1）黑龙江省农民收入水平先后经历了五个阶段：均衡波动阶段（1986—1989年）、快速增长阶段（1990—1997年）、缓慢下降阶段（1998—2000年）、匀速增长阶段（2001—2003年）和高速增长阶段（2004—2011年）。1985—2011年，黑龙江省农民收入增长了18.1倍，年均名义增速高达12.66%，实际增速为6.23%。整体来看，黑龙江省农民收入在全国来说处于中等偏上水平，同发达地区的农民收入仍存在较大差距。

（2）1993—2011年，黑龙江省工资性收入、财产性收入和转移支付收入在量和占比上均呈现出上涨态势，家庭经营收入呈现出量增、占比下降的态势。虽然黑龙江省农民收入结构有了很大的变化，但家庭经营收入的基础地位始终没有改变。黑龙江省第一产业收入是农民家庭经营收入的主要来源，而第一产业收入的主要来源仍为农业收入。同其他粮食主产区和发达地区相比，黑龙江省农民收入结构仍不合理，其主要表现为家庭经营收入份额过高、工资性收入份额过低、第三产业收入份额过低。

（3）黑龙江省各项收入贡献率在18年间变化较为明显，家庭经营收入增长贡献率有一定下降，但其仍是农民收入增长的主要动力。工资性收入增长贡献率大部分年份为正值，其已经成为农民收入增长的稳定动力。按照收入增长贡献率由高到低排列，其分别为家庭经营收入、工资性收入、转移支付收入和财产性收入。同其他地区相比，黑龙江省农民工资性收入贡献率明显偏低。

（4）1985—2011年，黑龙江省城乡收入比总体呈现出先扩大后下降的趋势。其具体可以分为频繁震荡阶段（1985—1996年）、匀速上涨阶段（1997—2003年）和震荡下降阶段（2004—2011年）三个阶段。然而，黑龙江省城乡收入差距绝对量一直在不断扩大，截至2011年，已经扩大到8105元。同其他地区相比，黑龙江省无论是在城乡收入差距比上还是在城乡收入差距绝对量方面，都要明显低于其他地区。

8.2 黑龙江省农民生产—收入协调性研究结论

黑龙江省农民收入处于不协调状态。从因子得分比较来看，黑龙江省2009—2011年三年平均收入协调性得分仅为－2.6分，为全国31省、市、自治区中最低，说明黑龙江省农民经济效益同粮食综合生产能力出现严重偏差。

8.3 黑龙江省农民影响因素分析结论

（1）通过对影响因素的梳理发现，金融支持因素和政策因素对农民收入的影响相对较大，其是农民增收的关键因素；农户自身因素、规模经营因素、基础设施因素和科技因素是生产投入特征因素，其是农民收入的重要影响因素。自然因素和城镇化水平及乡镇企业发展情况是一种外部环境因素，该类因素对农民收入的影响具有相对的长期性和潜在性。

（2）通过梳理发现，各类因素都存在一定的问题，直接或间接制约着农民收入增长，具体问题如下：①水资源承载力不断下降；②土地质量下降较快，水土流失严重；③农户自身文化素质偏低；④补贴金额有限，粮食生产外部性补偿机制缺失；⑤农资价格上涨过快，利润空间逐渐压缩；⑥“重迎茬”问题突出；⑦金融支持尚无法满足农户需求；⑧技术需求未满足，技术应用不到位；⑨局部地区土地细碎化明显；⑩局部地区机械化水平仍旧不高；⑪合作社覆盖范围有限、实际作用有待加强；⑫水利设施相对不足；⑬网络覆盖范围较为有限；⑭乡镇企业发展滞后；⑮坑农、害农现象依旧存在。

8.4 黑龙江省农户收入影响因素实证研究结论

（1）黑龙江省农户收入的关键因素为规模经营因素、金融支持因素和农户自身因素；农户收入的主要影响因素为自然因素和科技因素。8类因素当中，基础设施因素和非农产业因素被排除在外。虽然未进入模型进行分析，但政策和相关主体行为因素对农户收入的影响是十分显著的，其也是农户收入的关键因素。

（2）最终进入模型的变量有13个，其分别为X_{16}（播种面积）、X_{12}（家庭主要种植品种)、X_9(年劳动力人均工作天数)、X_6(家庭劳动力数量)、X_{11}(非健康人数)、X_{19}(农机平均动力)、X_{14}(土地是否深翻)、X_2(低产田面积占比)、X_{17}(单块土地规模)、X_8(劳动力平均学历)、X_7(劳动力平均年龄)、X_{13}(是否获得贷款)和 X_{20}(是否加入合作社)。其中,除了 X_{11}(非健康人数)、X_2(低产田面积占比)和 X_7(劳动力平均年龄)的回归系数为负以外,其他变量均为正。在连续变量中,X_{12}(家庭主要种植品种)、X_{16}(播种面积)、X_6(家庭劳动力数量)和 X_8(劳动力平均学历)对农民收入的影响系数较大。在虚拟变量中,X_{20}(是否加入合作社)对农民收入的影响系数最大。

参考文献

［1］吴方卫，蒋小兴．论农民收入的增长过程及提高途径［J］．农业现代化研究，2003（5）：360－363.

［2］李娜．农民收入：增长与政策（1978—2004年）［J］．农业经济问题，2006（5）：39－41.

［3］宋莉莉，郭静利，王秀东．改革开放以来我国农民收入动态变化研究［J］．农业经济问题，2010（增刊）：189－195.

［4］柯炳生．关于我国农民收入问题的若干思考［J］．农业经济问题，2005（1）：25－32.

［5］李宁辉．粮食主产区农民收入动态检测［M］．北京：中国铁道出版社，2006.

［6］王承宗．河南农民收入影响因素的实证分析［J］．中国农学通报，2012，28（20）：226－229.

［7］张车伟，王德文．农民收入问题性质的根本转变——分地区对农民收入结构和增长变化的考察［J］．中国农村观察，2004（1）：2－6.

［8］聂海，陆迁．东中西三大经济地带农村居民收入差距研究［J］．商业研究，2007（5）：108－112.

［9］王永平，刘远坤．贵州省农民收入差距扩大化趋势及成因分析［J］．农业经济问题，2004（8）：59－62.

［10］包宗顺，金高峰．江苏农民收入差距新特征及增收对策［J］．农业现代化研究，2007（3）：285－288.

［11］杜玉红，黄小舟．财政资金农业支出与农民收入关系研究［J］．统计研究，2006（9）：47－49.

［12］史贤华，陈明．对当前农民收入增长趋缓原因的调查及建议以安徽省滁州市为例［J］．科学社会主义，2007（4）．

［13］杨林娟，戴亨钊．甘肃省财政支农支出与农民收入增长关系研究［J］．农业经济问题，2008（3）：99－102.

［14］方俊雄．财政支出对农民收入影响的实证研究［J］．经济研究，

2012（10）：42.

［15］陈银娥，刑乃千，师文明．农村基础设施投资对农民收入的影响——基于动态面板数据模型的经验研究［J］．中南财经政法大学学报，2012（1）：97－102.

［16］唐敏，吴本银．农民收入增长模型：一个宏观计量分析［J］．农业经济问题，2007（8）：81－85.

［17］徐辉，黎东升．教育型人力资本对农民收入影响的典型相关分析［J］．农业技术经济，2011（8）：44－49.

［18］张文礼，刘海兵．建立财政政策支持的农民增收长效机制［J］．农业技术经济，2008（2）：80－84.

［19］姚滢．农产品价格上涨对农民增收影响的调查［J］．武汉金融，2008（6）：71－72.

［20］刘耀森．农产品价格与农民收入增长关系的动态分析［J］．当代经济研究，2012（5）：43－47.

［21］李大胜，李琴．农业技术进步对农户收入差距的影响机理及实证研究［J］．农业技术经济，2007（3）：23－27.

［22］曾建中．海南农民增收难的原因与对策分析［J］．农业经济问题，2009（1）：99－102.

［23］阳欢，李峰．农村劳动力人均受教育年限与农民收入关系分析——基于江西省1991—2009年数据的实证［J］．中国职业技术教育，2011（12）：50－52.

［24］矫江，等．农村经济发展与农民增收［M］．北京：中国农业出版社，2008.

［25］郭燕枝，刘旭．基于格兰杰因果检验和典型相关的农民收入影响因素研究［J］．农业技术经济，2011（10）：94－97.

［26］盛来运．农民收入增长格局的变动趋势分析［J］．中国农村经济，2005（5）：21－25.

［27］王玥，许文娟．浅谈农民增收的制约因素及对策研究［J］．农村经济，2009（12）：91－93.

［28］杨春红，李梦星．基于灰色关联度的常熟农民收入来源结构分析［J］．统计与决策，2012（22）：117－118.

［29］钟甫宁，何军．增加农民收入的关键：扩大非农就业机会［J］．

农业经济问题，2007（1）：62－69.

［30］刘万霞．我国农民工教育收益率的实证研究［J］．农业技术经济，2011（5）：28－32.

［31］万宝瑞．增加农民收入和确保粮食安全的战略对策［J］．农业经济问题，2004（4）：4－7．

［32］王春超．农村土地流转、劳动力资源配置与农民收入增长：基于中国17省份农户调查的实证研究［J］．农业技术经济，2011（1）：93－99.

［33］吴敬琏．实现机会平等“应有期”［J］．中国报道，2005（6）：32.

［34］古家军，谢凤华．农民创业活跃度影响农民收入的区域差异分析——基于1997—2009年的省际面板数据的实证研究［J］．农业经济问题，2012（2）：19－23.

［35］唐礼智．农村非正规金融对农民收入增长影响的实证分析［J］．农业经济问题，2009（4）：76－79.

［36］丁志国，谭伶俐，赵晶．农村金融对减少贫困的作用研究［J］．农业经济问题，2011（11）：75－76.

［37］孙健，胡金焱．小额贷款公司与农民收入关系研究——以山东省小额贷款公司为例［J］．山东社会科学，2011（12）：55－59.

［38］陈银娥，王毓槐．微型金融与贫困农民收入增长——基于社会资本视角的实证分析［J］．福建论坛：人文社会科学版，2012（2）：12－17.

［39］杨灿明，郭慧芳．从农民收入来源构成看农民增收［J］．中南财经政法大学学报，2006（4）：23－28.

［40］史帝文，瓦哈甫·哈力克，杨晋娟．经济作物对农民收入的影响力分析及对策［J］．农业系统科学与综合研究，2008（1）：32－35.

［41］朱希刚．提高农民收入的政策思考［J］．农业技术经济，1993（4）：2－7.

［42］宋洪远，等．“十五”时期农业和农村政策回顾与评价［M］．北京：中国农业出版社，2006.

［43］石爱虎，张建平．东中西部农民收入差距与调整对策［J］．农业技术经济，1997（3）：52－55.

［44］林毅夫，蔡昉，李周．中国经济转型时期的地区差异分析［J］．经济研究，1998（6）：13－15.

［45］万广华，周章跃，陆迁．中国农村收入不平等：运用农户数据的回

归分解［J］. 中国农村经济，2005（5）：50－55.

［46］熊国本. 对农民收入差距的理论分析与评价［J］. 农业经济问题，1992（4）：37－40.

［47］杨启地. 改革开放以来我国农民收入差距的测度与分析［J］. 农业技术经济，1997（6）：13－15.

［48］高梦滔. 妇女教育对农户收入与收入差距的影响：山西的经验证据［J］. 世界经济，2006（7）：82－91.

［49］匡远配，汪三贵. 构建农民增收长效机制问题研究综述［J］. 学术交流，2006（1）：79－83.

［50］赵满华. 改革以来农村居民收入结构变化分析［J］. 经济问题，2009（5）：96－98.

［51］韩洁. 粮食主产区农民收入及其补贴政策研究［D］. 北京：中国农业科学院，2010.

［52］付继伟. 农民收入增长的影响因素分析［J］. 农业经济问题，2009（增刊）：38－42.

［53］胡雪萍. 提高农民收入的一种有效途径：外出务工［J］. 农业经济问题，2004（8）：63－66.

［54］辛岭，王艳华. 我国农民受教育水平与农民收入关系的实证研究［J］. 技术经济，2008（4）：63－68.

［55］罗良文. 增加农民收入的财政政策选择［J］. 农业经济问题，2003（9）：16－20.

［56］杨灿明，郭慧芳，孙群力. 我国农民收入来源构成的实证分析——兼论增加农民收入的对策［J］. 财贸经济，2007（2）：74－78.

［57］李玉勤. 增加农民收入：存在的障碍及解决途径——农村产业结构调整与农民收入学术研讨会综述［J］. 农业经济问题，1999（12）：28－33.

［58］郑显伟，王昊. 中部地区农民收入分析及对策研究［J］. 江西农业大学学报：社会科学版，2005（2）：25－28.

［59］冯海发. 增加粮食主产区农民收入的对策思考［J］. 经济纵横，2001（12）：5－9.

［60］李文. 贫困地区农业结构调整对农民收入的影响——重庆五区县实证分析［J］. 农业经济问题，2005（增刊）：47－51.

［61］江金启，赵辉. 农资价格波动与粮食主产区农民收入稳定［J］.

农业经济，2008（12）：93－94.

［62］刘耀森．农产品价格与农民收入增长关系的动态分析［J］．当代经济研究，2012（5）：43－47.

［63］钱良泽．农民收入的影响因素分析及政策建议［J］．宏观经济管理，2012（7）：37－38.

［64］陈锴．农业结构调整、农业多功能性与农民收入变化——基于长三角苏、浙、沪地区的实证研究［J］．经济问题，2011（11）：85－86.

［65］袁野．农民低收入原因分析［J］．法治与社会，2010（5）：218.

［66］张涵，任金政．农民低收入成因及解决措施分析［J］．市场论坛，2008（9）：82－85.

［67］占纪文．福建省城镇化发展、农业现代化与农民收入增长关系的动态计量经济分析［J］．中国农学通报．2011，27（30）：307－312.

［68］曹春艳．导致农民低收入的外部因素分析［J］．新西部，2011（12）：12－13.

［69］巴拉舒伯拉曼雅姆，桑加亚·拉尔．发展经济学前沿问题［M］．北京：中国税务出版社—北京腾图电子出版社，2000.

［70］池泽新．农户行为的影响因素、基本特点与制度启示［J］．农业现代化研究，2003，24（5）：368－371.

［71］蔡昉，等．农村发展与增加农民收入［M］．北京：中国劳动社会保障出版社，2006.

［42］董丹筱，温铁军．宏观经济波动与农村“治理危机”——关于改革以来“三农”与“三治”问题相关性的实证分析［J］．管理世界，2008（9）：67－75，89.

［73］北大荒网．http：//www. chinabdh. com/bdhxdhny/Articleshow. aspx?id＝436911.

［74］邓大才．培育和保护粮食综合生产能力的主要途径［J］．科技导报，2003（8）：18－21.

［75］周慧秋．东北地区粮食综合生产能力研究［M］．北京：中国农业出版社，2005.

［76］雷娜．农户对农业信息的支付意愿及影响因素分析——以河北省为例［J］．农业技术经济，2007（3）：108－112.

［77］靖飞．影响农户水稻品种认知的因素分析——基于江苏省水稻种植

农户的调查分析［J］．中国农村经济，2008（4）：16－23.

［78］乔旭华，张建杰．粮食主产区粮作经营的行为取向与政策效应——基于河南省的调查实证［J］．农业现代化研究，2008，29（2）：142－145.

［79］江金启，赵辉．农资价格波动与粮食主产区农民收入稳定［J］．农业经济，2008（12）：93－94.

［80］张德华，周慧秋，娄厦．黑龙江省粮食生产中存在的问题与对策［J］．农业现代化研究，2012（4）：411－414.

［81］李春林，任博雅．基于面板数据的中国农民收入影响因素分析［J］．经济与管理，2009（4）：26－28，41.

［82］新农村商网．http：//nc. mofcom. gov. cn/news/17572460. html.

［83］李晓明，尹梦丽．现阶段主产区种粮大户经营状况与发展对策——基于安徽省种粮大户的调查分析［J］．农业经济问题，2008（10）：21－26.

［84］刘红梅，王克强．我国农户学习节水灌溉技术的实证研究——基于农户节水灌溉技术行为的实证分析［J］．农业经济问题，2008（4）：21－26.

［85］李英．农民增收缓慢原因分析［J］．农业经济，2007（9）.

［86］林毅夫．有关当前农村政策的几点意见［J］．农业经济问题，2003（6）：4－7.

［87］林毅夫．再论制度、技术与中国农业发展［M］．北京：北京大学出版社，2000.

［88］吕火明，龙绪豪，刘华富．农业技术经济学［M］．成都：西南财经大学出版社，2001.

［89］李莉．当前农民增收的制约因素与对策分析［J］．安徽农业科学，2007，35（23）：25－27.

［90］李玉勤．增加农民收入：存在的障碍及解决途径——农村产业结构调整与农民收入学术研讨会综述［J］．农业经济问题，1999（12）：28－33.

［91］李文．贫困地区农业结构调整对农民收入的影响——重庆五区县实证分析［J］．农业经济问题，2005：47－51.

［92］宋洪远，等．改革以来中国农业和农村经济政策的演变［M］．北京：中国经济出版社，2000.

［93］韦鸿．资源数量、制度环境与农民增收问题［J］．农业技术经济，2003（3）：10－14.

［94］吴奇修，官靓，董志勇．粮食政策对农户的激励作用与政策建议

[J]. 农业现代化研究，2008，29 (5)：257 –261.

[95] 谢琼. 农村金融：体制突破与机制改进 [D]. 武汉：华中农业大学，2009.

[96] 杨灿明，郭慧芳，孙群力. 我国农民收入来源构成的实证分析——兼论增加农民收入的对策 [J]. 财贸经济，2007 (2)：74 –78.

[97] 余维祥. 破解“三农”难题的路径研究 [J]. 安徽农业科学，2007.

[98] 袁铖. 城乡统筹发展背景下的农村土地征用制度改革 [J]. 中南财经政法大学学报，2008 (1)：36 –39.

[99] 袁秀智. 规模经营是现代农业发展的根本出路 [J]. 农业科技与信息，2009 (9)：7 –8.

[100] 朱红根，陈昭玖，翁贞林，等. 稻作经营人户对专业合作社需求的影响因素分析 [J]. 农业经济问题，2008 (12)：71 –78.

[101] 周宇. 新农村建设中农民增收的机遇、条件和途径 [J]. 河北学刊，2007，27 (6).

[102] 郑显伟，王昊. 中部地区农民收入分析及对策研究 [J]. 江西农业大学学报：社会科学版，2005 (2)：25 –28.

[103] 张晓山. 中国农村改革 30 年：回顾与思考 [J]. 农业经济研究，2009 (3)：13 –33.

[104] 张燕. 对新农村建设中农村人力资源开发的思考 [J]. 安徽农业科学，2007 (15)：82 –83，98.

[105] 张依茹，熊启跃. 农村税费改革对农民收入影响的实证分析[J]. 湖北社会科学，2009 (6)：99 –101.

[106] 胡鞍钢. 一个中国两种制度四种社会 [N]. 联合早报，2002 –02 –06.

[107] 胡豹，卫新，王美青. 影响农户农业结构调整决策行为的因素分析——基于浙江省农户的实证 [J]. 中国农业人学学报：社会科学版，2005 (2)：50 –56.

[108] CARTER D L，BERG R D. Crop sequences and conservation tillage to control irrigation furrow erosion and increase farmer income [J]. Journal of Soil and Water Conservation，1991，46 (2)：139 –142.

[109] AKINWUMI A ADESINA，DAVID MBILA，GUY BLAISE NKAMLEU，

et al. Econometric analysis of the determinants of adoption of alley farming by farmers in the forest zone of southwest Cameroon [J]. Agriculture Ecosystems and Environment, 2000 (80): 255 - 265.

[110] DR. JONATHAN WOOLLEY, DR. ALAIN VIDAL, CEMAGREF. Fighting Poverty through Sustainable Water Use [C]. Proceedings of the CGIAR Challenge Program on Water and Food 2nd International Forum on Water and Food, Addis Ababa, Ethiopia, November, 2008 (2): 10 - 14.

[111] GRAHAM BROOKES, PETER BARFOOT. Global Impact of Biotech Crops: Income and Production Effects 1996—2007 [C]. AgBioForum, 2009, 12 (2): 184 - 208.

[112] YASUYUKI TODO, RYO TAKAHASHI. Impact of Farmer Field Schools on Agricultural Income and Skills: Evidence from an Aid - Funded Project in Rural Ethiopia [J] . JICA - RI Working Paper, 2011 (30): 1 - 34.

[113] OLE MERTZ, REED L WADLEY, ANDREAS EGELUND CHRISTENSEN. Local land use strategies in a globalizing world: Subsistence farming, cash crops and income diversification [J]. Agricultural Systems, 2005 (85): 209 - 215.

[114] M MARRIT VAN DEN BERG, HUIB HENGSDIJK, JOOST WOLF, et al. The impact of increasing farm size and mechanization on rural income and rice production in Zhejiang province [J]. China Agricultural Systems, 2007 (11): 1 - 10.

[115] ROBERT J. HAUPT ORIGINALLY. When is a Farmer a "Family Farmer"? : An Analysis of Chapter 12 Income Qualifications [J]. Oklahoma City University Law Review, 2004 (29): 725 - 735.

[116] Concepción González-Concepción, María Candelaria Gil-Fariña, Celina Pestano - Gabino. Multivariate Modeling of the Canary Islands Banana Output [J]. The Role of Farmer Income Expectation. Journal of Social Sciences, 2008, 4 (2): 88 - 97.

[117] SACHIKO MIYATA, NICHOLAS MINOT, DINGHUAN HU. Impact of Contract Farming on Income: Linking Small Farmers, Packers, and Supermarkets in China [J]. Journal of World Development, 2009, 37 (11): 1781 - 1790.

[118] ELIZAPHAN J O RAO, MATIN QAIM. Supermarkets, farm household income and poverty: Insights from Kenya [C]. The Joint 3rd African Association of Agricultural Economists and 48th Agricultural Economists Association of South Africa

Conference, Cape Town, South Africa, September 19 –23. 2010 (3): 1 –35.

[119] ZHANG LINXIU, ROZELLE SCOTT, HUANG JIKUN. Off – Farm Jobs and On – Farm Work in Periods of Boom and Bust in Rural China [J]. Comparative Economics, 2001 (29): 505 –526.

[120] KLAUS DEININGER, PEDRO OLINTO. Rural Nonfarm Employment and Income Diversification in Colombia [J]. World Development, 2001, 29 (3): 455 –465.

[121] LEONARDO CORRAL, THOMAS REARDON. Rural Nonfarm Incomes in Nicaragua [J]. World Development, 2001 (29): 427 –442.

[122] STEIN HOLDEN, BEKELE SHIFERAW, JOHN PENDER. Non – farm income, household welfare, and sustainable land management in a less – favored area in the Ethiopian highlands [J]. Food Policy, 2004 (29): 369 –392.

[123] CHUL – WOO KWON, PETER ORAZEM, DANIEL OTTO. Off – farm labor supply responses to permanent and transitory farm income [J]. Agricultural Economics & Resource Management, 2006, 34 (1): 59 –67.

[124] RAPHAEL O BABATUNDE, MATIN QAIM. Impact of Off – farm Income on Food Security and Nutrition in Nigeria [C]. Contributed paper for the 3rd Conference of Africa Association of Agricultural Economists, "Africa and the Global Food and Financial Crises", Cape Town, South Africa. September 19 – 23, 2010 (2): 1 –30.

[125] MARK VALLIANATOS, ROBERT GOTTLIEB, MARGARET ANN HAASE. Farm – to – School: Strategies for Urban Health, Combating Sprawl, and Establishing a Community Food Systems Approach [J]. Planning Education and Research, 2004 (23): 414 –423.

[126] JEFFREY E. TEICH, HANNELE WALLENIUS, MARKKU KUULA, et al. Theory and Methodology – A decision support approach for negotiation with an application to agricultural income policy negotiations [J]. European Journal of Operational Research, 1995 (81): 76 –87.

[127] JAYNE T S, TAKASHI YAMANO, MICHAEL T WEBER, et al. Smallholder income and land distribution in Africa: implications for poverty reduction strategies [J]. Food Policy, 2003 (28): 253 –275.

[128] BORIS E. BRAVO – URETAA, DANIEL SOL'IS, HORACIO COCCHI,

et al. The impact of soil conservation and output diversification on farm income in Central American hillside farming [J]. Agricultural Economics, 2006 (35): 267 -276.

[129] SANZIDUR RAHMAN. Profit efficiency among Bangladeshi rice farmers [J]. Food policy, 2003, 28 (5 -6): 487 -503.

[130] WERNER HEDIGER. Sustainable farm income in the presence of soil erosion: An agricultural Hartwick rule [J]. Ecological Economics, 2003 (45): 221 -236.

[131] M Ruiz Pérez Belcher, MAOYI FU, XIAOSHENG YANG. Looking through the bamboo curtain: an analysis of the changing role of forest and farm income in rural livelihoods in China [J]. Journal of International Forestry Review, 2004, 6 (3 -4): 306 -316.

[132] JINXIA WANG, ZHIGANG XU, JIKUN HUANG, et al. Incentives to managers or participation of farmers in China's irrigation systems: which matters most for water savings, farmer income, and poverty? [J]. Agricultural Economics, 2006 (34): 315 -330.

[133] KIMBERLY JENSEN, CHRISTOPHER D CLARK, PAMELA ELLIS, et al. Farmer Willingness to Grow Switch grass for Energy Production [J]. Biomass and Bioenergy, 2006, 31 (11 -12): 773 -781.

[134] ANDREW DORWARD. Market and Pro - Poor agricultural growth: insights from livehood and informal rural economy models in Malawi [J]. Agricultural Economies, 2006 (35): 157 -169.

[135] BASILMANOS. Moss Anjuman Ara Begum, Mohd Kamruzzaman, et al. Fertilizer Price Policy, the environment and farms behavior [J]. Journal of policy Modeling, 2007 (29): 87 -97.

[136] BOGAERTS T, WILLIAMSONL P, FENDEL E M. The roles of land administration in the accession of central European countries to the European Union [J]. Land Use Policy, 2002, 19 (1): 29 -46.

[137] DAVID LOBELL, MARSHALL BURKE. Climate Change and Food Security, Adapting Agriculture to a Warmer World, Springer, 2010.

[138] JING ZHU. Public investment and Economic China's long term food security under WTO [J]. Food Policy, 2004 (29): 99 -111.

[139] JORGEN PRIMDAHL, SIMON SWAFFIELD. Globalization and agricul-

tural landscapes [D] . Cambridge, 2010.

[140] KEY N, MEBRIDE W. Production Contracts and Productivity in the U. S. Hog Sector [J]. American Journal of Agricultural Economies, 2003 (1): 121 - 133.

[141] MARIA MAUEER, JEF ALWANG, GEORGE NORTON, et al. Adoption of Integrated Pest Management Technologies: A case study of potato farmers in Carehi, Ecuador [R]. 2005 American Agricultural Economies Association Annual Meeting, Providence, Rhode Island, 2005 (7): 24 - 27.

[142] MARIA PIAMENDOLA. Farm household production theories: A review of "institutional", and "behavioral" responses [J]. Asian Development Review, 2007, 24 (1): 49 - 68.

[143] XUBEI LUO, NONG ZHU. Rising Income Inequality in China: A Race to the Top [R] . The World Bank, East Asia and Pacific Region, Poverty Reduction and Economic Management Department, August, 2008.

致　谢

在毕业论文即将完成之际，我百感交集。回首往事，迷茫、艰辛、喜悦充斥在写作的每个环节中。在学习和生活中，有太多的朋友给予我无私的帮助，借此机会，我要向帮助我的人表示我诚挚的谢意。

首先，我要感谢我的博士生导师周慧秋教授。周老师在我论文的选题和结构调整上给予了无私的帮助，周老师清晰的思路为我指引着科研的方向。三年来，周老师在学习和思想上给予了我极大的帮助和指导，周老师勤奋的工作精神、严谨的学术态度和缜密的科研思路，深深地影响着我，激励着我，是周老师让我知晓学问的真谛，也是周老师通过言传身教，不断培养我的研究兴趣，将我从一个不知学问为何物的人引入学术研究的殿堂。在这里将我最真诚的祝福和深深的感激献给周老师，您的教导之恩和细心关怀，学生将永远铭记于心！

其次，我要感谢东北农业大学经济管理学院的领导和老师们。我在东北农业大学度过了十年光阴，可以说东北农业大学伴我成长，东北农业大学是我第二个家，而经济管理学院的领导和老师们就像家长一样，对我教育、照顾了十个年头。人生无不散之宴席，我已经得到了母校十年的眷顾，虽有不舍，但仍要展翅高飞！在即将离开之际，我要对所有老师和领导说声“谢谢”！

再次，我要感谢论文撰写过程中给予我帮助的人。在开题过程中，郭翔宇书记、李翠霞院长、张启文院长、韩学平院长、范亚东院长、王吉恒教授、胡胜德教授和贾利教授对我论文选题和结构提出了中肯的、宝贵的修改意见，在此我要对他们表示衷心的感谢。在论文结构的调整上，黑龙江省农业科学院的矫江研究员、国际农业经济研究中心的王桂森主任、孙志茹博士、康鑫博士提供了宝贵意见，促使论文结构更加完善，我要对他们表示衷心的感谢。在调研过程中，我得到了哈尔滨、齐齐哈尔、牡丹江、佳木斯和鹤岗地区样本村领导和村民的热心帮助和参与，特此向他们表示感谢。同时，我也要感谢参与我调研任务的东北农业大学经济管理学院的学生和老师，没有他们的帮助，我的调研不能顺利完成。

另外，我要感谢我的同学和朋友。在博士学习期间，大家互助友爱，共同进步。在讨论中，迸发出学术的火花。也正是这种头脑风暴和无休止的争论，不断促使我一点一点地进步，一次一次地思考。在这里我要对你们说声“谢谢”!

最后，我要感谢我的家人。十年求学路，没有家人的鼓励和支持，我是无法顺利完成学业的。在我痛苦无助时，是家人的关怀和帮助使我走出低谷；在我欣喜若狂时，是家人陪着我欢笑，彻夜难眠。有了你们，我的生活才会平添许多色彩；有了你们，我的理想才能插上翅膀；也只有你们，才能让我在面对困难时，义无反顾，勇往直前。在这里我想衷心地说一句：“我爱你们!”

张德华

2016 年 1 月